生活文化の地理学

小口千明・清水克志 編

古今書院

丹波山村の中心部
（山梨県丹波山村，第7章）

逗子海岸
（神奈川県逗子市，第10章）

本扉（前ページ）写真解説

戸隠大根　　　　　　器械潜水のヘルメット
（長野県長野市，コラム1）　（富津埋立記念館所蔵，第8章）

蔵造りの町並み　　　　　谷田部商店街
（埼玉県川越市，第11章）　（茨城県つくば市，コラム7）

Cultural Geography of Everyday Life

OGUCHI Chiaki, SHIMIZU Katsushi

Kokon Shoin Ltd., Tokyo, 2019

目　次

第1章　**総　論**　地理学が描く生活文化 ……………………………… 小口千明　1

第Ⅰ部　食べる ～食文化～

第2章　ツケナの地域的多様性とその変化
　　　　—「結球性」の有無に着目して — ………………………… 清水克志　8
第3章　水産缶詰製造業の展開からみた日本の魚食文化
　　　　— 千葉県銚子市を例として — …………………………… 清水克志　21
第4章　在来小蜜柑から温州蜜柑への転換
　　　　— 嗜好の変化に着目して — ………………… 豊田紘子・伊藤大生　36
コラム1　在来種「戸隠大根」の復活 ………………………… 中澤日向子　50
コラム2　「三崎名物のマグロ料理」をめぐる価値観の変化 …… 小口千明・武田周一郎　52

第Ⅱ部　暮らす ～環境と生業～

第5章　天竜川下流域住民の洪水への備えと対応
　　　　— 水害常襲地域の「平時」に着目して — ……………… 山下琢巳　56
第6章　江戸時代から明治時代の三浦丘陵における里山の変化
　　　　— 草地の分布と植林の展開に着目して — ……………… 武田周一郎　71
第7章　山梨県丹波山村にみる山村の生活文化
　　　　— 斜面の利用に着目して — ………………… 清水克志・加藤晴美　81
第8章　海域利用の垂直的拡大と地域変化
　　　　— 東京湾・富津における器械潜水の導入に着目して — ……… 花木宏直　97
コラム3　漁場としてみた沖縄沿岸の自然環境 ………………… 花木宏直　107
コラム4　開業助産師の活動と施設分娩への変化 ……………… 金﨑美代子　110

第Ⅲ部 集う ～観光～

第 9 章 世界遺産飛騨白川村における地域イメージの形成とその変容
── 「奇異」から「憧憬」へ ── …………………………… 加藤晴美 114

第 10 章 日本における海水浴の受容と海岸観光地の変化
── 単調な砂浜海岸の観光資源化 ── ………………………… 小口千明 127

第 11 章 「小江戸」川越の形成と蔵造りの町並み
── 地方都市の観光化と地域住民 ── ……………………… 髙橋珠州彦 137

コラム 5 草津温泉にみる入込み湯から男女別浴への変化 ………………… 中村亜希子 150

コラム 6 土浦花火大会と地域商業 ……………………………………………… 原野菜香 153

第Ⅳ部 遊ぶ ～非日常の空間～

第 12 章 伊賀上野城下町の鎮守社とその祭礼の変化
── 非日常からみえる城下町町人の生活文化 ── ………………… 渡辺康代 158

第 13 章 大崎下島御手洗町における遊廓と地域社会
── ベッピンとオチョロ舟の生活文化 ── ………………… 加藤晴美 170

第 14 章 横須賀における米軍向け歓楽街の形成と変化
── アメリカ文化の受容とにぎわいの形成 ── ………………… 双木俊介 183

コラム 7 谷田部市街地の往時のにぎわいとその名残 ………………………… 髙橋 淳 197

コラム 8 日本における折り紙の普及 ………………………………………… 伊藤行將 201

あとがき 203

初出一覧 206

執筆者紹介 209

第1章

総論

地理学が描く生活文化

小口 千明

・・・

はじめに ～地理学における人間への着目～

　筆者は，「より人間味のある地理学研究を目指したい」との思いをもって，これまで研究と教育に取り組んできた。これまでの地理学にも人間はもちろん頻繁に登場しているが，人間自身がもつ性質や多様性について十分に検証することなく同質的に，あるいは類型化してとらえる傾向があった。そのため地域に生きる人びとの生き生きとしたすがたがみえにくい場合が少なくなかったように思われる。それゆえ，地理学（人文地理学）が歴史学など隣接する人文学の諸分野と比べて，しばしば「無味乾燥」や「隔靴掻痒」との批判にさらされてきたこともまた事実である。

　地理学研究において，人間と環境の関係を究明することが大きな命題であることに議論の余地はない。それゆえ，本書は人間生活の舞台を描くこと自体を否定するものではない。本書のねらいは，人間生活の舞台としての環境を描くことに安住せず，その舞台上で暮らす「人間」をも活写し，両者を総体として提示することである。数値化が難しかったり定量分析に向きにくかったりする人文現象を，地理学の「守備範囲ではない」と決めつけて等閑視するのではなく，地域に生きる人びとの性質や多様性に着目し，その分析方法を模索することにより，そこから地域形成や地域変化を説明できないか。そうすることにより，隣接諸分野にはない地理学研究の独自性を主張できるのではないか。

　本書は，以上のような問題意識にもとづき，地理学の立場から地域に生きる人びと，いわば庶民の生活文化をとらえることを目的としている。本書の各章やコラムに掲載された内容は，いずれも特別な地位にある一握りの人物に焦点をあてたものではなく，毎日の仕事に汗をながし，ときに楽しみ，ときにはつらいことにも直面した，地域で暮らす，ごく普通の人びとを描いている。

地域に生きる人びとの実像に迫りつつ，そのすがたを生き生きと描くことは，まさに「言うは易く，行うは難し」ではある。この目標を達成するために，本書では次に挙げる視点と方法を重視した。

Ⅰ．人びとの価値観を通時的にとらえる

　各論考の研究方法には，本書全体につうじる特徴がある。それは，研究対象となる事象を通時的にとらえようとしたことである。通時的とは対象としたことがらについて時間を追ってとらえる立場で，表現を換えれば歴史的な視点ということができる。ただし，主役は地域で暮らす人びとであり，それをとらえるアプローチにおいて時間軸上の変化に着目する立場である。

　なぜ通時的な変化に着目するか，その意図を述べておきたい。現代は過去の積み上げであるといわれ，唐突に現代が存在するのではなく，過去からの蓄積にもとづく最も新しい一局面が現代である。一例として日本の都市をみれば，東京に人口や経済活動の集中が認められるのは現代の現象であると同時に江戸時代から継続する特色でもある。同様に日本における幹線交通体系をみれば，リニア中央新幹線（仮称）や東名・名神高速道路，東海道新幹線などが東京圏―中京圏―関西圏を濃密に結びつけるのも現代の現象であると同時に，江戸時代から継続する特色でもある。現代の地域構造の骨格が過去からの積み上げであることを示す好例である。

　この視点は重要であり本書でも肯定するが，もしこのことを述べるだけであればすでに先人による多くの知見が世の中に提示されており，あえて本書を世に問う必要性は乏しくなる。本書は上記を肯定しつつも，本書の意図は上記とは若干べつのところにある。本書では，世の中で暮らす人びとの価値観の通時的変化に注目する。それはいいかえれば，地域で暮らし，あるいは地域を訪れて，田畑や山林をはじめ集落や交通など地域の景観を形成する人びとが行う価値づけを示す。地域で暮らし，あるいはその地域を外から見つめたり訪れたりする人びとの価値観は，現代を生きる人びとと同じであろうかという問題設定である。

　従来の地理学研究においてこのような問題設定は皆無ではないものの，たいへん乏しかった。作物を育てるのであれば「多く獲れることがよい」に決まっている，商業活動をすれば「利潤が多いことがよい」に決まっている，交通路であれば「目的地に早く楽に着くことがよい」に決まっているという前提に立ち，この前提条件自体を吟

味する研究は乏しかった。この動向に対し再検討をうながす契機になった研究が菊地利夫による行動歴史地理学 [1] である。この目的のために，菊地は「歴史心理学」の知見を援用することを提起している。歴史心理学の成果を援用するかどうかという研究方法はべつとして，以後，地理学において人間それ自体へのフィジカルな特色や人間の認識への関心が高まった。従来であれば作物の収穫量と人口とのかかわりを議論する際に「おとな一人が1日に〇〇グラム食べるとすると」といった単純な換算式が用いられる傾向にあったが，有薗正一郎は文献や実体験にもとづき農民によるコメの消費量に新知見を提示した [2]。筆者は，人びとが避けることの多い「好まれない空間」に着目し，「好まれない空間」に対する人びとの認識が一様ではないことを示した [3]。なお，このような問題意識の先行研究については筆者による前出の文献に示してあるので，必要があれば参照していただきたい。

　実際に現代の人びとがもつ価値観と過去の人びとがもった価値観が同じであるかはテーマによって多様であろう。しかし，従来から地理学が対象としてきた農産物や水産物（「食べる」＝本書第Ⅰ部），土地利用（「暮らす」＝同第Ⅱ部），観光（「集う」＝同第Ⅲ部），繁華街（「遊ぶ」＝同第Ⅳ部）などをめぐって，検証することなく「同じに決まっている」と断定するわけにはいかない。それを具体的に確かめようと試みた成果が本書である。したがって，本書では人びとがもつ価値観について時間軸を追って比較する必要があり，そのために通時的アプローチをとった。

Ⅱ. 価値観を軸に生活文化を読み解く

　本書の視点について具体例を挙げて示してみる。例示するのはユネスコにより世界遺産に登録された岐阜県白川村の合掌造り集落である。大きく高い茅葺き屋根がそびえ，それが何十棟も集まる合掌造りの集落をみて，我々はどのような感想をもつであろうか。重機など大型の機械がない時代に人びとの手によってこれだけの建造物を設計し，建設し，維持してきた先人の労苦に敬服の念をもつ人も多いと思われる。あるいはこれを建築美や風景美として評価し，そこに昔なつかしい古き良き日本のイメージを重ねる人も多いであろう。そこに価値が見いだされるからこそユネスコの世界遺産に登録されたわけであり，多くの観光客が白川村を訪れるのである。現代の人びとが白川村に対してもっている評価は，本書の読者各位とほぼ共通であろう。

　ところが調べていくと，かつては白川村とそこで展開された生活文化に対して，肯

定的とは言い難い，思いがけない評価があった。詳しくは本書第9章をお読みいただきたいが，かつて白川村は文明に取り残された別世界とされ，婚姻をはじめ後進的かつ野蛮な暮らしが営まれている地域として偏見のまなざしにさらされた時代があったという。ここでの主張は，白川村という同一の地域に対しても，まったくべつの評価が生まれるということであり，その評価が時間軸を追って変化したことを示す事例である。そして，時代による評価の変容の背景には，社会や人びとがもつ「伝統的」な生活文化に対する価値観の変化があったとする。白川村では1960年代後半以降，合掌造りやそれを構成要素とする集落景観を保存し，観光に活かそうとする住民運動が展開した。地域やそこに展開する生活文化に対するイメージの変化は，ときに地域おこしや観光業の展開にも大きな意味をもつ。価値観の変化を地域変化に対するインパクトと位置づけたとき，観光地化の問題をはじめとした地域変化の過程を，生活文化論の視点から読み解くことが可能になろう。

　もうひとつ例示したい。具体例は，現代の日本で秋から冬によく食べられる果物のみかんである。柑橘類は多品種が出回っているが，価格が手ごろで多くの人びとに親しまれている代表格として温州蜜柑（うんしゅうみかん）がある。明治期に日本各地へ広く温州蜜柑が浸透する以前には，温州蜜柑の半分ほどの大きさで品種としては別種類になる「小蜜柑」が食べられていた。「小蜜柑」という通称は温州蜜柑普及以後のもので，温州蜜柑普及以前には「みかん」とよばれた点に注意されたい。小蜜柑は，味は温州蜜柑に似ているが，小粒で実の中に種子が数粒入っている特徴があった。その点，温州蜜柑は大粒で味がよく，皮がむきやすく種子がないという特徴がある。これを知ると，一見，古くは小蜜柑が普及していたが，新品種である温州蜜柑の登場によって食べやすい温州蜜柑が広まったように感じられる。しかし，調べてみると江戸時代の日本には小蜜柑と温州蜜柑の両方が存在し，江戸時代の人びとは両方あるなかから小蜜柑を選択して利用していたことがわかる。温州蜜柑は明治期に渡来したわけではないので，明治期以降についても日本には小蜜柑と温州蜜柑の両方があり，明治期以降の人びとは温州蜜柑を選択した。つまり，江戸時代から明治期にかけて日本で利用されるみかんの主力が小蜜柑から温州蜜柑に交代するのは，新品種が登場したり旧来の品種が滅亡したりしたわけではなく，人びとによる選択の変化である。人びとが何を評価して選択するかは価値観の問題であり，日本におけるみかんの普及は価値観の問題をふまえて把握する必要がある。

　江戸時代の日本人がなぜ小粒で種子が多い小蜜柑を選択し，明治期以降その選択を

温州蜜柑に転換したか，詳細は本書第4章をお読みいただきたい。要は，みかんに対するまなざしの問題である。温州蜜柑は経済規模からみて日本における果樹栽培の筆頭格であり，とりわけ第二次世界大戦後の西南暖地における農業を検討するうえで避けて通れないテーマである[4]。瀬戸内海の沿岸地域や島嶼部などにおいて，柑橘栽培を抜きに地域の人びとの暮らしを語ることは難しい。このような重要なテーマを議論する際に人びとのみかんへのまなざしの変化を知ることは，今後の展望を考えるうえで有用である。

おわりに

ここでの議論では2章分の事例だけを取り上げたが，本書では，日本各地（図1）を対象とした事例を「食」（食文化），「暮」（環境と生業），「集」（観光），「遊」（非日常の空間）の4部にまとめた。各章をお読みいただければ，ここで議論した2章分の

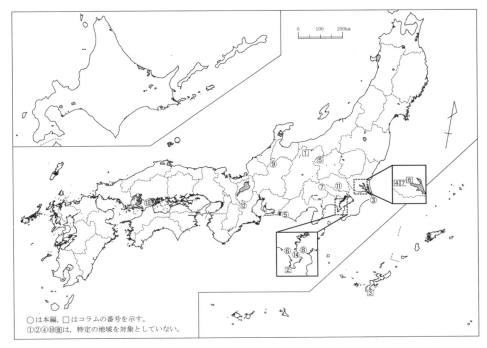

図1　本書で取り上げた地域

事例に限らず，人びとの価値観の変化が，地域を変える契機になりうることがご理解いただけるであろう。このように，価値観への注目は，地理学が地域変化をとらえる際の鍵になる。

　本書の事例は地域で暮らす人びとを描くうえで各執筆者が取り組み，成果を得たテーマに限定されており，人びとの暮らしの全体像をとらえるにはなお十分とはいえない。たとえば人びとが衣服によって着飾る問題や，人びとの健康，身体的コンディションの検討が必要であろう。その意味で本書は一里塚にすぎないが，今後の地理学における価値観やまなざしの研究が進展する契機になることを願っている。

注
1) 菊地利夫『新訂　歴史地理学方法論』大明堂，1977。
2) 有薗正一郎『近世庶民の日常食－百姓は米を食べられなかったか－』海青社，2007。
3) 小口千明『日本人の相対的環境観－「好まれない空間」の歴史地理学－』古今書院，2002。
4) 村上節太郎『柑橘栽培地域の研究』松山印刷，1966。

第Ⅰ部
食べる～食文化～

千葉県銚子市（第3章）

上：5万分の1地形図「銚子」（明治36年測図）
左：銚子第三漁港と利根川河口付近
　　（2008年撮影）

第2章 ツケナの地域的多様性とその変化
― 「結球性」の有無に着目して ―

清水 克志

はじめに ～野菜の流行り廃りを考える～

　日本人の伝統的食生活は，「一汁一菜」や「一汁三菜」などの語が示すように，「主食」と呼ばれる飯（メシ）を中心に，汁（シル）と菜（オカズ）によって構成される。この基本パターンには一定の普遍性があるが，食材レベルでみると，社会階層や季節性，地域性などにより，じつに多様である。このうち「主食」であるメシについては，「日本人の主食は米」「日本人は古来米食の民」と考えがちであるが，生産条件を反映して，米，麦，雑穀類，いも類の構成比が地域的多様性に富んでいることが解明されてきている[1]。また「副食」にあたるシルやオカズの食材については，伝統的に獣肉や乳製品，油脂を欠いていたこともあって，たんぱく源としての大豆製品と魚類，ビタミンや食物繊維を補給する野菜類が重要であったといわれている[2]。

　とりわけ，比較的入手しやすい野菜類を塩蔵した漬け物は，日常のオカズとしても保存食としても，非常に身近で重要な食品であった。漬け物に用いられる野菜のうち，最もポピュラーな品目は大根であり，1300年以上前から栽培が行われ，地方色豊かな在来品種が育成されてきた。近世に江戸で考案されたたくあん漬は，全国的に普及している。本章で取り上げるツケナ類は，ダイコンと並ぶ主要な漬け物用野菜であり，ダイコン以上に多様な地方品種が育成され，地方色豊かな漬け物の食文化を育んできた。さらに，明治以降には清国，つまり現在の中国から葉が重なり合って球状となる結球白菜（今日のいわゆる「白菜」）や，半結球種の山東菜などの外来ツケナが導入された。とくに白菜は，和食離れや漬け物消費の減少によって，生産量が減少傾向にあるとはいえ，秋冬季における最も主要な野菜のひとつであることに変わりはなく，ツケナ全体に占める割合が依然として高い。本章では，近代におけるツケナ類の「流行り廃り」の過程を辿りながら，外来種である結球白菜の普及の意義を考えていく。

Ⅰ．在来ツケナ類の地域的多様性

（1）ツケナ類の分類～非結球漬菜と結球白菜～

　ツケナの原生地は地中海地方とされるが，唐の時代（618～907年）以前に中国へ導入され，菘（シュウ，ツケナ）として栽培が進んだ[3]。ツケナが日本へ導入された年代や経路は明らかではないものの，古事記（712年）の仁徳天皇の条に「菘」の記載があり，和訓を「アオナ」としている。ツケナは日本のなかで最も古い野菜のひとつであり，日本人にとって重要なビタミンや食物繊維の供給源であった。

　図1は，日本におけるツケナ類の分類について示したものである。ツケナ類は植物学上アブラナ科ブラシカ（*Brassica*）属に属し，ナ類（*B.campestris*）とカラシナ類（*B.juncea*）に大別され，前者はハクサイ群，タイサイ群，カブナ群，ミズナ群，後者はカラシナ群，タカナ群などに区分される。さらにハクサイ群は，葉部の結球の程度により，結球種，半結球種，非結球種に細分される。アブラナ科ブラシカ属の葉菜類は，近縁種間で交雑しやすく変異性に富む性質のため，品種分化が著しく進んだ結果，地域ごとの風土に適応した多様な品種が生み出されてきた。京都近郊の酸茎菜や壬生菜，広島近郊の広島菜，信越地方の野沢菜などは，ツケナ類の地方品種の代表例である。

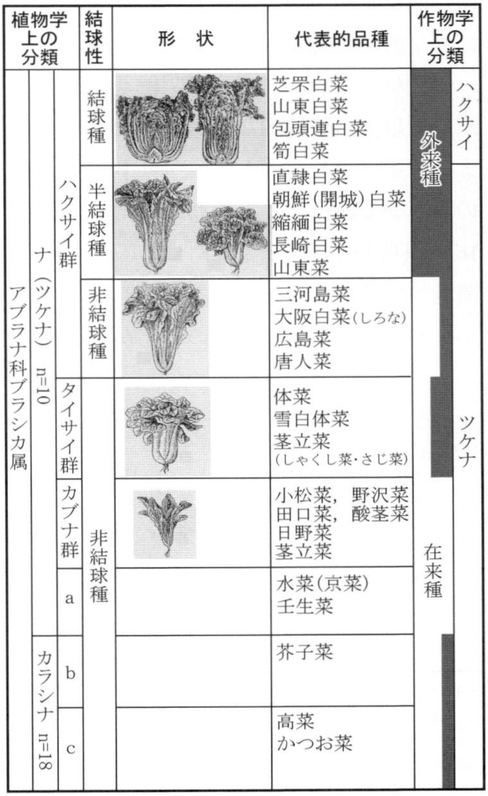

　ハクサイ群のうち葉が重なり合って球状となる結球性をもつ品種がいわゆる白菜（結球白菜）であり，2022年現在の収穫量（全国）はジャガイモ，キャベツ，ダイコン，タマネギに次いで，第5位を占める主要な野菜となっ

植物学上の分類		結球性	形状	代表的品種	作物学上の分類	
アブラナ科ブラシカ属	ナ（ツケナ）n=10（ハクサイ群）	結球種		芝罘白菜 山東白菜 包頭連白菜 笋白菜	外来種	ハクサイ
		半結球種		直隷白菜 朝鮮(開城)白菜 縮緬白菜 長崎白菜 山東菜		
		非結球種		三河島菜 大阪白菜(しろな) 広島菜 唐人菜	在来種	ツケナ
	タイサイ群（非結球種）			体菜 雪白体菜 茎立菜 (しゃくし菜・さじ菜)		
	カブナ群（非結球種）			小松菜，野沢菜 田口菜，酸茎菜 日野菜 茎立菜		
	a			水菜(京菜) 壬生菜		
カラシナ n=18	b			芥子菜		
	c			高菜 かつお菜		

a：キョウナ群　b：カラシナ群　c：タカナ群

図1　ツケナ類の分類

（『蔬菜品種解説』，『農業技術大系　野菜篇7』により作成）

ている。白菜以外のツケナ類（非結球漬菜）は，葉が重ならずに各々広がった状態であるため，貯蔵性に乏しく自給用もしくは近郊園芸作物であったのに対し，白菜は，貯蔵性・輸送性に優れていたため，主要な輸送園芸作物と位置づけられてきた。そのため白菜は，作物学上は他のツケナ類（非結球漬菜）から独立して分類されている。

(2) 日本の在来ツケナ類の多様性

図2は，『明治七年府県物産表』に記載された日本在来ツケナ類の分布を示したものである。同史料は，明治政府によって実施された初めての全国（北海道と沖縄は除く）的な産物調査であり，記載の内容や方法に不統一が少なくないものの，明治初年に外来野菜が導入される以前の伝統的なツケナ生産の状況を把握できる。

同史料によれば，63府県中54府県でツケナの記載が確認できることから，ツケナが近世以前の伝統的な日本人の食生活において，ダイコン・ゴボウ・ニンジン・カブ・ナス・キュウリ・カボチャ・サトイモ・サツマイモなどとともに，最も普遍的な野菜のひとつであったことがわかる。全野菜中でツケナが生産額3～5位を占める地域は16府県確認できる。この16府県には，三都と呼ばれた東京・京都・大阪とその近郊，開港地を擁する兵庫・長崎，雄藩の城下町を擁する置賜（米沢）・広島・高知・白川（熊本）が含まれている。このことから，都市近郊園芸の発達がツケナ類の普及を促す重

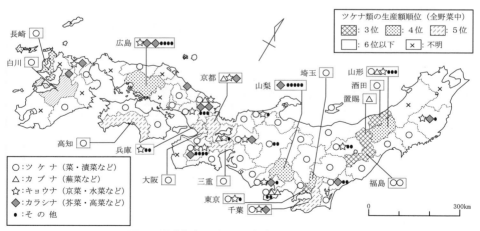

図2 明治初年における在来ツケナ類の分布
（『明治七年府県物産表』により作成）
注）府県界は1874（明治7）年当時のものを示した。

第 2 章　ツケナの地域的多様性とその変化　　11

要な要因であった可能性が高い。

　1 府県内で複数の品種の記載がみられることも，在来ツケナ類の特徴である。たとえば奈良では 62 品目（または品種）の野菜類の記載が確認できるが，このうち 8 品種がツケナ類に属する。ツケナの品種の記載数が少ない府県でも，複数の品種を「漬菜」や「菜」と一括して記載した場合が想定される。このように，在来ツケナ類は近世以前の日本における最も普遍的な葉菜であると同時に，地域ごとに異なる品種を利用していたこと，同一地域内で複数の品種が生産されていたことの 2 点において，日本の在来野菜のなかでもとくに地域的多様性が非常に顕著な品目であったことが指摘できる。

II．外来ツケナ類の導入と普及

(1) 明治初年における外来ツケナ類の導入

　日本における外来ツケナ類の導入は，1875（明治 8）年に清国物産調査委員会が現地から山東菜，白菜，体菜（たいさい）などの種子を持ち帰ったことに始まる[4]。この時導入された外来ツケナ類は，内藤新宿試験場（現・新宿御苑）において試作された。

　このうち結球種の白菜の試作結果については，宮城県立農事試験場で白菜の育採種に関わった菅野鉱次郎が「終（つい）に之を結球せしむるに至らずして折角輸入せられたる白菜も終に劣変退化し全然原種の俤（おもかげ）を止めざるに至りたる」[5]と表現していることからもわかるように，同場では採種を数年繰り返すうちに，本来の結球性が薄れてしまったため，試作を断念した。

　一方，非結球種の山東菜の 1877（明治 10）年における内藤新宿試験場での試作結果については，「明治八年清国ヨリ種子ヲ輸入シ試植セシモノニシテ蔬菜中最上品ノ菘ニシテ寒暖ノ地ヲ撰マス成育ス」[6]と記録されており，導入から 2 年を経た 1877 年に至っても，「劣変退化」した白菜とは異なり，良好な試作結果が得られたため，「蔬菜中最上品ノ菘」として認識された。中央政府の試験場において良好な試作結果が得られた山東菜は，各府県へも配布された。次に示す岩手県の 1878（明治 11）年における「清国山東菜」と「体菜」の試作結果は，その一例とみられる[7]。

　　〔清国山東菜〕地味ニ適シ生育甚タ宜シク且味頗ル美良ナレハ夛リ種子ヲ採リ漸
　　　次管下ニ繁殖セント欲ス

〔体菜〕山東菜ニ比スレハ其味稍劣ルト雖モ亦以テ尋常ノ蔬菜ニ非サレハ明年ハ種子ヲ採種シテ管民ヘ払下可キ積リ

「味頗ル美良」「尋常の蔬菜に非（ず）」という表現から，山東菜や体菜は地方においても導入当初から，在来ツケナ類に比べて品質が優れたツケナと認識されていたことがうかがえる。

　山東菜が，明治前期の導入当初から，品質が優れたツケナと位置づけられていたことは，明治期の園芸栽培書の記述からも読み取れる。まず，明治前期に政府によって日本へ導入された外来野菜を総覧した1886（明治19）年刊行の『改訂増補舶来穀菜要覧』[8]では，山東菜を「味甚脆美なり。殊に上品とす。此種は諸菜中最良品にして三河島菜の如きは遠くこれに及ばず」と解説している。引用中の「三河島菜」とは，三河島（現・東京都荒川区）を中心に東京東郊で江戸時代から栽培された非結球種の在来ツケナであり，江戸におけるツケナの代名詞である。山東菜は，その三河島菜よりもはるかに品質が優れ，「諸菜中最良品」と最上級の評価を得ている。「味甚脆美」という表現からは，山東菜が今日的にいえば「歯ざわりの軟らかさ」あるいは「歯切れのよさ」をそなえていたことがわかる。

　さらに1893年に刊行された『蔬菜栽培法』[9]では，山東菜について「庶民の嗜好に適し，最近では大都市近郊でも地方でも，山東菜を栽培しない地域はないほどに普及した」と述べるとともに，三河島菜について「品質が優れた外来ツケナ類がたくさん市場に出回るようになった結果，栽培する者が急減した」と述べている。このことから，明治20年代には，山東菜の実用化が進むにつれて，東京では，在来の三河島菜の領分を山東菜が徐々に侵食し始めていたことがわかる。

　明治前期に中国から導入された外来ツケナ類は，在来ツケナ類と比べ品質の高いものと認識されたが，このうち具体的に実用化が進められたのは，栽培が容易な非結球種の山東菜や体菜であった。この時点において結球種の白菜は，結球させる栽培技術が確立されてなかったことに加え，採種技術も難しかったことから，実用化を図る動きは乏しかった。

(2) 日清・日露戦争後における結球白菜の再導入

　明治前期の時点では，大多数の日本人にとって白菜は未知の野菜であった可能性が

高い。しかしながら，日清戦争で多くの日本人が中国大陸へ渡り，現地の畑で白菜を目の当たりにし，実際に食べた経験を通して白菜の有用性を実感し，日本へ種子を持ち帰った事実が，宮城県や茨城県で確認できる[10]。また，1914（大正3）年に白菜の有用性を説き栽培を奨励することを目的として刊行された『結球白菜』には，日露戦争が日本における白菜再導入の契機となったことが述べられている[11]。

同書では結球白菜を奨励する理由として，①繊維が少ないため，葉も茎も柔らかくて美味なこと，②寄生虫の心配がないこと，③結球により冬季の長期貯蔵が可能であること，④1株あたりの可食部分が大きいことの諸点を列挙している。①は「歯ざわりの軟らかさ」あるいは「歯切れのよさ」であり，明治前期の山東菜に対する高評価とも共通する点がある。②については当時の野菜栽培では下肥の利用が一般的であり，とくに葉菜類では可食部位に寄生虫を伴った下肥が付着することが問題であったが，白菜は外側の葉を2～3枚剥けばその問題が解消され，清潔な点である。最後の④は，1株あたりの重量が大きいことに加え，他の葉菜類では下肥の施用，害虫の食害，霜害などにより，約3分の1が食用できなくなるのに対して，白菜ではそのような問題が生じないということである。

ちなみに，1910（明治43）年刊行の『実験蔬菜園芸新書』[12]では，白菜について「曩きに輸入栽培せられたるものは山東菜と同様品質も余り優等ならざりしも，近年輸入栽培せらるゝものは品質頗る良好にしてサラド用又は漬物用其他蒸し或は煮る等種々の調理に用ゐらるゝ良蔬菜なり」と述べている。明治前期に導入された白菜は，山東菜よりも高く評価されていなかったが，「近年」すなわち明治後期に導入された「結球白菜」は，従前のものとは異なり，山東菜を凌ぐほどに「品質頗る良好」であると評価されている点は注目すべきである。また山東菜をはじめとする旧来のツケナ類の用途がもっぱら漬け物に限定されていたのに対し，漬け物だけでなくサラダや蒸し物，煮物といった幅広い用途に利用可能な点こそが，従来のツケナにはなかった「結球白菜」の特徴である。

大正期には1914年の『結球白菜』に続き，結球白菜の栽培書が相次いで刊行されている[13]。その理由としては，白菜が「結球性」に起因する軟らかさと食味の良さ，多収性と貯蔵性，寄生虫に対する安全性などの多くの点で，従来の日本のツケナ類にはなかった優れた特性を兼備した優良な野菜であると認識されたからであろう。

(3) 育採種技術の確立と結球白菜の普及

　日清戦争後には，先述したように宮城県や茨城県などで結球白菜が導入され，実用化が試みられたが，この時点でも明治前期と同様，純良な種子を再生産する技術が確立していなかったため，結球白菜の栽培は困難な状況が続いた。日露戦争後の関東州の領有によって，中国や朝鮮で白菜種子を採種し日本へ輸出販売する専門業者が成立したため，購入種子での結球白菜の栽培が可能となった。しかしながら，輸入種子が高価であることや粗悪品を販売する悪徳業者の多発など，新たな問題が生じた。

　大正期に入ると，前項でみた結球白菜栽培に対する需要の高まりを背景として，日本国内で白菜の育採種が試みられ，宮城県や愛知県を中心に各地で国産品種が育成された。その担い手の多くは一般的な篤農家ではなく，より専門的な知識や技術，設備を備えた種苗業者や公的機関であった。宮城県を例にあげると，日清戦争後に軍人が持ち帰った結球白菜の種子をもとに，公的機関での採種が試みられた。宮城県立農事試験場では大正期に至って隔絶性の高い松島湾内の島嶼に採種圃場を設定することにより，国産品種「松島白菜」の育成に成功するとともに，種苗業者が島民への委託採種を展開して種子の量産体制を確立した[14]。

　「交雑」という阻害要因が解消され，結球白菜生産の前提となる種子の供給体制が整ったことにより，昭和前期には国産品種の育成地を中心に，結球白菜の産地が急速に成立した。宮城県では「松島白菜」の育成と時を同じくして，「仙台白菜」の商標で京浜市場への出荷が開始されると，高品質のツケナを求める消費者の潜在的な需要と合致した。都市市場においていち早く受容された仙台白菜は，宮城県農会主導による全県的な産地振興とも相まって，急速に銘柄産地としての地位を確立していった。また時を置かず茨城県や埼玉県などの関東近在にも白菜産地が成立していった。

　図3は，1929（昭和4）年と1941（昭和16）年における結球白菜の作付面積を道府県別に示したものである。ちなみに『農林省統計表』において結球白菜の生産量が把握できるようになるのは，「漬菜類」の項が「結球白菜」と「非結球漬菜」とに分離された1941年以降である。1941年における結球白菜の作付面積は2万5332ヘクタールに達し，非結球漬菜類（1万8701ヘクタール）を凌駕するまでに普及していた。結球白菜の生産地域は全国に及んでおり，在来の非結球漬菜類が地域的に偏在する在り方とは大きく異なっていた。とくに東北地方南部から関東地方北部にかけての諸県や，静岡・愛知・広島・福岡などの地方中核都市を擁する諸県では結球

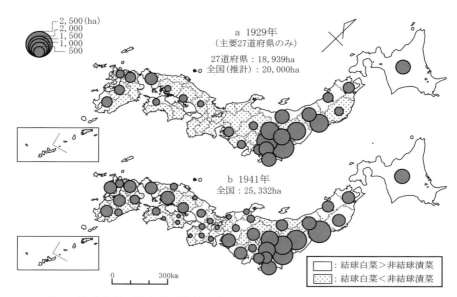

図3 結球白菜の道府県別作付面積 ― 1929（昭和4）年・1941（昭和16）年 ―
（「結球白菜の生産と出廻事情」および『農林省統計表』により作成）

白菜の作付面積が大きいが，これは都市市場に向けた輸送園芸産地の形成がみられたためである。また28道府県で，作付面積において結球白菜が非結球漬菜類を上回っている。結球白菜は，産業革命期以降における大衆消費社会の到来に対応した経済合理性に適った商品作物として，大正期から昭和前期にかけて日本のほぼ全域にわたって急速に普及し，在来の非結球漬菜類を凌いで，いわば「全国区」のツケナとなっていったのである。

Ⅲ．結球白菜の普及とその影響
(1) 主要野菜としての結球白菜

結球白菜は，1966（昭和41）年には作付面積が5万ヘクタールを超えるとともに，反当収量も2トン未満から3トンへと飛躍的に増大した。その一方で，非結球漬菜類は，作付面積は2万ヘクタール前後の水準を保つにとどまり，結球白菜の急速な普及の陰で，ツケナ類全体に占める相対的な比率を低下させていった。そして1968（昭和43）年以降は，『農林省統計表』から非結球漬菜類の項目そのものが削除された。

高度経済成長期における大都市圏への人口集中は，生鮮食品である野菜の商品化を促し，大量生産・大量流通，定時・定量・定質が求められるようになった。1966年の野菜生産出荷安定法の施行により，野菜指定産地の指定と主産地の形成が図られた。このような社会状況にあって，結球白菜は土地生産性の高さ，貯蔵性・輸送性，多様な調理法への汎用性があり，クセがなく万人受けする特性などを兼ね備えたツケナとして，日本人にとって必須の野菜となり，茨城・長野・群馬・兵庫などに大規模な主産地が形成されていった。

　東京都中央卸売市場におけるツケナ類の品種別取扱量の推移を示した図4をみると，1925（大正14）年には718トンに過ぎなかった結球白菜の取扱量が昭和期に入って急増し，非結球漬菜類を凌駕していったことが読み取れる。結球白菜の取扱量は，

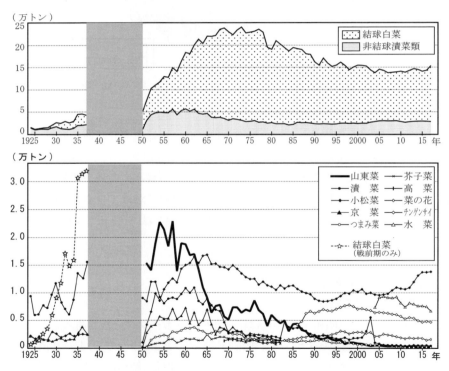

図4　東京都中央卸売市場におけるツケナ類の取扱量の推移
－ 1924（大正13）～ 2017（平成29）年－
（各年の『東京都中央卸売市場年報』により作成）

1977 (昭和52) 年に最高の21万トン (ツケナ類全体の89%) を記録した。その後は「和食離れ」などの影響もあって, 2017 (平成29) 年には13万トンにまで減少しているが, 依然としてツケナ類全体の8割超を占めている。

(2) 山東菜生産の衰退

　昭和前期の東京市場において結球白菜の取扱量が急増する一方, 山東菜を含むツケナ類の取扱量は伸びていない (図4)。実際, 1927 (昭和2) 年の『東京市江東青物市場年報』[15] には,「近年都人士の白菜に対する嗜好の増加は実に驚くべき程で吾々が俗に漬菜と称し古くから市場に大勢力を保って居た山東菜の領分を刻々侵蝕」「近年急速の台頭を示しつゝある白菜に栽培地の一部を侵略された結果, (山東菜は) 昨年に比して作付反別殆ど半減 (中略) 衆望は漸次結球白菜に移りつゝある事は争はれぬ事実」などの記述が確認される。

　東京都中央卸売市場における山東菜の取扱量は, 第二次世界大戦後の昭和30年代には2万トン前後で推移するが, 1964 (昭和39) 年を最後に1万トンを割り込み, 2017年には398トンにまで減少している。

　「昭和40年青果物出荷統計」(農林省) は, 山東菜を含む41品目の野菜について市区町村別の収穫量を記録しているが, おそらく, これが山東菜の生産状況を全国的に把握できる唯一の資料とみられる。図5は, 全国の山東菜の生産状況を図示したものである。南関東では, 少量ながら収穫が確認できる市区町村が多くみられるほか, とりわけ埼玉県八潮町 (現・八潮市, 4199トン) を筆頭に, 草加市, 越谷市, 川口市および東京都足立区で1000トン超の収穫量が確認できる。これらの地域はいずれも中川・荒川沿いの低湿地にあたり, 第二次世界大戦前から東京市場へのツケナ類の一大供給地帯であった。1都3県以外でも秋田・富山・福井・長野を除く都道府県で広く山東菜が生産されていた。とくに久留米市 (1550トン), 山形市 (1498トン), 宇都宮市 (1333トン), 石川県松任町 (現・白山市, 1113トン) や, 甲府盆地, 濃尾平野, 大阪平野, 奈良盆地, 讃岐平野, 筑紫平野などでも生産が盛んな地域が確認できる。さらに, 佐渡島や淡路島, 壱岐島, 天草諸島などの島嶼部でも山東菜の栽培が確認され, 主産地からの結球白菜の入荷が困難であることとの関係が示唆される。

　山東菜の分布のパターンは, 局地的に偏在する在来ツケナ類とは明らかに異なっており, 明治前期の導入政策によって広域に普及した外来野菜の特徴を示している。外

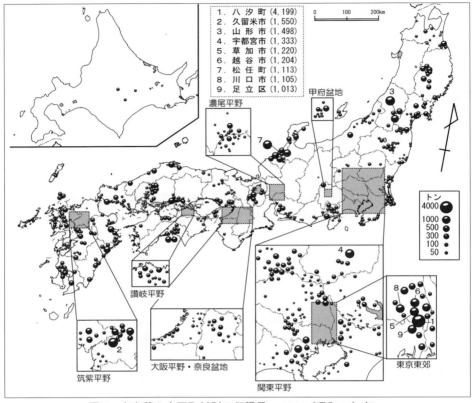

図5 山東菜の市区町村別の収穫量－1965（昭和40）年－
（『昭和40年青果物出荷統計』により作成）

来の非結球漬菜である山東菜生産の盛衰の実態は，前近代的な在来ツケナ類が主流であった時代から，昭和期以降における白菜の全国的普及に至るまでの間に，過渡的に普及した品目（あるいは品種）の存在を示すものであり，今後の詳細な検討の意義があるといえる。

(3) 伝統野菜として再評価される在来ツケナ

　経済合理性などさまざまな点で優れた結球白菜は，非結球漬菜類の領分をことごとく駆逐し尽くしたわけではない。高度経済成長期以降の日本人によるツケナ類の利用

においては，結球白菜を基調としつつも，結球白菜にはない特性をもった地域色豊かな在来の非結球漬菜類が，食生活に彩りを添える存在として一定の位置を占めてきたといえる。近年における地産地消を推進する動きのなかで，地方野菜品種が「伝統野菜」として見直されてきた。その結果，江戸東京野菜の「伝統小松菜」，なにわ野菜の「大阪しろな」，加賀野菜の「二塚からしな」など，地方色豊かな在来の非結球漬菜類が，域内消費の枠を超えて流通範囲を拡大しつつある。

　また，結球白菜と同様，「全国区」のツケナへと変貌を遂げた品種も一部みられる。長野県の野沢温泉周辺の特産品に過ぎなかった野沢菜が，当地を訪れる湯治客やスキー客によって知名度を上げ全国流通するようになったことや，従来関西地方を中心に鍋物用への利用が多かった水菜がサラダ用野菜として全国に普及したことは，その代表例といえる。輸送システムや加工・冷蔵技術の発達は，一部の非結球ツケナ類の全国流通を可能にしてきている。

　さらに，21世紀に入った2001（平成13）年からは，「つけな」「こまつな」「ちんげんさい」が，2010（平成22）年からは「みずな」の項が『農林水産省統計表』に追加されたことも，ツケナ類における結球白菜偏重傾向が緩和されてきたことを示している。「こまつな」「ちんげんさい」「みずな」の共通点は，漬け物以外の用途で利用されることであり，漬け物に対する需要が減少傾向にある現状とも符合している。

おわりに

　現代社会を生きる我々にとって，結球白菜が広汎に普及している状況は，所与の事実として当然視されているであろう。しかしながら，本章で検討したように，結球白菜は今から約100年前の日本にはほとんど存在せず，その後急激に普及した，意外にも「新しい」野菜なのである。また，現在では埼玉県などの一部の地域で局地的に栽培されているに過ぎない半結球性の山東菜が，結球白菜に先行して日本のかなり広範な地域に普及していた事実に，驚かされる読者も多いのではなかろうか。

　日本では，現在までの約100年の間に，日清・日露戦争後の産業革命期と第二次世界大戦後の高度経済成長期という2つの社会変革期を経験し，現代社会へと繋がる都市化や商品経済を進展させてきた。このような社会の変化のなか，つまり大量生産・大量流通，外国の食文化をも取り込んだ多様な調理法への汎用性，不特定多数の消費者への「万人受け」，などに合致する主要な野菜となったツケナこそが，「結球性」を

有する白菜，つまり結球白菜であった。結球白菜の普及は，地域的に多様であった日本の伝統的なツケナ類の生産・消費に対して，日本のほぼ全域にわたり均一性のある要素を付加したという点において，近代日本における食文化の変容に与えた影響は大きいといえる。

野菜の「流行り廃り」には，その時代その時代の生産・流通システムに加え，人びとの嗜好が投影されている。野菜産地の研究にも，自然条件や交通条件だけでなく，人びとの嗜好や需要の在り方を含めたアプローチが求められる。このように日本人の食生活における野菜について，時間軸上の変化に着目すると，本章で扱ったツケナ以外にも，興味深いテーマが数多く残っている。カリフラワーからブロッコリーへの交替の事情や，「西洋野菜」でありながら，もっぱら和風食材として定着したオクラの普及などは，その一例といえよう。

注

1) 有薗正一郎『近世庶民の日常食　百姓は米を食べられなかったか』海青社, 2007。有薗正一郎『地産地消の歴史地理』古今書院, 2016。
2) 石毛直道『食の文化地理　舌のフィールドワーク（朝日選書 519）』朝日新聞社, 1995。
3) 農山漁村文化協会『農業技術体系野菜編 7　キャベツ・ハクサイ・ホウレンソウ・ツケナ類』農山漁村文化協会, 1988。
4) 曲直瀬愛「清国種白菜栽培法」大日本農会報 79, 1888, 18-23 頁。吉野平八『蔬菜栽培大意』宮城農園, 1903, 42-47 頁。
5) 菅野鉱次郎「結球白菜の我国に於ける発達の歴史（一）」大日本農会報 560, 1927, 48-56 頁。
6) 農林省農務局編『明治前期勧農事蹟輯録　下巻』長崎出版, 1939（1975 復刻），1544 頁。
7) 岩手県文書「第一植物試験場　明治十一年　和洋菓樹蔬菜栽培景況調」『明治 12 年勧業課　種芸回議』90 号, 1879。
8) 竹中卓郎編『改訂増補舶来穀菜要覧』大日本農会三田育種場, 1886。
9) 福羽逸人『蔬菜栽培法』博文館, 1893, 215-216 頁。
10) 前掲 5)。打越信太郎「水戸地方結球白菜栽培の由来」大日本農会報 333, 1909, 54-55 頁。
11) 香月喜六『結球白菜』成美堂書店, 1914, 3 頁。
12) 柘植六郎『実験蔬菜園芸新書』成美堂書店, 1910, 279 頁。
13) 矢澤泰助『結球白菜之増収法』常盤堂, 1916。川村九淵『学理実験結球白菜栽培秘訣』小西書店, 1919。
14) 清水克志「浦戸諸島における白菜採種業の展開」（平岡昭利ほか編『離島研究 V』海青社, 2014），153-168 頁。
15) 東京市役所『東京市江東青物市場年報（昭和二年）』東京市役所, 1928, 37 頁。

第3章

水産缶詰製造業の展開からみた日本の魚食文化
― 千葉県銚子市を例として ―

清水 克志

はじめに ～イワシの利用法の変遷を考える～

　四方を海に囲まれた島国である日本では，魚食には長い伝統があり，それにともなって多様な地域文化が展開してきた。日本の魚食文化というと，新鮮な海水魚を調理した「さしみ」や「すし」をまず想起する人も多いだろう。しかし，内陸部や山間部でも鮮魚が入手できるようになったのは，冷凍・冷蔵設備や輸送手段が発達したごく近年のことである。冷凍・冷蔵技術や輸送手段が未発達な時代には，臨海部を除いて新鮮な海水魚は貴重品であり，煮干しやするめ，かつお節などの塩干物による利用であった。

　一方，海水魚の加工の仕方に目を転じると，塩干物などの食用加工以外にも，肥料や飼料など非食用加工も存在する。とくに多獲性大衆魚であるイワシやニシンは，江戸時代以降には商品作物栽培に用いられる金肥原料として，漁獲の大部分が干鰯，鰊粕に加工され，鮮魚での流通はもとより，食用の塩干物への加工・流通はごくわずかであった。

　本章で取り上げる千葉県銚子市（図1）も，江戸時代からイワシ漁と干鰯生産が盛んであり，九十九里浜から連なる干鰯の一大産地を形成していた。明治中期以降は，圧搾機の開発によって，イワシを丸ごと乾燥させた干鰯から，イワシを茹でて魚油を絞った後に乾燥させた搾粕の製造が中心となっていくが，漁獲されるイワシの大部分が魚肥として加工される状況が続いた。さらに化学肥料の普及にともない魚肥需要が減少した1950年代以降には，魚粉（フィッシュミール）などの家畜飼料にも加工されてきた。そのようななか，日本では明治初年に缶詰製造技術がフランスから伝わったが，銚子においてもそのごく初期から缶詰製造が導入され，海産哺乳動物のクジラを含む海水魚の缶詰の産地として今日まで展開してきている。

　缶詰とは，「金属缶やガラスびんのなかに，食物を入れて密封し加熱殺菌して保存」[1]

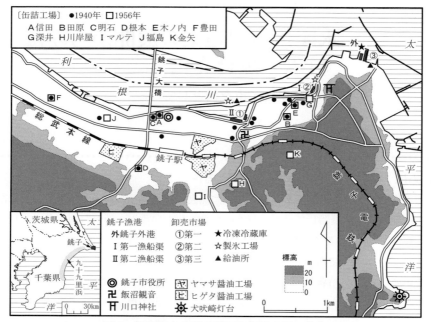

図1　銚子市中心部の概要と缶詰工場の分布
(基図として2万5千分1地形図「銚子」(1991年修正)を使用。
『銚子商工案内』,『銚子の水産』および聞き取りにより作成)

した加工食品であり,原料により水産缶詰と農産缶詰(獣肉・蔬菜・果実)に分類される。その原理は,1804年にフランス人のニコラ・アペールによって初めて考案されたものである。缶詰製造技術は,ヨーロッパ諸国に加え,アメリカ合衆国へは1821年に,日本へは1871(明治4)年頃に伝えられた。食品の長期保存を可能にする缶詰は,それぞれの地域において,保存食に加え軍用食,輸出品などの目的で製造されていった。

今日では,冷凍・冷蔵技術の発達に加え,外食産業の発達,レトルト食品をはじめとする缶詰以外の加工食品の普及により,缶詰の長期保存食としての意味合いは薄れてきている。しかしながら,種々の技術革新に先行して展開してきた缶詰製造業について検討することは,食文化の近代化を考えるうえで重要な意義をもつといえよう。そこで本章では,日本を代表する缶詰製造業が盛んな地域である千葉県銚子市を事例に,水産缶詰製造業の展開を通時的に検討することを通して,斯業の発展がイワシなどの多獲性大衆魚の利用に与えた影響について考えてみたい。

Ｉ．近代日本における缶詰製造業

（1）黎明期の缶詰製造業

　1871（明治 4）年，長崎の広運館（外国語学校）の司長であった松田雅典は，フランス人教師のデュリーからイワシ油漬缶詰の製造法を学んで試作した。これが日本における缶詰製造の端緒とされている[2]。1877 年には，北海道石狩の開拓使の缶詰工場でサケ缶が製造され，商業的生産の嚆矢とされる。またこれと前後して，1875 年から翌年にかけて，東京新宿の内務省勧農局でも，モモ砂糖漬缶詰やトマト缶詰などの農産缶詰が試作されている。

　1894（明治 27）年に日清戦争が勃発すると，陸軍が軍用食料として，民間の缶詰業者から大量の牛肉大和煮缶詰を買い上げた。大和煮とは，原料を醤油，砂糖，味醂などの日本在来の調味料で味付けしたものであるため，戦地でそのまま食べられ，しかも油漬やトマト漬とは異なり，当時の日本兵の嗜好にも適していた[3]。陸軍では，戦争終結後に余剰缶詰を廉価で民間に払い下げたため，缶詰という新たな加工食品を庶民が知る機会になったともいわれている[4]。1904 年からの日露戦争でも陸軍が軍用食料として牛肉大和煮缶詰の調達を計画したが，畜牛が欠乏し需要を賄いきれなかったため，その不足分を水産缶詰で補うこととなった[5]。そして，日本各地で水産缶詰製造業が成立する契機となったといわれている。

　日露戦争終結から 4 年後の 1909 年における水産缶詰工場の分布を示した図 2 をみると，全国に 67 の工場が確認できる。このうち北海道には利尻島や根室周辺，千島列島を中心に，サケ・マスやカニ・エビの缶詰を製造する工場が 27 も確認できる。本州以南で複数の缶詰工場が確認できるのは，宮城県の気仙沼町（現・気仙沼市）と石巻町・鮎川村（ともに現・石巻市）周辺，千葉県本銚子町（現・銚子市），広島市，高松市，福岡県沖端村（現・柳川市）である。本州以南では，クジラ，イワシ，カツオ，アワビ，ハマグリなどの缶詰が各地で製造されている。こうしてみると，3 工場が確認できる銚子は，全国的にみて先駆的な水産缶詰の生産地域の一つに数えることができる。

（2）水産缶詰製造先進地としての銚子

　関東地方の最東端，利根川河口右岸に位置する銚子は，利根川水運の拠点として江戸時代を通じて大きく発展した。また江戸時代には紀伊国を中心とする関西移民によって醤油醸造業やイワシ漁業が伝えられ，現在に続く基幹産業の基盤が形づくられ

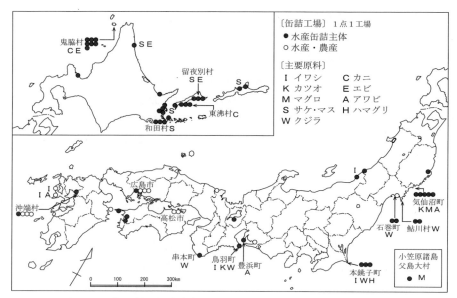

図2　日本における水産缶詰工場の分布 − 1909（明治42）年 −
（『工場通覧（明治42年12月末日現在）』により作成）

た。銚子は、醤油醸造業、温暖な気候を利用した台地上での露地野菜生産とともに、多獲性大衆魚を中心に全国屈指の水揚量を誇る銚子漁港周辺での水産加工業が盛んな地域となっている。

　銚子では、1879（明治12）年に前年のパリ万国博覧会時に購入した缶詰製造機械とフランスで伝習した製法を用いてイワシ油漬缶詰約2000缶を製造し、ウラジオストクへ輸出した[6]。これは、日本におけるイワシ缶詰の商業的生産の先駆的事例と位置づけられる。しかし、あくまでも試験的な製造に過ぎず、1879年以降、銚子において続けて缶詰製造が行われた記録はなく、企業としての缶詰製造業の興隆は、明治後期を待たねばならなかった。

II．銚子における水産缶詰製造業の導入
(1) クジラ大和煮缶詰を契機とした缶詰製造業の興隆

　1906（明治39）年から1909年にかけて、銚子近海にクジラの大群が回遊すると、大日本捕鯨会社、太平洋捕鯨会社、東洋捕鯨会社などが本銚子町に進出し、銚子港に

クジラが水揚げされるようになった。このクジラの肉を原料として缶詰を製造するために家内工業的な缶詰工場が約30設立され，主にクジラ大和煮缶詰が製造された。

1909年の銚子には，本銚子町に3軒の水産缶詰工場が確認できる（図2）。具体的には釜谷藤兵衛（1898年創業），常陸谷若松（1904年創業），信田猪五郎（1907年創業）の缶詰工場であり，当時のクジラ大和煮缶詰製造の中心的な担い手とみられる（図3）。このうち釜谷は，日露戦争による軍需を見込んで水産缶詰の製造販売を手掛けたものの，捕鯨業の衰退とともに1910年頃に廃業した。しかし常陸谷は，クジラ，カツオ，イワシなどの缶詰の製造販売に加え，鮮魚商や鰹節，蒲鉾の製造販売を行っていた。また信田も，クジラ大和煮缶詰のほかにホッキガイやハマグリの缶詰を製造し，関東地方各地に加え長野県や山梨県へ出荷した[7]。これらの缶詰工場は，銚子沖へのクジラの回遊がなくなった1910年以降も，クジラ以外の魚種の缶詰や缶詰以外の水産加工品を製造と兼業を行うことで経営を維持しており，このことが銚子において缶詰製造業が興隆する契機となったといえる。

大正期には，1915（大正4）年に倉光吉次が南町に工場を設置し，輸出向けにイワシ油漬缶詰の製造を，また1921年には，東洋缶詰株式会社がサンマ燻製缶詰の製造をそれぞれ開始した。しかし技術的な欠陥や販路の未開拓などにより，両者とも数年のうちに廃業となった。

しかし，水産加工業者に生まれた田原久次郎（三代目）は1918年，19歳の時に日本橋小網町へ奉公した際，東京でイワシやカツオの大和煮缶詰がよく売れていることを知った。当時の田原家では，鰹節や煮干し製造に加え，澱粉製造業[8]も手掛けていたが，稼働期間が短く，不満を感じていた。そのようななか，缶詰製造業の将来性に関心を抱いていたという。また水産加工品販売業者の子息である笠上平八と明石傳も，缶詰製造業の将来性に着目し，1922年に樺太や青森の水産試験場，缶詰工場を視察した[9]。笠上は，1923年の関東大震災の直後に，東京市場へ出荷できなくなった冷凍船から大量のカツオを安価で買い受け，カツオ味付缶詰を製造した。このように，銚子では大正期を通じて水産缶詰業に対する機運が高まっていた。

(2) イワシの豊漁と缶詰製造業の成長

昭和期に入ると，銚子港ではイワシの豊漁期を迎え，その漁獲高は1935（昭和10）年には12.2万トン，翌1936年には15.5万トンを記録した。大量に水揚げされたイワ

シは，大部分が搾粕に加工されていたが，缶詰を含めた食品への加工も増加した。実際に，1929（昭和4）年には田原久次郎が缶詰製造業を開始した。また1933年には根本和三郎や明石傳らが出資して銚子缶詰株式会社を創設し，輸出向けにイワシトマト漬缶詰やイワシ油漬缶詰の生産を開始した。明石は，1929年頃から水産講習所の木村金太郎教授を招いて，イワシトマト漬缶詰の試作を重ねるとともに，銚子の事業家にイワシ缶詰の製造を勧めていた。1935年には根本，明石がそれぞれ自社工場を建設し，缶詰製造を開始した。銚子市内における缶詰工場は，1940年には18軒に増加した。その多くは，原料魚が入手しやすい銚子港の近辺に集中していた（図1）。

1938年における水産缶詰の生産量を道府県別・魚種別に示した図4をみると，銚子を含む千葉県（8400トン）は，生産量において全国シェアの1割を超え，北海道（2万5800トン），長崎県（1万4900トン）に次ぐ全国第3位に浮上していることがわかる。魚種別では，イワシが2万8000トン超で日本全体の44%を占め，全魚種のなかで最大となるほか，サバ（8900トン）やカツオ（6800トン）の増加も顕著である。昭和

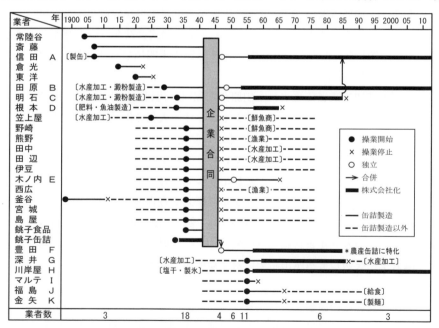

図3　銚子における缶詰製造業者
（『銚子商工案内』，『銚子の水産』および聞き取りにより作成）

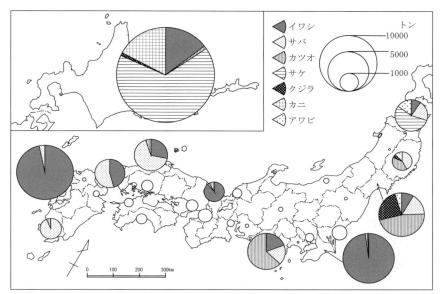

図4　水産缶詰の道府県別・魚種別の生産量－1938（昭和13）年－
（『第15次農林省統計表』により作成）
注）1000トン未満の府県は，魚種別内訳を省略した。

期には，旧来のサケ（2万1000トン）やカニ（5000トン），クジラ（1900トン）にかわって，イワシなどの多獲性大衆魚が水産缶詰の中心となっている。銚子を主体とする千葉県は，イワシが97％を占めており，イワシの豊漁を背景として全国屈指の水産缶詰産地へと成長したことが指摘できる。

　1940（昭和15）年10月には，経済統制の一環としての企業合同により，銚子市内の各缶詰工場は銚子合同缶詰株式会社に統合された。銚子合同缶詰株式会社は，1943年8月には千葉県内の他の5地区16事業所と統合され，千葉県合同缶詰株式会社となった。1941年以降イワシの漁獲量は，2万トン前後にまで激減した。これは，戦時体制下において燃料や人手が不足し，イワシ漁の操業自体が困難になったためである。イワシの漁獲高が激減したにもかかわらず，イワシ缶詰の生産量はそれほど減少していないことから，食糧難の戦時下では，搾粕などの肥料よりも缶詰などの食品加工の生産に重点が置かれていたことが考えられる。実際に1941年以降は，イワシを大豆や昆布と煮込んだイワシ豆昆布煮缶詰の生産量が増え，全生産量の半数以上を占めて

おり，軍用食や防衛食として消費された。また，イワシなどの原料魚が不足すると，水産缶詰以外にも大豆や小豆缶詰などを製造した。しかし醤油や砂糖などの調味料も配給制であったため，調味は不完全なものであった。

(3) イワシに対するまなざしの変化

　昭和前期におけるイワシ缶詰生産の増加は，イワシの利用においてどのような意義があったのであろうか。当時の人々のイワシに対する認識は，1930（昭和5）年に刊行された『缶詰及壜詰簡易製法』[10]の一節から窺い知ることができる。

　　鰮は鯡と同様に本邦多産魚として首位を占むるものである。（略）然るに其の蛋白質の性質も栄養上価値多く且又脂肪に富み尚「ヴイタミン」Aを特に多く含める（略）而して一方其食味も適当に加工すれば相当美味となるが，故本邦に於ける一般家庭の副食物として又は副業的商品として之を貯蔵して置けば経済上益する所少くない。

「多産魚」すなわち多獲性大衆魚であるイワシの栄養価の高さが立証され，安価で食材として価値が高いことが専門家によって指摘されていたことがわかる。
　また，陸軍の外郭団体である糧友会が発行する雑誌『糧友』に掲載された「推奨すべき水産食品」と題された記事[11]が注目できる。同記事ではイワシを「我々の食物中蛋白給源として最も適当」であるとし，アメリカ合衆国でイワシが缶詰原料として積極的に利用され，国内の消費に充てられるのみならず，輸出量を増やしていることを引き合いにだしつつ，「直接我々の口に入るべき」イワシを「漁獲量の大部分が価格の低い魚肥として利用」されていることに遺憾の意を示している。そして，安価で栄養価の高いイワシ缶詰が，陸軍が求める「国産優良食品」の条件を満たしていることを紹介しつつ，国産イワシ缶詰の増産と国民の積極的な利用を奨励している。実際イワシトマト漬缶詰は，1932年に初めて輸出された後，全国各地で急速に生産され重要な輸出品となっていった。缶詰原料としてのイワシの利用は，明治・大正期にも一部でみられたが，昭和前期のイワシの豊漁と缶詰製造業の充実と結びつく形で，この時期には旧来のサケ・マス缶詰やカニ缶詰を凌ぐまでに成長したといえる。
　1932年以降に銚子において生産されたイワシ缶詰の生産量は，国内向けのイワシ

大和煮缶詰が最も多かった[12]。1936年当時，銚子港に水揚げされたイワシのうち94％までが搾粕加工に向けられていたが，その割合は1941年には35％，1943年には0.6％へと急減した[13]。このことは，戦時中のイワシの漁獲量の減少や食糧難も，イワシの用途として魚肥の比重が低下し，食品加工原料としての性格が強まる要因となったことを示している。イワシが加工食品原料としての価値を見出されるごく初期の段階で，缶詰製造業が果たした役割は大きいといえる。

Ⅲ．第二次世界大戦以降の水産缶詰製造業の展開

図5は銚子漁港における主要魚種の漁獲量の推移，図6は銚子市における缶詰生産量の推移を示したものである。2つの図をみると，銚子港で水揚げされる魚種や漁獲量，銚子で生産される水産缶詰の種類や量は，時代ごとに大きく変化していることが一瞥できる。ここでは，第二次世界大戦後から現代までを3つの時期に区切り，原料魚種や調理法に留意しながら，水産缶詰製造業の変遷を跡づける。

（1）イワシの代替としてのサンマ・サバ缶詰の製造

まず，第二次世界大戦後から1960年代前半にかけての時期は，漁獲量が急増した

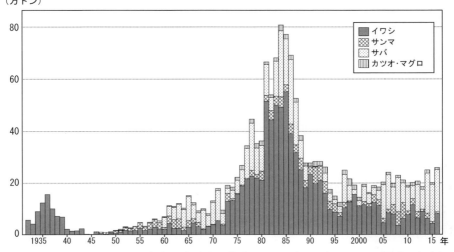

図5　銚子漁港における主要魚種の漁獲量の推移－1932（昭和7）～2017（平成29）年－
（銚子市水産統計ほかにより作成）

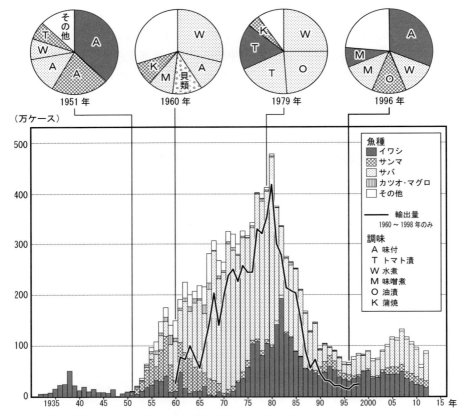

図6 銚子市における缶詰生産量の推移 － 1932（昭和7）～ 2012（平成24）年 －
（銚子市水産課資料ほかにより作成）

サンマやサバ，貝類などを原料として，国内向けに味付缶詰や味噌煮缶詰の生産に主眼がおかれた時期といえる。

　第二次世界大戦後に企業合同が解消されると，1947（昭和22）年には根本，明石，信田，豊田，1949年には田原，1951年には木ノ内が相次いで独立し，個人工場としての操業を再開した。さらに1955年前後には，マルテ，福島，金矢，深井，川岸屋などの水産加工業者が缶詰製造業に参入したため，1956年には缶詰製造業者数が11となった。缶詰生産量が1950年代を通じて約15倍に急増したことは，第二次世界大戦後に缶詰製造業が順調に回復・成長したことを示している。

この時期には多くの製造業者で冷凍冷蔵庫が導入され，銚子以外からの原料の移入や漁獲量が減少する夏季まで原料を冷凍保存することにより通年操業が可能になった。また，大型設備を備えた工場は広大な敷地を要するため，内陸部の台地上にも立地するようになった（図1）。1950年代後半以降には，株式会社化して缶詰部門に特化し生産拡大を図る業者が現れた。

1945年から1973年頃までの間は，イワシが不漁であった。そのため，銚子の缶詰業者の中には，銚子や長崎と並ぶイワシの水揚港である鳥取県境港市に分工場を建設し，イワシ缶詰を製造するものも現れた。その一方で同時期には，サンマの漁獲量の増加が顕著となり，新たな缶詰原料として有望視され始めた。缶詰原料の魚種別割合は，1952年以降，サンマ（47%）がイワシを上回って首位になった。続く1960年代にはサバの漁獲量が急増し，イワシやサンマの漁獲量を上回った。これにともなって，缶詰原料の魚種別割合でもサバがサンマを上回って首位となり，1968年以降は70%以上を占め，1970年には最高で90%にまで達した。

1950年の製造品の内訳は，イワシ（37%），サンマ（21%），サバ（14%）の味付缶詰3品目が7割以上を占め，サバ水煮（8%），サンマトマト漬（7%）がこれに次いでいた。ところが，1960年の種類別では，サバ水煮缶詰（29%）が，サバ味付缶詰（12%）とサバ味噌煮缶詰（9%）を上回って首位に浮上した。この時期には，従来の各種味付缶詰やサバの味噌煮缶詰に加え，アカガイやアサリなど貝類味付缶詰（11%）やサンマ蒲焼缶詰（9%）の割合も高い。このことから，この時期は第二次世界大戦前に比べ，魚種・調味方法の両面で，国内販売向けの惣菜缶詰の多様化が進んだ時期とみなすことができる。

田原缶詰では，1950年代には戦前以来のイワシ大和煮（図7-a）に加え，千葉・茨城沖で水揚げされたハマグリを使用したハマグリ時雨煮缶詰，戦時中の防衛食缶詰を応用した三色煮缶詰などの製造を開始した。当時のイワシ大和煮缶詰のラベルには，「いわし大和煮は卵四ヶ分のカロリー，六ヶ分の蛋白質，二ヶ半分の脂肪，二十一ヶ分のカルシユームの栄養価があります」と記されており，高価な栄養食品の代名詞であった鶏卵に比べ安価で栄養価が高いことを強調している。第二次世界大戦後の水産缶詰には，「滋養」や「栄養」が重要な要素であったことが読み取れる。

1950年代にサンマの漁獲量が増加すると，田原缶詰ではサンマの身の形状がウナギに似ていることを活かし，ウナギの蒲焼に似せたサンマ蒲焼缶詰（図7-b）を考案

図7　田原缶詰の缶詰ラベルの例
　　国内向け　a：イワシ大和煮（1950年代）　b：サンマ蒲焼　e：イワシ味付（1991年）
　　輸出向け　c：サバ油漬（1970年代）　d：サンマトマト煮（1993年，タンザニア食糧援助用）
　　　　　　　　　　　　　　（田原缶詰所蔵「缶詰ラベル綴」）
　　　　　　注）bのみ宣伝広告のイメージ画像，それ以外は紙ラベル。

した。ハマグリ時雨煮などの製造方法を応用し，いったん開いたサンマを天日干しにした後，それを焼いて醤油と砂糖で煮込むものであった。大衆魚であるサンマを使用して味，形状ともにウナギに似せたサンマ蒲焼缶詰は人気商品となり，他社でも類似品の生産が開始された。

(2) 輸出向けサバ缶詰の量産

　1960～80年代はサバを原料とする缶詰生産量が急増した時期であり，1980年には年間生産量が479万箱に達し，最高を記録した。輸出向け缶詰の割合は1960年には17％に過ぎなかったが，1960～70年代にかけて著しく伸長し，全体の70～80％を

占めるまでになった。つまりこの時期は，既存の缶詰製造能力とサバの豊漁を背景としつつ，缶詰原料魚の半数以上を他港から移入し，増大する輸出向け缶詰の需要に対応した時期といえる。その一方で国内向け缶詰については，生産量がやや減少傾向にあったものの，従来の味付缶詰，味噌煮缶詰などに加え，食生活の洋風化に対応したカレー煮缶詰やトマト煮缶詰などが生産されるようになり，少量多品目化が進んだ。このような状況下で，規模を拡大し缶詰製造業に特化する業者とその他の業種へ転業もしくは廃業するものに分化した。

　田原缶詰を例にとると，中近東やラテンアメリカ，オセアニアなどの発展途上国を中心に世界各地へ缶詰を輸出しており，仕向け地は資料で確認できるだけでも50か国以上にのぼる[14]。その原料魚種は，1972年以前は数例を除きすべてサバ（図7-c）であり，イワシの漁獲高が再び急増した1973年以降にはイワシ（油漬・トマト漬）などが加わった。輸出向け缶詰は，原料コストの低廉性がより重要であり，国内向け缶詰ほどの魚種の違いは問題にされず，魚種が違っても加工の工程には大差がなく，調味も水煮，油漬，トマト漬の違いがあるに過ぎない。そのため，基本的には漁獲量が多く，大量かつ低価格で入手できる魚種を原料としていた。

　1979年の製造品内訳は，上述の状況を反映して，サバ水煮（25％），サバ油漬（24％），サバトマト煮（19％）の輸出向けサバ缶詰が上位を独占し，同じく輸出向けのイワシトマト漬（17％）が4位を占めている。

(3) 国内向け高付加価値缶詰の充実

　銚子における缶詰生産量は，1980年に479万箱を記録して以降急落し，1992（平成4）年には，100万箱を下回るようになった。これは1980年代を通じて円高傾向が強まった影響が大きく，この時期には，輸出向け缶詰生産量が激減するなかで，国内販売向け缶詰の充実を図りつつ，生産量は50万箱から70万箱を維持した。1990年における国内販売向け缶詰の生産量は全体の52％を占めて輸出向け缶詰を上回り，1996年には79％に達した。この時期には1985年に，明石缶詰が信田缶詰に吸収合併されたほか，豊田缶詰がマッシュルームやアスパラガスなどの農産缶詰に特化，さらに1987年には深井産業が缶詰部門から撤退した。銚子においては，国内市場の拡大を目指し，内容を充実させるものや他業種部門と兼業するもの，転廃業するものに分かれた。

1996（平成 8）年の魚種別生産量は，イワシ味付（31％）が首位に返り咲き，サバ水煮（13％），サンマ油漬（13％），サバ味噌煮（13％），イワシ味噌煮（8％）がこれに次いだ。イワシ缶詰（43％）の割合がサバ（29％）を再び上回った。また少量ながら同年の資料からは，「アンキモ」「カレイ縁側」「ブリ味付」「サケ中骨水煮」などが確認できる。また「イワシ味付」においても，塩分を控えた調味，イワシがカルシウムやコレステロール値を下げるとされる EPA（エイコサペンタエン酸）を含有していることをラベルに表記したものも確認できる（図 7-e）。消費者の高級志向や健康志向を意識した，高付加価値の缶詰が少量ながら多数生産される，少量多品目生産の傾向が一層強まった。またイワシ，サンマ，サバなどの缶詰に「銚子産」あるいは「銚子港直送」などとラベルに記すことにより，銚子がイワシをはじめとする多獲性大衆魚の特産地として知名度の高いことを前面に打ち出し，ブランド化を図っている。一方，輸出向け缶詰の生産量は大幅に減少したが，国連 WFP（世界食糧計画）[15] を通じた援助物資としての缶詰輸出は，平成期以降も続けられている。援助物資缶詰には，「NOT FOR SALE」と明記され，日本と相手国の国旗が描かれているのが特徴である（図 7-d）。

おわりに

　以上のように，近代日本における水産缶詰製造業の展開を，千葉県銚子市という具体的な産地を事例として通時的に検討してみると，銚子港での漁獲量といった産地内部の状況だけでなく，輸出をめぐる国際状況などとも複雑にかかわりながら，時代ごとに原料魚種や調味方法を変化させつつ，缶詰産地が展開・存続してきたことが理解できよう。缶詰製造という業種が，さまざまな原材料，調味方法が多様である点において製糖業や酒造業，製粉業などの他の食品産業とは異なっていることは，すでに指摘されていることである[16]。しかしながら，缶詰産地の展開を具体的にみていくと，製造業者は，一方ではその時々の原料魚の供給に制約を受けつつも，他方では時代の変化を見極めつつ需要を創出する工夫がくり返されてきたことが看取された。

　そのような変遷のなかで，昭和前期にイワシ大和煮缶詰の生産によって缶詰産地としての地位を確立する過程では，銚子漁港における基幹魚種でありながら，一度に大量に水揚げされ食品とするには鮮度保持が難しく魚肥に加工せざるを得なかったイワシを，当時の栄養学の発達や軍需という「追い風」を受けつつ食品として実用化する意義があったといえる。そしてこのことは，イワシの利用法について，「冷凍・冷蔵

技術や輸送手段が発達する以前は食用としての利用が難しいため，大部分は魚肥に加工された」という一般的理解に対して，「イワシは冷凍・冷蔵技術が普及する以前にも，缶詰という形態で内陸部や山間部でも消費されていた」という新たな知見を提示できる可能性をもっている。

　ただし，イワシ大和煮缶詰が軍用食以外に，どのような販路をもち，消費されていたかについては，本章でも明らかにできていない。昭和前期の銚子の主要業者の販路については，信田缶詰が長野・山梨方面に販路をもっていたことは既述した通りであるが，同様に田原缶詰では群馬・栃木方面，明石缶詰は群馬・栃木・会津若松方面，根本缶詰は北海道・九州方面に缶詰の販路をもっていたとされる。つまり水産缶詰の存在が，内陸部や山間部で消費され，冷凍・冷蔵技術や輸送機関の発達以前の魚食文化の変化にインパクトを与えた可能性は小さくないといえる。この点を実証することは資料的制約もあって容易ではないが，内陸部・山間部における水産缶詰の流通・消費に関心をもっていくことが重要であろう。

注
1)　日本缶詰協会編『かんづめハンドブック』日本缶詰協会，1966（2013 改訂）。
2)　山中四郎『日本缶詰史第一巻』日本缶詰協会，1962，27-28 頁。
3)　日本缶詰協会編『目でみる日本缶詰史』日本缶詰協会，1987，53-54 頁。
4)　前掲 3) 53-57 頁。
5)　伊藤真一『日本食肉文化史』財団法人伊藤記念財団，1991。
6)　農商務省「第二回内国勧業博覧会報告書第五区Ⅱ」（藤原正人編『明治前期産業発達史資料　勧業博覧会資料 158』明治文献資料刊行会，1883（1975 復刻）），110-111 頁。
7)　信田缶詰株式会社の信田裕輔氏からの聞き取りによる。
8)　清水克志「海上郡における甘藷生産の展開」歴史地理学調査報告 11，85-104 頁。
9)　濱本清志ほか「『銚子の缶詰業を語る』座談会」缶詰時報 17-4，1938，48-62 頁。
10)　木村金太郎『缶詰及壜詰簡易製法』養賢堂，1930，452 頁。
11)　糧友会「推奨すべき水産食品」糧友 5-7，1930，20-21 頁。
12)　福與多喜千『銚子の鰮漁業記』福與多喜千，1947，69 頁。
13)　銚子市編『続銚子市史Ⅲ　昭和後期』銚子市，1983，154-155 頁。
14)　田原缶詰株式会社所蔵「缶詰ラベル綴」。
15)　1961（昭和 36）年に設立された国際連合の機関で，食糧を開発途上国の社会経済開発および緊急食糧援助に役立てることを目的としている。
16)　高柳友彦「缶詰産業の企業化と生産地域の展開」（加瀬和俊編『戦前日本の食品産業－1920 ～ 30 年代を中心に』東京大学社会科学研究所，2009），103-128 頁。

第4章

在来小蜜柑から温州蜜柑への転換
— 嗜好の変化に着目して —

豊田 紘子・伊藤 大生

はじめに ～地理学における「消費」の捉え方～

　地理学において農業は経済活動のひとつとみなされ，農業地理学は経済地理学の一分野として，主に農産物の生産と流通の側面に注目してきた。1961（昭和36）年には農業の近代化を目指した農業基本法が制定され，また1980年代以降にはGATT・ウルグアイラウンドにおける農業部門の合意により，日本への輸入農産物が急増した。高度経済成長期以降，日本の農業とそれにかかわる環境，地域が大きく変化したという社会的背景があり，そのなかで農業地理学では生産地の分布や地域構造[1]，生産された農産物の流通システム，そしてそれらがいかに変化したかを解明してきた[2]。

　一方，生産，流通とならんで経済の要素のひとつである「消費」は地理学においてはさほど注目されず，生産した農作物を人びとが食べ物としていかに利用・消費するかは，おもに文化史，民俗学や家政学において成果が蓄積されてきた[3]。作物を生産し，それが商品として流通しても，供給過多で需要がともなわなければ経済活動として成立せず，生産地が農作物を生産し，それを流通させることの存続は困難となる。農業地理学がこれまで主題としてきた生産や流通について総合的な理解をするためには，「人びとがいかに消費したか」という点に注目する必要がある。消費には，「低価格な食べ物から効率よく栄養を補給する」というような合理的な判断だけでなく，受験や試合の前に「勝つ」を連想させるカツ丼を食べるといったゲン担ぎや，宗教上の理由からハラルフードを選択するといった，人や地域社会のもつ文化的価値観が大きくかかわっている。

　本章では，日本人にとって身近な食べ物のひとつである「みかん」を事例に，従来の地理学において注意が払われてこなかった消費や人びとのもつ文化的価値観に注目する。

I. 「みかん」から人びとの文化的価値観を考える

　現代日本において温州蜜柑や清見，ポンカン，はるか，文旦など，さまざまな柑橘類が食用として利用されている。2000年代以降には中晩柑の「せとか」や「甘平」といった新品種が登録されるなど，新品種開発が盛んに行われている。温州蜜柑だけでも極早生，早生，中生，晩生のように成熟時期の異なる種類が存在し，温州蜜柑の時期が終わる頃には中晩柑類，晩柑類が成熟する。また露地栽培だけでなく，ハウス栽培との組み合わせにより周年栽培化され，私たちは一年を通してなにかしらの柑橘類をスーパーなどで手軽に購入できる。このように多くの柑橘品種があるなかで，現在もっとも普及している品種が温州蜜柑で，「有田みかん」や「三ケ日みかん」などはすべて温州蜜柑である。りんごやぶどうが「ふじ」や「シナノゴールド」，「巨峰」，「デラウェア」など品種名で呼ばれるのに対し，温州蜜柑は各生産地の地名を冠して呼ばれ，日本各地で生産されている。私たちが日常会話で「みかん」というとき，それは温州蜜柑を指すほどに現代日本人の生活に浸透している。

　明治期以降，日本政府の勧業政策のなかで果樹・蔬菜類の栽培が推奨され，多くの外来品種が導入された。たとえば，現在私たちが食しているりんごやぶどうは明治期に導入された「西洋林檎」と「西洋葡萄」が起源である。果樹・蔬菜類の栽培史を考えるとき，「明治期には外来品種が導入され，日本在来の品種に代わって新たな品種が栽培されるようになる」という理解は多くの品種に当てはまるものの，温州蜜柑の栽培・普及の歴史はそれには該当しない。

　江戸時代には武士階級だけでなく庶民の間でも蜜柑は消費されていたが[4]，その蜜柑は温州蜜柑とは別の品種で，明治期以降，温州蜜柑と比べて実が小さいということから「小蜜柑」と呼ばれた蜜柑である。小蜜柑は12世紀に熊本県八代（現・八代市）で発生した柑橘類の一種で，キシュウミカン（学名：*Citrus kinokuni*）が和名としての正式名称であり，現在の和歌山県にあたる紀州はもとより，それ以外の一部の生産地において栽培されていた。たとえば，広島県蒲刈島（現・呉市蒲刈町）は江戸時代において蜜柑（今日の小蜜柑）の名産地として知られ，正月飾り用に小蜜柑に葉をつけた状態で出荷する「葉蜜柑」を現在でも生産している。小蜜柑と温州蜜柑とを比較すると，小蜜柑は温州蜜柑に比べ実が小さく，有核である一方で，温州蜜柑は無核である（図1）。各柑橘産地の栽培史においては，江戸時代には小蜜柑，明治期以降は温州蜜柑が本格的に生産されるようになるといわれているが，温州蜜柑は外来品種で

はなく，江戸時代のはじめに鹿児島県長島で突然変異により発生した，日本在来の品種であることがわかっている。したがって，江戸時代には小蜜柑も温州蜜柑もどちらも存在しており，「江戸時代には小蜜柑，明治期以降には温州蜜柑が栽培される」という説明は，厳密には「江戸時代以降，小蜜柑と温州蜜柑の両方の品種が存在するなかで，江戸時代の人びとは小蜜柑，明治期以降の人びとは温州蜜柑を選択した」ということになる。

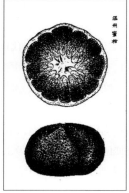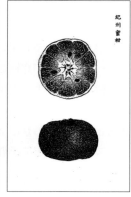

図1　温州蜜柑（左）と小蜜柑（右）の断面
（『日本の蜜柑』挿絵，国立国会図書館デジタルコレクションより転載）

　産地の形成や農産物の普及を考える際，その土地の気候や地質，産地と市場との位置関係など，さまざまな地理的要因が関係している。また栽培技術が確立しているか，栽培する作物の病気への耐性など，農学的要因も多分に影響している。それらの視点に加えて，本章では人びとのもつ価値観や認識といった文化的要因，つまり人びとが「選択したみかん」が時代によって異なったという視点から，日本における温州蜜柑産地の形成を考えたい。

Ⅱ．温州蜜柑への評価－「種なし不吉」から「海外市場好適品」へ－

(1) 江戸時代の蜜柑への認識

　江戸時代において柑橘類はさまざまな利用がなされていた。たとえば，香りがよく果皮が厚い仏手柑やザボンは酒や砂糖に漬け，長期保存のできる嗜好品として利用された。また，茨城県つくば市の福来蜜柑のように果皮を乾燥させ，漢方薬である陳皮として薬用に用いられる場合があった。

　武士社会であった江戸時代において，蜜柑は年末年始の贈答品として用いられていた。その際，種がある小蜜柑は「子種あり」の発想から子孫繁栄を意味する縁起物であり，一方，種のない温州蜜柑は「子種なし」を連想させる不吉な果物ととらえられていた[5]。そのため，江戸時代においては縁起のよい小蜜柑が人びとに好まれ，選択

されていたことが考えられる。しかし，なぜ明治期になると縁起の良否が重視されなくなり，不吉な温州蜜柑が選択され，普及していくのかということに関しては説明がつかない。不吉であると考えられていた温州蜜柑が日本において受容されていく過程を以下でみていく。

(2) 明治期日本における蜜柑の評価点－内国勧業博覧会での審査から－

　近代化を目指す明治政府は，勧業政策として内国勧業博覧会（以下，内国博）を開催した。内国博は1877（明治10）年から1903（明治36）年にかけて計5回開催され，開催地は第3回内国博までは東京，第4回内国博は京都，第5回内国博は大阪であった。内国博には農産物や機械製品，工芸品などが各府県から出品され，日本各地の物産が把握されるとともに，優秀な出品物には褒賞が与えられた。審査者は，第2回内国博までは専門分野外の役人であったが，第3回内国博からは民間から商業に詳しい人間や，工場長など技術的な評価ができる人物が選定され，審査官に加えられた[6]。内国博で高評価を受け，また褒賞を得ることは出品物の市場の形成・拡大につながるとされ，生産者にとって重要な問題であった[7]。内国博の出品物のひとつに蜜柑があったが，どのような蜜柑が高評価を得ていたのであろうか。

　内国博の審査における蜜柑の評価点をまとめたものが表1である。味や香りなどはすべての内国博において基本的な評価点として登場し，第3回内国博では海外輸出に適するかが重要な評価の視点として加えられ，第4，5回内国博においては種子の有無が重要な評価点となっていることがわかる。以下では，内国博での蜜柑の評価点について具体的にみていく。

表1　内国博における蜜柑の評価点

開催数	開催年	評価点	備考
第1回	明治10	味・香り・皮の厚さ・貯蔵期間・量産性・栽培の簡便さ	なし
第2回	明治14	味・果実の大きさ・果汁の多さ・種子の有無・色・生産者の努力	なし
第3回	明治23	味・香り・貯蔵期間	海外輸送への注目
第4回	明治28	味・香り・色・果汁の多さ・貯蔵期間・量産性・種子の有無	なし
第5回	明治36	味・香り・皮肉・貯蔵期間・種子の有無	なし

（各回の内国博の審査内容により作成）
注）ゴシックは高評価点を示す。

第1回内国博では，神奈川，兵庫，茨城，広島，大分の5県で生産された蜜柑が出品された。そのうち，神奈川，広島両県で生産された蜜柑が褒状を受けている[8]。神奈川産の蜜柑は「此種早ク熟シ産出極テ多シ」とされ，成熟時期が早く，産出量が多いことが評価されている。広島産の蜜柑は「産出多キヲ以テ善ク世用ニ供スルヲ知ル。且厭條ノ一事亦簡便ナル良方ト称スベシ」[9]とされ，蜜柑の量産性および蜜柑樹の栽培方法の一種である「厭條」の簡便さが評価されている。

　第2回内国博では，岐阜，愛知，埼玉，熊本産の4点の蜜柑が褒賞を受賞している[10]。最初に岐阜産の唐蜜柑について述べられ，そこでは「栽培ノ労少ナカラズ，頗ル喜スベシ」と栽培に労力をかけたことが評価されている。他産地の蜜柑も同様に栽培にかけた労力が重視されており，第2回の内国博ではとくに栽培者の努力が評価される傾向にあるといえる。

　第3回内国博では，果実の出品の動向について「果実ノ出品中西南地方ノ蜜柑ハ其果ノ豊大ニシテ，且鮮美ナルノミナラス産額増加セルモノノ如シ。仮令其ヲシテ内国需要ニ超過ヲ来スモ，近年海外輸送ノ途開ケタルヲ以テ敢テ意トスルニ足ラス」[11]とある。すなわち，果実の出品のなかでも，西南地方の蜜柑は果実が大きく味もよく，同時に生産額も大いに増加しており，たとえ日本での需要を超過しても近年外国輸送が可能になったので心配することはないという。この記述からは，蜜柑の生産と流通において，海外輸出が意識されるようになったことがうかがわれる。

　そのため第3回以降の内国博では，海外輸出に堪えられるだけの貯蔵期間や，おいしさや食べやすさを左右する種子の有無が高く評価されることとなる。たとえば第3回内国博における唐蜜柑は「久貯ニ耐フル」ことから「柑橘類中最良品」とされ，そのため「外国輸出ニモ亦甚望ミアルモノトス」[12]と評価されている。第4回内国博においては，たとえば褒賞を受賞した高知産と鹿児島産の温州蜜柑について「前者ハ核全ク発達セス無核ト称シテ可ナリ」，「後者モ無核ニシテ長形ノ肉軟ク漿多クシテ苦味少ナシ」[13]とされ，どちらの温州蜜柑も無核である点が評価されている。第5回内国博では，とくに種子の有無について特別に調査がなされた。種子の有無の要因を検証したこの調査では「核ノ有無アレハ，此検査ニ用ヒタルモノ幸ニ無核ナラハ可ナルモ，若シ有核ナラハ不幸ト云ハサルヘカラス」[14]とされた。すなわち，この検査では，種子がないものは「幸」であり，種子があるものは「不幸」といわざるをえないとされ，第5回内国博においては種子がないことが高評価の条件となっていること

がわかる。

　以上のように，内国博において，蜜柑は基本的に味や香りなどが評価されるが，第3回内国博では海外輸出に適するかが重要な評価の視点として加えられ，第4，5回内国博においては種子の有無が重要な評価点となった。こうした評価点の変化は，蜜柑の海外輸出への注目が関係している。日本産蜜柑の海外輸出は，新規市場開拓のために，少なくとも明治10年代には在地商人によって開始され，日本の蜜柑はウラジオストクやバンクーバー，サンフランシスコ，満州，朝鮮などへ送られた[15]。海外市場においては，日本産蜜柑の皮が容易に剥ける点，また無核である点が好評であり，外貨獲得のために内国物産の海外輸出が明治政府により注目されるなかで，「海外市場好み」の蜜柑という視点が，内国博における蜜柑の評価に影響を及ぼしたことが考えられる。

Ⅲ．明治期の東京における「みかん」の選択

　明治期以降，海外輸出への注目のなかで日本の各柑橘産地では温州蜜柑を生産していくが，消費地においては小蜜柑と温州蜜柑のどちらが選択されたのであろうか。

　1892（明治25）年から1898（明治31）年にかけて徳富蘇峰により東京府内在住の中流家庭婦人向けに刊行された『家庭雑誌』には，1892年から1894（明治27）年の間に「日用品物価」という記事が毎号連載され，米や塩などの生活必需品の価格が記載されている。各都道府県で作成された『府県統計書』など，明治期から大正期にかけて生活必需品の物価が記載された資料はいくつか存在しているが，『家庭雑誌』には生活必需品の価格に加えて，歳末にあたる12月には贈答用の塩鮭，1月にはおせち料理用の昆布巻きなど，季節の諸品の価格が掲載されている。価格は主に東京府内の問屋や市場取引における相場で，価格のほかに良品か不出来かといったような品物への評価や，昨年よりも高騰しているなど物価の傾向が記載され，東京府下の中流家庭における日常生活を検討するうえで有用な資料である。

　『家庭雑誌』の果物に関する記述をもとに明治20年代の東京における果物の消費についてみていくと（表2），まず果物の価格が掲載された時期は6月から12月で，6月から8月までは林檎や桃など数種類の果物が掲載され，9月から10月は栗，11月から12月には柑橘類の価格が記されている。現在は秋から冬にかけて最盛期を迎える林檎は，1894年には7月と8月に相場が記されており，夏の果物であったことが

表2 東京における果物の価格と景況 － 1892（明治25）〜 1894（明治27）年 －

年	月	価格が掲載された果物	表題	柑橘類に関する記事
1892	11	紀州蜜柑，温州蜜柑	初蜜柑	沖の暗いのに白帆が見ゆる，紀の国蜜柑船は未だ来着せず，来着したるものは雲州蜜柑なり。初相場より一箱に付き三十五，六銭。これは日本橋四日市問屋の相場。
1893	9	栗	初栗	（記載なし）
	10	栗	栗	（記載なし）
	12	紀州蜜柑，金柑	蜜柑金柑	紀州蜜柑は去年二十三日初めて神田多町の市場に出でたり。本年一番船の箱数は一万二千九百箱にして品は昨年に比し宜しからず。然し価は高く一箱五十銭より四十銭位。二番船は明日頃入港すべし。兎に角本年は外れにて昨年の三分一位の産出なるべし。又た金柑も不出来の方にて相場は一箱六十銭前後。
1894	6	青梅，桃，枇杷	走り果物	（記載なし）
	7	桃，西洋桃，西洋林檎	青物相場	（記載なし）
	8	梨子，西洋葡萄，地葡萄，苹果，桃	走り果物の相場	（記載なし）
	12	普通並物（紀州蜜柑），温州蜜柑，柚，金柑，橙	蜜柑類の景況	歳暮用，年玉用にて，此頃大に景気付きたり。且つ本年は原産地の豊作なりし為め，昨年に比して五割方の安値にて，普通並物は一円に付五箱より三箱。温州の樽物は一樽一円三十銭前後なり。また柚は籠入百七，八十詰にて一筒三十五銭，乃至四十銭前後。金柑は一箱四十五銭より六十銭。橙は百個入七十銭，百五十個入六十銭より五十五銭。二百個入にて四十銭前後の相場なり。

（『家庭雑誌』により作成）

わかる。6月から8月にかけて梅，枇杷，桃，林檎，梨，葡萄など多品種の果物が出回り，一方，冬においては柑橘類以外に果物は掲載されておらず，冬に流通する果物は柑橘類の比重が大であったと考えられる。江戸幕府の御用市場であり，東京随一の青物市場であった神田市場の歴史について詳細に記述された『神田市場史』には，明治期の神田市場で入荷された果物を次のように示している。おおよそ冬から春にかけては柑橘類，夏には枇杷や梨など数種類の果物が出回り，秋には葡萄，柿，栗を売るといったサイクルが示され，『家庭雑誌』における各果物の掲載時期と類似している。注目されるのは，2月には果物入荷がほとんどなくなり，果物・青物問屋をとわず肉桂など乾物のもどし物を売る状態となり，4月から5月にはほとんどめぼしいものがなくなるという状況であった点である。実際，神田市場関係者による回想録には，「大体明治以前の果物と云ふものは（中略），枇杷に始って，梨，桃，柿，葡萄，蜜柑で，林檎などはなかったので，出される種類がほんの僅かなもので，春になりますと，

蜜柑の残ったものを売ってしまへば，もう肉桂の根を束ねて，さうしてまあ蜜柑仲買などが売って居た位のもので，夏の果物枇杷の出まする迄は遊んで居ったやうな状態であったのであります」[16]とあり，明治期の果物屋は各季節に生産される果物の端境期の影響を大きく受けていたことがわかる。果物屋は果物の端境期には「肉桂を束ねて，それから南京豆を煎って（中略）魚河岸に行って烏賊を買って来て，烏賊を自分などが売」[17]るというような経営で生計を立てていた。

つぎに，『家庭雑誌』での果物の表記に注目すると，1894年7月には桃と西洋桃，同年8月には地葡萄と西洋葡萄のように在来品種と外来品種とが明確に区別されている。1892年11月には「紀の国蜜柑船は未だ来着せず，来着したるものは雲州蜜柑なり」とあり，紀の国蜜柑船は紀州蜜柑を意味し，雲州蜜柑は温州蜜柑であると考えられる。紀州蜜柑は小蜜柑と同一品種であり，『家庭雑誌』では在来品種と外来品種との区別と同様に，小蜜柑と温州蜜柑とが区別されている。1894年12月の「蜜柑類の景況」の記事には「歳暮用，年玉用にて，（蜜柑は）此頃大に景気付たり」とあり，蜜柑が年末年始の贈答品として用いられていることが読み取れる。柑橘類は果物の少ない冬に成熟する，年末年始の贈答品に適した果物であった。

東京における蜜柑の需要として，歳末の贈答用以外に神田鍛冶町のふいご祭りでの蜜柑撒きがあげられる。ふいご祭りは鍛冶屋など火を使う職業の人びとによる祭礼で，子どもたちや近隣住民へ蜜柑が撒かれ，ふいご祭りで撒かれた蜜柑を食すと麻疹などの病気にかからないといわれている。1886（明治19）年11月9日の『郵便報知』には，明治維新後，ふいご祭りがそれまで行われていた陰暦から陽暦に祭日が変化したために，用いる蜜柑が変化したことを記している。陰暦においては「本場蜜柑」である紀州蜜柑を用いていたが，陽暦になったことで祭日が早まったために紀州蜜柑の成熟が間に合わず，紀州蜜柑よりも成熟の早い神奈川産の前川蜜柑を用いるようになったという。前川蜜柑を用いるようになってからも蜜柑を撒く鍛冶屋はいるものの，大抵は神前に供物にするのみで，それまで行われていた蜜柑撒きは廃止された[18]。また『大正営業便覧』においては水菓子屋（果物屋）の経営方法として「蜜柑は昔から紀州と極って居るが，紀州のは十一月下旬にならなければ荷が着かないから，それまでは国府津蜜柑を売るのである」とあり[19]，本場ものの紀州蜜柑の成熟期は11月下旬で，それを待っていると店に陳列する果物がなくなってしまうため，成熟期がはやい国府津蜜柑（神奈川産）を売るという方法を提示している。ふいご祭りや水菓子屋における蜜

柑の利用からは，東京において紀州蜜柑が本場の蜜柑であり，それ以外の蜜柑はいわば間に合わせのものと認識されていたことが読み取ることができる。

都市においては新鮮な「走りもの」を賞味する風習があり，出荷期が早期であるほど高値がつくため，走りものは市場において独占的位置にあるといわれる。『家庭雑誌』においては果物の価格とともに「走り果物」や「初蜜柑」などの走りものや初物を意味する表現がみられる。1892年の「初蜜柑」の記事をみると，「紀の国蜜柑船は未だ来着せず，来着したるものは雲州蜜柑なり」と書かれているため，この年の初蜜柑は温州蜜柑であったことがわかる。この記述で注目されるのは，都市において価値の高い走りものが出回り始めたことを述べているにもかかわらず，「紀の国蜜柑船は未だ来着せず」というように，紀州蜜柑が東京に到着しないことをあえて記述している点である。『家庭雑誌』でのこの記述からは「本場蜜柑である紀州蜜柑を待ちわびていたにもかかわらず，到着した蜜柑は温州蜜柑であった」という，明治期の東京において小蜜柑が人びとに選択されたことを読み取ることができる。

IV. 明治期〜大正期の蜜柑の生産と輸出

(1) 明治期〜大正期の蜜柑産地

明治10年代から開始された温州蜜柑の海外輸出は明治30年代になるとより活発になり，蜜柑栽培への関心が高まるなかで，日本各地の蜜柑栽培に関する調査が行われるようになる。1902（明治35）年に実地調査により記録された蜜柑の産額を示した図2をみると，産地によって大きな差があり，現在，柑橘栽培で知られる瀬戸内地域や四国地方においては生産地自体が少なく，産額が10万円以下の生産地が多い。

瀬戸内地域・四国地方における柑橘栽培は明治期以降に本格化するとされる。たとえば，広島県大崎下島の大長地区（現・呉市豊町，図2の御手洗地区に隣接）では，明治期に温州蜜柑の栽培を開始すると，大崎下島周辺の島や地域に土地を所有し，農船という農作業用の船を使い大崎下島から別の島へ渡り作を行い，一大柑橘産地を形成した[20]。現在では「大長みかん」や「大長レモン」を出荷する柑橘産地であるが，温州蜜柑栽培以前は，蜜柑はほとんど栽培しておらず，奈良漬け用の桃の生産地として知られていた。1902年当時，最も産額が多いのは紀州で，泉州，駿遠がそれに続く。また東海・近畿地方には産額は小さいものの，産地が集中しており，九州地方においては産額が10万円前後の産地が点在している。1902年には，多くの産地が存在して

いる点は現在と共通しているが，蜜柑の産額としては紀州が多く，各産地において大きな差異があった。

つぎに，大正期の柑橘産地における産額をみると（図3），大正期の産額は府県ごとの数値であるため，明治期の産地ごとの数値と単純に比較することはできないが，大正期になると瀬戸内地域・四国地方における産額とほかの府県の産額との差が小さいことが読み取れる。『神田市場史』には1905（明治38）年の蜜柑の樹数を100としたときの1924（大正13）年における各産地の指数が掲載されており，和歌山県は112，大阪府が125である一方，愛媛県は496，静岡県は382，広島県は359であり，蜜柑の旧産地の伸び悩みと新興産地の形成が指摘されている[21]。このような新興産地の形成と成長の背景として，明治中期以降の鉄道路線の発達により，船舶による輸送が困難な地域からも東京へ蜜柑を運ぶことが可能となったことがあげられる。3節で述べたように，蜜柑は果物屋の取り扱い品目の主力であったため，蜜柑問屋は取り扱うことのできる蜜柑を求めていたが，江戸時代からの慣例として紀州蜜柑の荷受問

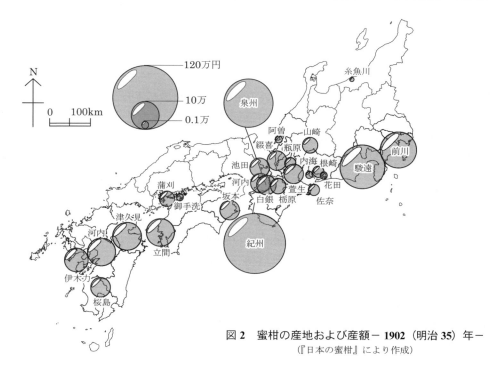

図2　蜜柑の産地および産額－1902（明治35）年－
（『日本の蜜柑』により作成）

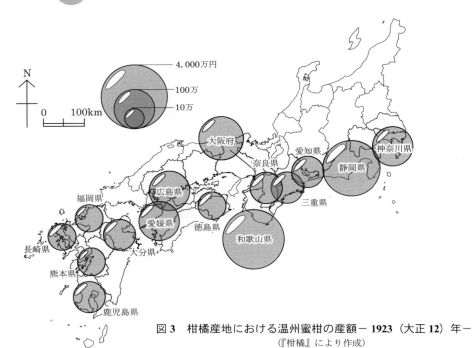

図3　柑橘産地における温州蜜柑の産額－1923（大正12）年－
（『柑橘』により作成）

屋は確定しており，蜜柑問屋は紀州産以外の蜜柑を東京市場へ荷引きするため，全国の柑橘産地をめぐり（「山まわり」），集荷範囲の拡大をはかった[22]。大正期における新興産地の成長は，生産地の単独の動きではなく，輸送手段が発達し，輸送先である市場が開拓されたことが一要因となっている。

(2) 明治期～大正期の蜜柑の海外輸出

明治30年代以降，大正期にはいるまで蜜柑の生産量と輸出量はともに増加傾向にあった（図4）。しかし，温州蜜柑の海外輸出が活発になるとともに，長距離輸送にともなう温州蜜柑の腐敗が問題視されるようになる。図5は1901（明治34）年における日本の国際航路と航海日数を示した図であるが，横浜港からシアトルまでは2週間前後の日数を要し，一方，長崎港からウラジオストクへは4，5日で到達する。温州蜜柑はオレンジと違いナイフを使わずに手で剥くことができるほど皮が薄く，海外市場においてその特徴は高評価を得ていたものの，輸送時の衝撃によって傷みと腐敗

第 4 章 在来小蜜柑から温州蜜柑への転換　47

が生じていた。日本は当初，温州蜜柑を主にバンクーバーやシアトルなど，新大陸方面へ輸送していたが，長距離輸送による腐敗の問題が生じ，大正期には主な輸送先を韓国や中国，ロシアといった大陸方面へ変更していった。そのなかで，腐敗を防止するための荷造り法が模索されるものの解決するには至らず，また腐敗を防ぐために未成熟な青い蜜柑を出荷するといった事態が発生し，海外市場において日本産蜜柑への信頼は低下していった。図4の蜜柑の生産量に占める輸出量の割合を

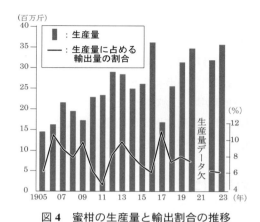

図4　蜜柑の生産量と輸出割合の推移
－1905（明治38）～1923（大正12）年－
(「大日本外国貿易年表」，「農商務統計」により作成)
注）1921年の数値は，前後の年と大幅に異なり，データの不備が考えられるため，データ欠とした。

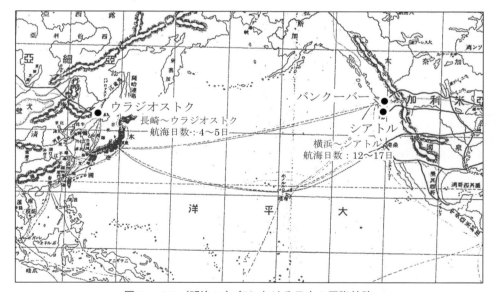

図5　1901（明治34）年における日本の国際航路
(『最新日本地図』により作成)
注）航路日数は，以下の文献を参考にした。①角田他十郎『浦潮案内』日露経済会，1902，104頁。
②佐藤宏『両洋交通論－一名対西伯利亜鉄道策－』外交時報社，1899，90頁。

みると，生産量が大きく落ち込んだ1917（大正6）年を除き，1913（大正2）年をピークに輸出量の割合が緩やかな減少傾向に転じている。生産量は増加傾向にあることから，海外市場での販売を視野に生産された温州蜜柑が，海外市場での信頼が下がり販路を失いつつあるなかで，日本国内を新たな市場とし，日本国内において温州蜜柑の流通量が増大していったことが予測される。日本の消費地における温州蜜柑の受容過程には，温州蜜柑の供給量の増大と，それにともない蜜柑価格が低下した可能性があり，それらが影響していることが考えられる。

おわりに

　地理学において農業地理学の研究成果には厚みがあり，そのなかでも果樹栽培は農業地理学が注目してきたテーマのひとつである。そのため，取り組むべき研究課題は一見残り少ないようにみえる。しかしながら，人びとがその食べ物をいかに消費するかということに注目すると，たとえば温州蜜柑は縁起が悪いため江戸時代の産地において栽培が促進されなかったというような，産地における品種選択を考察することができる。消費という人びととの文化的価値観が多大に影響する行動に注目することで，生産や流通に関する事象を複合的に解明することができ，新知見を得られる可能性が大きく広がる。

注
1) 山本正三・内山幸久「1960-80年代におけるわが国の果樹栽培地域の動向」筑波大学人文地理学研究 IX，1985，21-48頁。
2) 川久保篤志『戦後日本における柑橘産地の展開と再編』農林統計協会，2007。
3) たとえば，以下の文献があげられる。熊倉功夫「日本食文化史の課題」（石毛直道監修・熊倉功夫編集『講座食の文化2　日本の食事文化』味の素食の文化センター，1999），11-23頁。江原絢子・東四柳祥子『近代料理書の世界』ドメス社，2008
4) 塚本学「江戸のみかん－明るい近世像－」国立歴史民俗博物館研究報告4，1984，29-54頁。
5) 花木宏直「近世後期～明治前期における柑橘品種と需要－和歌山市街及び周辺地域を事例に－」地理空間 3-2，2010，96-112頁。
6) 國雄行『博覧会の時代－明治政府の博覧会政策－』岩田書院，2005，116-121頁。
7) 大庭（赤羽）光「明治期博覧会における審査基準の変化点－繭糸織物陶漆器共進会－」共立女子短期大学生活科学科紀要57，2014，1-14頁。
8) 「明治十年内国勧業博覧会審査評語　上」『明治前期産業発達史資料　勧業博覧会資料193』，明治文献資料刊行会，1877（1975復刻），593-603頁。なお本章では，引用文の旧字および略字は新字

体に改め，適宜句読点を加えた。

9)「明治十年内国勧業博覧会出品解説　第十二巻」『明治前期産業発達史資料 7-4』，明治文献資料刊
行会，1878（1963 復刻），162-163 頁。

10)「第二回明治十四年内国勧業博覧会審査評語　Ⅲ」『明治前期産業発達史資料　勧業博覧会資料
162』，明治文献資料刊行会，1882（1975 復刻），510-516 頁。

11)「明治二三年第三回内国勧業博覧会審査報告摘要」『明治前期産業発達史資料　勧業博覧会資料
144』，明治文献資料刊行会，1891（1974 復刻），40 頁。

12)「明治二三年第三回内国勧業博覧会審査報告　Ⅰ」『明治前期産業発達史資料　勧業博覧会資料
117』，明治文献資料刊行会，1896（1974 復刻），112-115 頁。

13)「明治二八年第四回内国勧業博覧会審査報告　上巻Ⅱ」『明治前期産業発達史資料　勧業博覧会資
料 94』，明治文献資料刊行会，1904（1973 復刻），329-331 頁。

14)「第五回内国勧業博覧会審査報告　第一部巻之十二」『明治前期産業発達史資料　勧業博覧会資料
38』，明治文献資料刊行会，1904（1973 復刻），25 頁。

15) 松村祝男『果樹作と庶民と地域の近代化－河内みかん発達史－』龍溪書舎，2007，211 頁。

16) 神田市場協会・神田市場史刊行会編『神田市場史　上巻』，神田市場協会・神田市場史刊行会，
1968，521 頁。

17) 前掲 16）521 頁。

18) 郵便報知新聞刊行会編『郵便報知新聞　復刻版 58』，柏書房，1983，29 頁。

19) 東京書院編『大正営業便覧　下巻』，東京書院，1914，41-42 頁。

20) 村上節太郎『柑橘栽培地域の研究』松山印刷，1966，357-377 頁。

21) 前掲 16）982 頁。

22) 前掲 16）559-565 頁。

コラム1　在来種「戸隠大根」の復活

中澤 日向子

　日本各地にはその土地に継承されてきた固有の在来種の野菜が存在する。近年，地域特有の野菜をブランド化し，振興を図る自治体が全国各地に見受けられる。長野県長野市北部に位置し，古代神話の天岩戸伝説や「戸隠そば」の里として知られる戸隠地区（旧・上水内郡戸隠村，図1）では，在来種である「戸隠大根」（図2）が栽培されている。一般的に煮物や生食で食される大根とは異なり，身がかたく緻密で，辛味が強い点が特徴的な大根である。詳細な来歴は明らかになっていないが，当該地区にでは江戸時代から大根が栽培されていた[1]。

　戸隠大根は，漬物として農家の自家消費に供されるほか，辛味を生かしてそばなどの薬味に用いる「おろし大根」として，長野市や松本市あたりまで販路をもっていたという記録がある。ところが，1960（昭和35）年頃を境に，戸隠地区における大根の作付面積は減少の一途をたどり始めた。減少の理由としては，食生活の変化と農業従事者の減少があったとされる[2]。また生産者からの聞き取りによれば，同時期に戸隠大根の味や形状にばらつきが出始めたともいわれている。戸隠大根は当時，自家採種によって種子を得ていたためである。

　こうした状況を打開したいと考えた農家が，農協や長野農業改良普及センターと協議し，1995（平成7）年から戸隠大根を交配種（F1品種）として育成する試みが始められた。翌1996（平成8）年から1998（平成10）年にかけて，優良品種の選定や交配を行い，1999（平成11）年には「戸隠おろし」という名称で品種登録申請を行い，2002（平成14）年には品種登録が完了した。戸隠地区の農家の間では，1997（平成9）年から「戸隠地大根振興会」などの栽培者会合が開かれるようになり，組織的な栽培への取り組みが進められた。「戸隠地大根振興会」は，品種登録が完了した2002年からは，種子の購入者を会員とする「戸隠おろし振興会」へ再編された。同会における主な活動内容は，「戸隠おろし」の栽培，

図1　戸隠の位置
（長野県長野市）

採種,宣伝活動である。種子購入者が各戸で自家栽培するほか,共同ほ場を設け,「戸隠おろし振興会」の下部組織である「戸隠おろし栽培組合」によって,採種と栽培が行われている。宣伝活動としては,年度によって内容は異なるが,過去には「大根漬けツアー」を催したり,「長野市農業フェア」や「全国辛味大根フォーラム」へ出展したりといった活動を行った。

図2　収穫直後の「戸隠おろし」
(2012年,筆者撮影)

　こうした取り組みは,長野県内の別の地域でも同様に起こり始めていた。長野県では,2007(平成19)年に「信州伝統野菜認定制度」を設け,県内の在来野菜のブランド化を開始したのである。信州伝統野菜認定制度には,来歴・食文化・品種特性といった基準項目があり,さらに厳密な基準項目を満たした品種は,「伝承地栽培認定」を受けることができる。戸隠大根は,2007(平成19)年4月に「信州の伝統野菜」に認定され,同年7月に伝承地栽培認定も受けている。また長野県では,「信州の伝統野菜」の振興を図る目的で,伝統野菜と地域産業のマッチングを試みている。それによって戸隠大根は,長野県千曲市のある漬物メーカーと結びついた。効果的な戸隠大根の振興策が定まっていなかった「戸隠おろし振興会」では,漬物業者と手を取り合うことによって,生産物の安定出荷,水洗いや選定などの作業工程の簡略化ができるようになった。また漬物業者にとっても,全国的に名の通った「戸隠」を商品名に冠することができるという利点があった。

　食生活の変化や農業従事者の減少,栽培品種の交雑による品質低下などの要因で,衰退の一途を辿り始めた在来種の戸隠大根は,生産者が危機感を抱いたことを契機として,地生産者団体である農協と行政(長野県),産業(地元漬物業者)が手を取りあうことにより,持続可能な品種である「戸隠おろし」となった。戸隠大根の品種育成から加工・流通までの一連の流れは,地域で風前の灯となっている在来種にとって,安定した生産やブランドとしての付加価値をつける取り組みとして,大変有意義な事例である。

注
1) 大井美知男・市川健夫『地域を照らす伝統作物 信州の伝統野菜・穀物と山の幸』川辺書林,2011,70-90頁.
2) 原山正芳『長野県そ菜発展史』長野県経済事業農業共同組合連合会,1974,454-455頁.

コラム2 「三崎名物のマグロ料理」をめぐる価値観の変化

小口 千明・武田 周一郎

　食は，地域で暮らす人びとの生活を理解するうえで欠かせない要素である。なかでも魚食については本書第3章で取り上げたところであり，近年の地理学研究において増えつつある研究テーマである[1]。特定の地域を事例とした魚食に関する地理学研究として，九州地方における伝統的魚介類食[2]や，浜松のウナギ[3]に関するものなどがあるが，今日最も親しまれている魚介類であるマグロに関する研究は少ない。

　そのマグロ料理で全国に広く名を知られる水産都市のひとつが，神奈川県三浦市三崎である[4]。三浦半島最南端に位置する三崎は，現在，「マグロの町」として観光客の人気を集めている（図1）。したがって，三崎を訪れる観光客にとって，「水産都市三崎」とその地で食べる「マグロ料理」とは，ごく自然に結びつく連想といえよう。しかし，実際には両者の結びつきは，さほど単純ではない。

　三崎の魚商は，鮮魚を江戸へ輸送した江戸時代以来の伝統をもち，巨大市場東京に

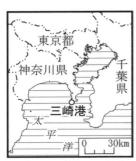

図1　三崎港の位置
（神奈川県三浦市）

図2　1970（昭和45）年頃の
三崎館パンフレット（部分）
（『三浦商工名鑑 1970』より転載）

図3　1983（昭和58）年頃の三崎
館本店パンフレット（部分）
（三崎館本店所蔵）

安定した販路を保持していた点に特色があった。1968（昭和43）年に三崎はマグロの水揚げ日本一の座を獲得し，長らく三崎の人びとは，マグロ船の寄港増大に精力を集中した。三浦半島南部では1960年代後半に観光化の影響が強まっていたが，マグロ漁業が活況にあった三崎の住民は観光客の誘致には関心が薄かった。当時，三崎の旅館ではマグロ船の出航や帰航の祝宴に力が注がれ，提供される料理は小魚や肉類など，マグロ船の乗組員に好まれるものが中心であった（図2）。すなわち，マグロ船の船員に対してマグロ料理を提供する必要性は乏しく，結果として三崎のマグロ料理は発達しなかった。

　ところが，1970年代以降になると三崎魚市場の取扱高は漸減し，三崎におけるマグロ漁業に翳りが生じるようになった。一方で，観光業へ軸足を移すまでには至らない状況のなかで，後に三崎名物として定着するマグロ料理が創出された。マグロの内臓を用いた「マグロづくし」や，頭部を用いた「マグロのかぶと焼き」である。これらは1982（昭和57）年に三崎の旅館である三崎館本店の経営者が考案したものである（図3）。従来，マグロの内蔵や頭部は，三崎の住民にとって「捨てるに等しい」部位であった。そして，それらを旅行客へ提供することに対して，三崎の人びとは懸念や抵抗感をもっていた。しかし，発案者の創意工夫と，マスコミによる報道もあって，これらのマグロ料理は三崎名物として定着し，現在に至っている。

　その後，三崎における水産業の回復が進まないなかで，観光への期待感は増大した。すると1993（平成5）年には，三崎の繁栄に資するマグロ料理を創る目的で，三崎の料理・飲食店主で構成される「みさきまぐろ倶楽部」が発足した。その翌年，みさきまぐろ倶楽部は，中華まんじゅうの餡の代わりにマグロの加工品を詰め入れる「とろまん」を創案し，発売した。すでにマグロ漁業の最盛期から長い時間が経過し，三崎の人びとの間に観光化への抵抗感は少なくなっていた。なお，市民の意識が変化した背景には，三浦市が水産業や観光業を通じた総合的な地域活性化の方針を打ち出した影響があったと考えられる。

　以上のとおり，今日人気を集めるマグロ料理のなかには，近年になって三崎地域の人びとがアイディアを出し合って成功に漕ぎつけたものが多く含まれている。三崎の人びとによる創意工夫の営みがなければ，三崎を訪れた観光客がマグロを食べて楽しむ光景は実現しなかったかもしれない。

　そして，三崎においてマグロ料理が創案された背景には，価値観の変化があった。

まず，三崎の主要産業であった水産業が低迷するなかで，三崎の人びとは水産業と観光業を対立する構図としてとらえるのではなく，両者が共存しうるという価値観を獲得し始めるようになった。その後，観光化が進むと，従来，三崎の人びとにとって売り物にする価値がないと考えられていたマグロの部位に着目し，観光客をもてなすための名物として開発する活動が展開した。

　よそから訪れる人びとにとって，イメージが円滑に結びつく「三崎」と「マグロ料理」であるが，じつは，地域住民にとっての「三崎」と「マグロ料理」は必ずしも円滑に結びつくものではなかった。「三崎に揚がったマグロはすぐに消費地に送る」ことが，かつての三崎の人びとの認識であり，それに対して「三崎に行けばおいしいマグロが食べられるであろう」という期待感が観光客の認識である。すなわち「三崎名物のマグロ料理」をめぐって，三崎の人びとと観光客の間に認識の差異があったことが指摘できる。

注
1) 以下の文献には魚食に関する地理学研究の論考が多数含まれている。林紀代美編『漁業，魚，海をとおして見つめる地域−地理学からのアプローチ』冬弓舎，2013。
2) 中村周作による一連の研究があり，近年のものに以下がある。中村周作「佐賀県における伝統的魚介類食の地域差」人文地理 69-4，2017，485-499 頁。
3) 山下琢巳「ご当地グルメで風土を理解する 6　長いはなし　その 1　浜松のウナギと長距離列車」地理 60-10，2015，8-15 頁。
4) 本稿は以下の研究に基づいている。小口千明「水産都市三浦三崎におけるマグロ料理と地域変化」歴史地理学野外研究 15，2012，61-70 頁。

第Ⅱ部
暮らす〜環境と生業〜

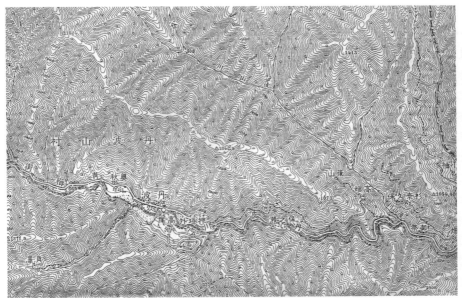

山梨県丹波山村（第7章）

上：5万分の1地形図「丹波」(明治43年測図)
左：山腹高所集落での現地調査の様子
　　（2005年撮影）

第5章 天竜川下流域住民の洪水への備えと対応
— 水害常襲地域の「平時」に着目して —

山下 琢巳

はじめに ～「水害時」と「平時」～

　水害は台風や前線がもたらす集中豪雨などによる河川の増水に際して発生し，広範囲に人的・物的被害をともなうことが多く，その対策は今日的課題のひとつでもある。

　本章では，土木技術の水準が現代と比べて低く，為政者側の大規模な支援や統一的な法整備のなかった江戸時代において，水害が頻発した地域であってもなぜ途切れることなく人びとの暮らしが成り立っていたのかを明らかにする。

　これまでの水害常襲地域に関する研究は，文字通り「水害」に焦点をあて，自然条件と関連させて被害状況や範囲を復元したり，後にまで残った社会的影響の考察などを中心としてきた。ところで，水害発生の季節性に注目すると，多くは初夏から秋の間であり，冬から春にかけては融雪期を除くとほとんど発生しない。また，数年の間隔でみた際も，長雨や台風の通過が少なかった場合には，水害に遭わない年が存在することになる。この「水害時」に対して「平時」と表現しうる被災しない期間は，どれほど続くかわからないとはいえ，次の水害に遭遇するまで地域に安定した社会経済活動の基盤を提供していたはずである。すなわち，水害常襲地域とは，このいつまで続くかわからない「平時」と，いつかは発生する「水害時」との両面を併せもつのである。

　ところが，これまでの水害常襲地域に関する研究では，この「平時」に人びとがどのように暮らしていたのかという視点が乏しかった。それゆえ本章では，かつては水害頻発河川として「あばれ天竜」の異名をもった天竜川下流域（図1）を事例として，水害時の対応だけでなく平時の農業生産と土地利用，そして堤防の維持補修を行う水防組合の活動に注目し，流域住民の生活がいかに成り立っていたのか，その基盤を明らかにしていく。

第 5 章　天竜川下流域住民の洪水への備えと対応　57

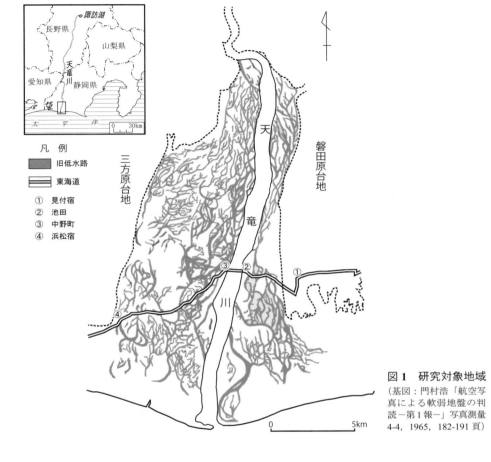

図1　研究対象地域
(基図：門村浩「航空写真による軟弱地盤の判読－第1報－」写真測量 4-4, 1965, 182-191 頁)

I．天竜川下流域の自然条件と水害頻度

　天竜川は長野県の諏訪湖を水源とし，河岸段丘の発達した伊那谷を抜けると天竜峡付近の狭窄部に達し，標高 1000m を超える山間部の谷底を流れる。そして，谷口集落として繁栄した二俣[1]を過ぎると沖積平野に流下する。この平野は東側を磐田原台地に，西側を三方原台地に挟まれており，河口まで南北 25km，東西の幅は最大で 7〜8km の規模をもつ（図1）。しかし東西の台地が天竜川の氾濫原を限定させるため，後背湿地の発達がみられず，流下した土砂はすべて平野上に堆積を繰り返す。このことは，中部山岳地帯に水源を有し，平野の勾配が大きく，流量と土砂供給量が多いた

め流路が網状に分流しやすい特徴を有する「東海型河川」[2]のなかでも天竜川においてとくに顕著である。すなわち，天竜川は治水対策が困難な河川のひとつである。

一方，水害の頻度に関しては，水害年表[3]の記述からその特徴が判明する。記録に登場する最古の水害は，701（大宝元）年までさかのぼり，同じ8世紀には，761（天平宝字5）年の水害後に築堤されたと伝わる「天平堤」も一部が浜松市内に現存している[4]。もちろん，沖積平野上の開発と人口の増加にともない，水害年表への記載も増える。それゆえ，ここでは江戸時代以降に限定して水害の頻度とその特徴をみていくこととする。

江戸時代前期には，天竜川下流域のうち扇状地の性格が強い平野北部において水害が多くみられる。その特徴としては，「扇頂」に相当する地点から複数存在していた流路の整理統合過程で発生していたことが指摘でき，その景観は「浜松御領分絵図」[5]からも確認できる。そして，江戸時代中期以降になると，平野中部，南部の水害が多くなっていく。これは，それまで河川に面した部分に遊水地機能をもたせる「関東流」[6]の治水方法から，新田開発をともなう高度な土地利用へと変化していったことへの表れとして理解できる。また，いずれの場所においても，たとえば古代から中世にかけて，大きな流路が向かっていた分岐点などが繰り返し被災しており，流域には治水上の「古傷」が多数存在していたこともわかる。これらを踏まえ，江戸時代全体の破堤被害についてその平均値を算出すると，およそ4年に1回被災する可能性があり，さらに20年に1回ほど，流域の右岸・左岸どちらかが広範囲に被害を受ける水害が発生していたことになる。では「被災から3年と11か月の間，流域住民の暮らしはどうなっていたのか」，次節から詳しくみていくこととする。

Ⅱ．下流域集落における農地開発の進展と水害

図2は，下流域最南部の掛塚輪中に位置する，西堀村における1868（慶応4）年の水害の様子を描いた絵図である。この図では，家屋や社寺，農地といった村の土地利用と，村境，地名などが示されている。また，東西には堤防が描かれ，西堀村は東を天竜東川に，西を天竜中川に挟まれた，文字通り輪中に所在する集落であった。

本図においてまず注目したいのは，村内の堤防の配置である。村の東西両側には前述した輪中堤（図中②，④）が存在し，図中①，③，⑤には輪中堤よりも規模が小さく，西堀村独自で築堤し，維持している「内堤」がある。いずれも絵図に記載された

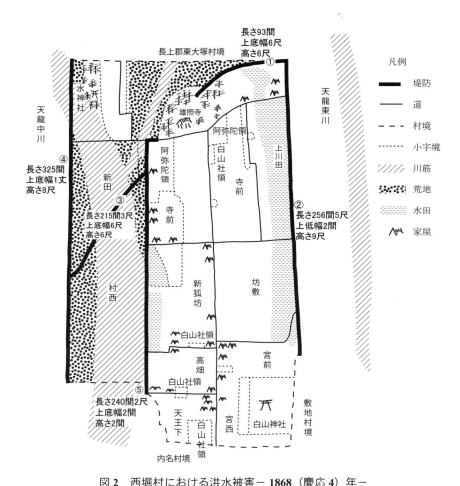

図 2　西堀村における洪水被害－1868（慶応 4）年－
（「西堀村水害絵図」により作成）
注）①～⑤は，堤防の寸法を示す。小字は絵図に記載の字名のみを記載した。

寸法から堤の規模が判明する。西の輪中堤が高さ 8 尺（2.4m），馬踏（堤防上面の幅）1 丈（3m）であるのに対し，内堤は高さ，馬踏ともに 6 尺（1.8m）と規模が小さい。ただし，内堤の一番南側⑤では輪中堤なみに強固な堤防となっており，高さ，馬踏ともに 2 間（3.6m）と，①や③と比べて 2 倍の規模となっている。これら輪中堤，内提の配列はこの村の開発過程の一端を示しており，東の輪中堤と，①，⑤の内堤に囲ま

れた一体が古くから開発が進んだ部分であると考えられる。その西側は,「新田」という字名が示すように新しい農地で, おそらく開発が進むまでは耕地化が困難な場所であったことが推察される。

破堤地点に注目すると, 村の北部, 天竜中川に沿った輪中堤が水神社付近で決壊し, 内堤と輪中堤の間に洪水流が押しよせ,「川筋」となってしまったことがわかる。この川筋に沿った部分はことごとく「荒地」となっており, 洪水流の激しかったことがうかがえる。一方, 別の川筋は, ①の内堤と「雄照寺」の境内で食い止められ, 西南に流れて新田付近でもう一方と合流している。③の内堤は洪水流を食い止められなかったが, 接続する⑤の内堤の存在によって, 西堀村の宅地や農地を含む主要な部分は守られたことになる。また, ①の内堤は最北部において「上川田」の水田に供給される用水を流し込んでいる。この水田は細長く帯状ではあるが, 村内ではまとまった面積でもあるため, 比較的開発の古いことが推察される。それゆえ西堀村にとっては, ①の堤防も, 本田を北側から守る重要な役割を担っていたと考えることができる。このように西堀村の微地形や堤防の配置から, 水害により被害が出ることをある程度「前提」とする場所と, 可能な限り「防御」したいという強い意志が現れる部分が, 開発

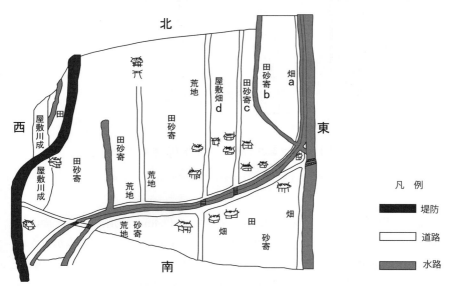

図3　匂坂中之郷村における土砂の流入－1834（天保5）年－
（「中之郷村内荒地砂寄土地絵図面」により作成）

第 5 章　天竜川下流域住民の洪水への備えと対応　61

の古い部分との関係からも明らかとなる。

III．水害復旧と「移動する畑」
(1) 農業的土地利用と島畑

　平野北部，左岸に位置する匂坂中之郷村には，1834（天保 5）年に水害で被災した状況を示した絵図（図 3）が残されている。絵図にはいくつかの水路（寺谷用水）が描かれ，西端に太線で示された堤防があり，その堤外は天竜川となる。そして，区画ごとにおおよその土地利用が判明し，場所によっては水害後の現状が書き添えられている。被害の様子をみると「荒地」のほかに「田砂寄」とあり，洪水によって多くの水田に土砂の堆積を含む被害が出たことが明らかである。一方，「畑」には被害の記載がなく，この水害では自然堤防上は被災しなかったことが推察される。

　ところでこの絵図の北東部分は，1874（明治 7）年に作成された「改正字引絵図」[9]と対照が可能であり，それぞれの「畑 a」から「屋敷畑 d」までが同一位置と比定される（図 4）。すなわち，これら 2 つの地図の比較から，1834 年から約 40 年後の同

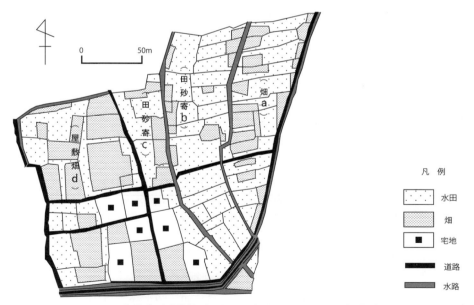

図 4　匂坂中之郷村における土地利用－ 1874（明治 7）年－
（匂坂中之郷村共有文書「改正字引絵図」により作成）

一地点の土地利用が判明する。その結果，被害を受けた「畑a」から「屋敷畑d」までの部分はいずれも水田と畑が混在していることが明らかとなる。このように水田と畑という比高の異なる土地利用がきわめて小さな区画で混在する土地利用は島畑と呼ばれ，かつて天竜川下流域では一般的にみられた景観的特徴となっていた。しかもこの地域の島畑は，用水路の脇という通常は最も水かかりのよい場所をあえて畑としていることになり，その維持には人為的な要素を含んでいることに注目する必要があろう。

(2) 土地生産性と水害被害

平野の南部，掛塚輪中を挟んで分流する天竜東川の左岸に位置する宮本村には，1833（天保4）年に発生した水害に対応して1834年に作成された「荒地書上帳」[8]が存在している。この史料は，水害の1年後にいまだ堆積した土砂が残ることを示す砂埋面積と，農地としての復旧が完了した起返（おこしかえし）面積が記載されており，農地の復旧状況を知ることができる。宮本村の概況は，水害前年の1832（天保3）年に作成された「遠州豊田郡宮本村差出帳」[9]によると村高は100石9斗で，農地の面積は田が5町4反，畑が5町9反ほどであった。

「荒地書上帳」に記載された田畑は（表1），生産性を示す等級（上田，中田，下田など）に区分されている。水田の状況からみていくと，たとえば上田の場合，全体の面積は不明であるが2町3反3畝20歩になんらかの被害があり，そのうち土砂が流入した砂埋面積は1町7反3畝7歩である。そして，1年後に農地として復旧が完了している面積は5反4畝7歩にすぎず，砂埋からの復旧割合は33%となる。以下，復旧割

表1　宮本村における農地被害と起返の面積－1834（天保5）年－

耕地等級	被害総面積 町 反 畝 歩	砂埋面積（A） 町 反 畝 歩	起返面積（B） 町 反 畝 歩	復旧割合 A/B（%）
上田	2　3　3　20	1　7　3　7	0　5　4　7	33
中田	1　2　3　3	1　0　0　18	0　1　9　15	16
下田	0　8　9　22	0　7　2　25	0　1　5　27	18
上畑	－　－　－　－	－　－　－　－	－　－　－　－	－
中畑	0　7　2　13	0　7　2　13	0　0　0　0	0
下畑	0　6　5　13	0　6　7　13	0　9　6　5	58 ※

（「天保五年荒地書上帳宮本村」により作成）
注）「※」は，畑のみ復旧率が100%を超えるため，被害総面積との比率を示す。「－」は，被害なしを示す。

合を列挙すると中田 16%，下田 18% となり，起返の伸展は低調である。上田の復旧割合が若干高いのは，土地生産性の高さと関係しているのであろう。しかし一方で，この史料の別項ではかつて上田とされた農地のうち 8 反 1 畝 22 歩を「砂寄畑」として集計していることが注目される。この面積は今回新たに「畑」とされたものではなく，過去の土砂堆積により水田が畑に転換された分と考えられる。「上田」という最も生産性が高い水田が，農地面積算定の基準となった元禄年間（1688 ～ 1704）の検地以降，これまでに 8 反以上も「畑」に転換していることになる。

つぎに，畑の等級と復旧の関係についてみていく。まず上畑は被害の記載がなく，起返対象になっていない。中畑は被害面積に対して 1 年後の砂埋面積が同一であり，復旧率は 0% とまったく進展していない。一方，下畑は砂埋面積よりも起返面積のほうが大きい。史料の誤記の可能性もあるが，被災した農地面積に集計は年貢割付の根拠ともなるため，集計に大きな誤りがあるとは考えにくい。それゆえ，差し引き 2 反 8 畝 22 歩の下畑は，前述した「砂寄畑」のように，新たに水田を下畑としたか，被害のあった中畑を下畑として復旧した分が面積に加算されているものと推察される。

(3) 農地の復旧とその期間

前項では起返面積の集計から水害の経年的な影響を検討したが，本項では匂坂中之郷村に残された 1845（弘化 2）年の「御荒地取調書上帳」[10] から土地 1 筆単位の被害状況を確認する。さらに 7 年後の 1852（嘉永 5）年の同一か所と比較しながら，水害の影響が後の年代にまでどれほど残存していたのかを考えてみたい。

この史料からは 1845 年に匂坂中之郷村において荒地とされている土地について，1 筆ごとの土地面積，所有者，土地利用と，その状況が判明する。また，作業を効率的に進めるためか，書上では土地 1 筆ごとに便宜的な地番が付けられている。荒地とされる水田，畑の合計面積は，9 字にまたがる 46 筆からなり，水田が 6 反 5 畝，畑が 2 反 4 畝である。

このうち，字西浦を事例とすると（表 2），水田は 13 筆が荒地とされ，最も大きな面積の水田で 5 畝ほど，小さなものは 15 歩である。それぞれの地番には「去る卯年より辰年まで起返」などの状況が記載されている。1845 年は巳年であり，起返期間とされる卯年は 1843（天保 14）年，辰年は 1844（天保 15）年である。したがって 1845 年の荒地は，2 年前の水害からの復旧状況を表したものということになる。また，

表2 匂坂中之郷村における荒地の残存状況 − 1845（弘化2）年・1852（嘉永5）年 −

字	地番	田畑等級	被害内容	起返期間	荒地面積 畝 歩		荒地面積 畝 歩	備考
西浦	5	中田	砂利　高3尺	2年	1	17	→（起返済）	
	6	下田	砂利　高3尺	2年	5	3	→ 4　17	
	8	下田	大石　高2尺5寸　4畝20歩起返　残り1畝5歩	16年	5	25	→ 1　5	
	9	中田	大石　高2尺5寸　荒松	16年	1	6	→（起返済）	
	16	中田	砂入　高1尺5寸	2年	2	0	→（起返済）	
	17	中田	砂入　高1尺5寸	2年	2	4	→（起返済）	
	18	下田	大石　高3尺5寸　1畝7歩起畑　残り1畝6歩	18年	2	13	→ 1　6	
	19	下田	大石　高3尺5寸　荒松	16年	0	15	→ 0　15	
	20	下田	池成　水深6尺	不明	3	18	→ 3　18	地替あり
	29	下田	池成　水深6尺	不明	2	19	→ 2　19	地替あり
	30	下田	池成　水深6尺	不明	5	25	→ 5　25	
	33	下田	砂利　高2尺5寸　半分は起畑	2年	1	19	→ 0　24	
	44	下田	大石　高2尺5寸　荒松	16年	2	25	→（起返済）	
	118	下畑	大石　高2尺5寸　23歩起田	3年	1	3	→（起返済）	
	133	下下畑	大石　高2尺5寸	16年	0	5	→ 0　5	
	159	下畑	大石　高2尺5寸	16年	1	1	→（起返済）	
	160	下畑	大石　高2尺5寸	16年	1	1	→（起返済）	
	163	上畑	大石　高2尺5寸　1畝起田　残12歩荒地	16年	1	12	→ 0　12	
御蔵東	4	上田	大石　高2尺5寸　荒芝	16年	2	28	→ 2　28	
	11	上田	砂入　高2尺5寸	16年	0	17	→ 0　17	
	12	上田	砂入　高2尺5寸	16年	0	22	→（起返済）	
御蔵西	12	上田	砂入　高2尺5寸　荒芝	12年	0	20	→ 0　20	
	36	下田	砂入　高2尺5寸　16ヶ年	16年	0	26	→ 0　26	
	54	中田	砂利　高2尺5寸	2年	0	26	→ 0　4	

（「弘化二年　御荒地取調書上帳」,「嘉永五子　十二月改　田方荒地幷本畑荒地調査」により作成）
注）1852（嘉永5）年の荒地調査のみに記載された地番は, 本表では省略した。

「砂利3尺」,「大石2尺5寸」など, 流入した土砂の厚さが記されており, この水害で45cmから90cmほどの土砂堆積をみたことが判明する。2年の間には復旧が進んだ部分もみられ, たとえば「西浦8」の水田は5畝25歩のうち, 4畝20歩は起返が完了したため残り1畝5歩となっている。また, この2年間に復旧を終えた地番に関しては, すでに「荒地」ではないため記載がない。

　地目を変更した区画に注目すると,「西浦18」では大石3尺5寸の堆積により, も

との水田 2 畝 13 歩のうち 1 畝 6 歩を「起畑」すなわち畑としている。一方で西浦地内の畑では,「西浦 118」や「西浦 163」など,復旧が進むなかで一部を「起田」すなわち水田に変更した区画も存在している。このように 1 筆としてはきわめて小さな面積の農地が,水害のたびに水田から畑,畑から水田というように土地利用の転換を繰り返していることが当地の特徴である。しかし,これら小規模な農地でさえも水害後 2 年を経てようやく復旧を終えたか,あるいはその目途をつけた段階であり,土砂除去に費やされる時間の長さがうかがえる。一方で「荒地」の地番には「16 ヶ年」や「12 ヶ年」といった,年限に関する記載が多くみられる。これらの農地は被害が深刻で,その年数にわたる年貢の免除もしくは減免の措置を受けた農地であると考えられる。

つぎにこれらの土地について,7 年後の 1852 年における状況を記した「田方荒地並本畑荒地調査」[11] の記載から検討していく。本史料は,1845 年と同一地番において面積,所有者の一致をみるので,2 つの史料に記載されている土地と地番は同一のものと考えられる。それゆえ両方に記載がある地番は,7 年間にわたり農地としての使用不能状態が続いているものと判断できる。とくに字御蔵東や字御蔵西では,少しずつ復旧が進む西浦と異なり,起返期間の長い農地が 7 年間荒地のままで推移していることが明らかとなる。

ほかの字においても同様な特徴がみられ,復旧の進展は設定された起返完了期限,すなわち,年貢徴収の再開時期に対応していることが多く確認される。そして,1 畝や 2 畝といったわずかな面積の農地でさえも,その年限が長期間になると起返を後回しにする傾向が指摘できる。

すなわち,天竜川下流域の各所でみられた水害復旧率の低調さは,年貢減免期間に合わせて復旧にかかる労力と時間を調整した結果であったといえる。そして地目変更は,水田としての復旧を諦めた際に発生することが多く,わずかに残されることとなった荒地が,その形を保ったまま島畑化していたのであった。それゆえ,用水に至近の水かかりのよい場所であっても,過去の水害による土砂堆積と設定された復旧年限によっては,その後に畑とされる場合もあったのである。

Ⅳ．天竜川下流域における水防組合の活動
(1) 堤防普請に関する制度と水防組合の意味

幕府や領主が行う堤防普請などの費用負担方法は,享保年間(1716 〜 1734)に確

立し，全国の主要河川で採用された。このなかでは一国一円もしくは20万石以上の大名の場合，領地内の普請は藩の負担となり，石高がそれ以下の大名の場合は国役普請[12]と，幕府の費用負担の併用で行うように取り決められた。

天竜川下流域では，右岸の大半が浜松藩領，左岸は中泉代官所の管轄する旗本領と一部で横須賀藩領が存在した。浜松藩は5万石であるため，天竜川普請の費用は幕府もしくは国役で賄われた。一方，代官所管轄と横須賀藩領である左岸の普請も右岸と同様であった。それゆえ，普請の多くは両岸ともに幕府の費用負担，すなわち「御普請」によって行われていたことになる。御普請の頻度は，常式御普請と呼ばれる春秋1回ずつの堤防・水制工補修工事と，それ以外にも堤防の決壊，破損時の応急工事である急場御普請が存在し，1年間に少なくとも2回以上行われた。その際，実際に堤防工事に出役するのは流域で暮らす住民となる。それゆえ彼らは水害被災後，自らの農地を復旧させるだけでなく，堤防の維持管理にまで労働力を提供する必要があった。では，なぜそのようなことが可能だったのであろうか。ここでは流域に存在した水防組合の活動から明らかにしてみたい。

(2) 天保水防組の活動

天保水防組は，1831（天保2）年に組織され，天竜川下流域の沖積平野全域を範囲として組織された最初の水防組合である。水防組合結成時に取り決められた「天保二年卯五月天龍川西側御料私領川通並内郷村々水防議定組訳帳」[13]（以下，「議定書」）には，下流域全体がひとつの堤防で守られた運命共同体であるという認識や，東縁（右岸）79村，西縁（左岸）117村，鶴見輪中9村，掛塚輪中5村という多数の加入村をまとめるため，上・中・下の3組に分割することなど（図5），実際の活動や運用の効率を上げる配慮が多くみられる。さらに村域に天竜川の堤防を含む村を「川附村」，それ以外の村を「内郷村」と区分し，水防活動の際は人夫と資材提供の負担率を川附村に高く，内郷村に低く設定し，「被災する危険の高い村のさまざまな負担を，危険の低い村が補助する」という前提のもと活動が成り立っていた。

これらを踏まえ，東縁下組加入村が天竜川増水時に現地で行った実際の活動を，内郷村に伝えられた指示から検討してみよう。東縁下組に属する村々は，図5でみたように川附村5村，内郷村12村からなる。水防を受けもつ範囲は，天竜川本流が3本に分かれ川幅が狭まっており，しかも岡村には天竜東川と小河川（仿僧川）との合

流地点があるため，水防上の重要箇所が複数存在していた。以下，堤防で行われた1857（安政4）年7月以降における増水時の水防活動と，その後の堤防や水制工の修築について，「浜部村触書廻状」[14]からみていくこととする。

本流の堤防に面する川附村から内郷村である浜部村へ頻繁に出された指示は，実際の水防活動や堤防修築に必要な人員・資材の数量に関するものである。天竜川増水時の水防活動について注目すると，大雨により水位が上昇した日には，その状況に対応する人員の招集を告げる廻状が3通到着している。浜部村では，川附村からの1回目の指示が届く前に，村独自で準備していた水防人夫12人と俵，縄といった資材を防御地点まで提供していたことが知られ，緊急時の切迫した状況がわかる。提供した資材は，唐竹，空俵，縄が多く，「議定書」に定められた常備資材と一致している。空俵は，中に土を詰めて補強地点に重ねて積むもので，今日でいう「土のう」と同じ用途で使用された。

また，この間には堤防の損傷も発生しており，それらの修築に向けた指示は，7月の1か月間に3回出されている。応急的な修復工事は翌8月から開始され，工事の人夫招集はほぼ連日9月中旬まで続いた。一方，9月には東縁下組

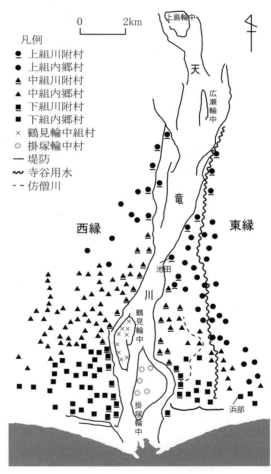

図5　天保水防組所属村の分布
（『天竜川水防誌』により作成）
注）図中の村名は，それぞれ本文に対応する。

各村への清算や，工事の施工か所・使用資材・人員・費用を一覧にした決算書である「出来形帳」の作成といった決算の手続きが始まるが，これとは別に新たな御普請の開始も決定し，再び各村へ人員と資材の割りあて指示が出されている。工事や決算が終了に向かうなか，数日後には新たな工事開始が決定するなど，堤防の普請はきわめて複雑な指示系統のもとで行われていたことがわかる。また，これを換言するなら，いつ堤防が破損するような被害が発生するか予測がつかないなかで，組合は費用系統の異なる複数の工事を同時に処理していたのであり，これらを自身も被災者である流域住民が差配していたことは驚かされる。

(3) 御普請と経済的還元の構造

　左岸に所在する池田村では，安永年間（1772～1780）に堤防御普請を受けもつ地方(かた)と，東海道の渡河を舟渡で受けもつ渡方(わたしかた)[15]との間で水防を巡って争論が持ち上がった[16]。天竜川下流域においては数か所において渡し舟が稼働していたが，東海道の往来のために渡し舟に専従する人員を配していたのは池田村のみである。それゆえ，池田村の争論は堤防の防御に従事する村の慣習が，他村にはない視点から指摘されるという興味深い史料であるといえる。

　これによると，1779（安永8）年8月25，26日に天竜川が増水した際，池田村の地方名主は水防活動を行う人足を指揮する立場にあったが，「堤不切候而者銭ニならず候故人足不差出候」（堤防の決壊や損傷がないのでは，お金にならないので人足を差し出さない）と述べ帰ってしまった。地方名主は，堤防が決壊すれば普請費用は御普請になるが，堤防に被害がない場合には，その防御に要した費用は村の負担となるという認識から，堤防の巡視や警戒が必要な段階にもかかわらず水防活動を取りやめてしまったのである。他方で渡方の主張は，自分たちは天竜川の渡船そのものが年貢に代わる賦役なのであり，増水によって船着場をはじめとする渡船の諸設備に損害が生じることになれば渡方としての存亡にかかわることであるため，地方の対応は到底受け入れられないとするものであった。繰り返すが，池田村以外には「渡方」が存在しないため，これほどまでに村内の水防活動における矛盾が顕在化することはない。確かに特殊な事例ではあるが，史料の後半からは，地方の普請に対する思惑が見え隠れしていることも判明する。水防人足の引き上げ騒動があった同じ年に，それまでの増水で破損していた水制工の修築が地方によって行われた。工事後に渡方が検分した

ところ，水面下の目視しづらい部分に本来指定されていた資材とは異なる薪や丸太を入れ，それを蛇篭で覆って隠してしまうという，いわゆる「手抜き工事」が明らかとなったのであった。また同史料には，1756（宝暦6）年にも御普請の際，堤防補強用の土取場とされる畑の補償費をめぐり，池田村地方と畑の所有者との間で訴訟があった事も記述されている。池田村においては御普請から得られる金銭は，たびたび村内外で訴訟の原因となっていた。

　このように，天竜川下流域の村々は，少なくとも名主レベルにおいては御普請から得られる金銭が村の収入に変わりうることを認識していた。そしてそれは，水制工の手抜き工事など，自村への水害の危険を増やすことを省みない行為まで存在していたことが明らかとなった。

　先にみた天保水防組結成後の東縁下組においても，一年に複数回行われる御普請が必ず存在し，とくに川附村では村高100石あたりの人足出役数は内郷村の6倍に相当した。これは，農繁期においては大きな負担であったことも事実であろうが，堤防や水制工の修築から現金収入を得る機会が多く存在していたことを意味する。水害のリスクが高いほど，幕府から捻出される経済的還元の恩恵にあずかれる構造となっており，このことによって，洪水被害による農作物の不作時にも，天竜川下流域はその存立を可能としていたのであった。

おわりに

　本章は，天竜川下流域において，かつて頻発した水害に対応するために維持されてきた景観的特徴と，水防組織の実態という2つの視点から，地域の存立基盤を解明しようとした。当該地域では平時の暮らしが，常にそれ以前に発生した水害からの復旧に関連しており，とくに農地の土地利用は，被災前の状態に戻すという今日我々が想像する復旧のあり方とは異なる状況が存在していた。すなわち，復旧活動と生産活動が未分化で混在し，これに年に複数回の堤防工事や水防活動への参加を組み込むことで平時の暮らしが成り立っていたことが明らかとなった。もちろんこれらは，下流域全体が同じような被災の危険と，水防組合への加入という費用負担の還元を前提としていたからであり，換言するなら同じ時期に同じような労働力を提供できるという「地域協業」が可能であったからこそ成り立つものであった。今後，ほかの地域と比較する際には，この自然条件にもとづく「地域協業」のあり方がどれほど影響力をもって

いるかという視点が役立つと思われる。また，今日いわれる「地域防災力」を考える際の指標にも応用できると考えている。

注
1) 「角川地名大辞典」編纂委員会・竹内理三『角川日本地名大辞典22 静岡県』角川書店，1982による と、村高は「元禄高帳」において432石。1727（享保12）年の家数は229で人口は1141人を数え、六斎市が立った。天竜川の材木流しや秋葉街道を通じて北遠地方の物資の集散地として栄えた。
2) 松本繁樹『山地・河川の自然と文化－赤石山地の焼畑文化と東海型河川の洪水－』原書房，2004，によると、東海型河川は南アルプスに源を発し太平洋岸に向けて急勾配で流下する富士川・安倍川・大井川・天竜川を指すとしている。
3) 山下琢巳『水害常襲地域の近世～近代－天竜川下流域の地域構造』古今書院，2015，24-48頁。
4) 『続日本記』761（天平宝字）5年7月19日の記載。天平堤は1970（昭和45）年に浜松市指定史跡になる。
5) 矢田俊文「浜松藩青山氏天龍川東領絵図と正保遠江国絵図」資料学研究6，2009，1-13頁。
6) 国土交通省関東地方整備局利根川上流事務所では、河川伝統技術のデータベースのなかで関東流を以下のように解説している。「徳川家康の江戸城入府以降、利根川の河川改修において中心的役割を担った伊奈氏一族により、武田信玄の河川技術「甲州流」の流儀を応用。中小洪水に対しては自然堤や低く築堤した不連続堤によって水害を防ぎ、これを越えるような大洪水に対しては、堤防際に作られた遊水地や、下流側に設けられた控堤などによって防ぐ方法」。
7) 匂坂中之郷区共有文書「改正字引絵図匂坂中之郷村」のうち、「字遠矢待」部分。
8) 川井伊平家所蔵文書「天保五年荒地書上帳」による。
9) 川井伊平家所蔵文書「天保三年遠州豊田郡宮本村指出帳」による。
10) 稲垣久永家所蔵文書「弘化二年三月御荒地取調書上帳」による。
11) 匂坂恒治家所蔵文書「嘉永五年十二月田方荒地並本畑荒地調査」による。
12) 普請に必要な費用を、その河川流域を含む一国全体に賦課する方法。天竜川下流域の場合は、遠江国が賦課対象となる。
13) 天竜川東縁水防組合編・発行『天竜川水防誌』，1938，29-33頁。
14) 磐田市史編さん委員会編・発行『磐田市史資料編5』，1996，585-608頁所収の「安政四年丁巳正月二日より御触書書留控帳」による。この史料は村の御用留であるため、廻状により触れられた内容は土木工事だけではない。
15) 池田村は東海道の天竜川渡河地点であり、その任にあたる渡方は常に渡舟に従事したが、その代わり諸年貢が免除されていた。そのことを示す1573（天正元）年11月11日付の「家康伴物」が残されている。
16) 豊田町誌編さん委員会編・発行『豊田町誌資料集近世編3』，1994，412-414頁所収の「渡方江地方ヨリ相掛り候天竜川通御急御普請之儀ニ付出入吟味書物」による。

第6章 江戸時代から明治時代の三浦丘陵における里山の変化
― 草地の分布と植林の展開に着目して ―

武田 周一郎

はじめに ～地域で暮らす人びとの「原風景」～

　近年,「里山」が地域で暮らす人びとの原風景として注目を集めている。たとえば,環境省では「里地里山」を「集落を取り巻く農地,ため池,二次林と人工林,草原などで構成される地域であり,相対的に自然性の高い奥山自然地域と人間活動が集中する都市地域との中間に位置」するものと定義している。そのうえで,「里地里山の景観は,各地の自然的・社会的条件に応じて多様であり,それぞれがふるさとの『原風景』として地域住民の心のよりどころとなってき」たとしている[1]。

　また,首都圏の自治体では里山を地域の魅力として評価している事例がある。たとえば,横浜市では「人と自然が持続的にかかわる谷戸の環境は『里山(里地里山)』と呼ばれ,谷戸の織り成す里山景観は横浜の魅力のひとつ」であるとしている。そして,都市化が進むなかで横浜市内に残る数少ない里山を,「横浜の歴史と文化を伝える貴重な環境」であると位置づけている[2]。

　このように現代社会において,里山は地域で暮らす人びとの原風景として理解される傾向にある。そのような里山像の基盤となっているのは,得てして,現在,我々が目の前にしている現代の景観である場合が多い。そして,そこには現代の状況をそのまま遡及させて,過去にあてはめてしまう危険性がある。しかし,里山は地域で暮らす人びとの生活の舞台であり,人びとの活動を受け,時代ごとに大きく変化して現在に至っている。すなわち,現代の里山を地域の歴史と文化を伝える貴重な環境として評価するのであれば,その地域で暮らしてきた人びとの活動の実情をふまえて,その変遷を理解しておく必要がある。

　地理学分野では山野利用の変遷を明らかにした研究は数多く,先駆的なものとして千葉徳爾による「はげ山の研究」が挙げられる[3]。また,関東地方の里山に関する研

究では，武蔵野台地や下総台地を中心とした関東平野の平地林について多くの蓄積がある[4]。これらの研究をふまえて，本章では三浦半島における山野利用の実態を，江戸時代から明治時代にかけて通時的に検討する。研究対象とする三浦半島は，多摩丘陵から連なる三浦丘陵が半島北部に広がり，南部には複数の段丘群からなる台地が発達している。そして，三浦丘陵は都市化が著しい現代の首都圏において，広く里山が分布する地域のひとつである。そのため，三浦半島における里山の通時的な変化を理解することによって，従来，台地の平地林を中心にとらえられてきた首都圏の里山像を相対化できると考えられる[5]。

I．江戸時代前期の三浦丘陵における草地の分布

(1) 元禄期の山検地帳

本章では江戸時代から明治時代にかけての移り変わりを分析するため，まず順を追って江戸時代前期の状況について検討する。江戸時代の三浦半島における里山の様相を知るうえで注目される史料が「山検地帳」である。検地帳は江戸時代の土地台帳といえるもので，村落景観を明らかにするにあたって最も基礎的な史料のひとつである。一般的な検地帳には，田や畑，そして屋敷地が，土地一筆ごとに書き上げられている。一方で，山検地帳は，耕地や屋敷を記載した検地帳とは別に，山や林といった耕地以外の山野領域を記載したものである。たとえば，武蔵国や相模国では17世紀後半から耕地だけでなく山野を対象とした検地が行われていた。大規模なものとしては，元禄期に武蔵国の幕府領において実施された総検地があり，その際，武蔵国南部の橘樹郡と都筑郡において山検地帳が作成された[6]。

本章の対象地域である三浦半島では，1699（元禄12）年に相模国三浦郡のうちの一部の村落で山検地帳が作成された。当該期の山検地帳が確認されているのは，長柄村・桜山村・堀内村・木古庭村・上山口村および一色村である（図1）。これらの山検地帳には山や草地などが書き上げられているが，その地目は村ごとに異なっている。木古庭村・上山口村および一色村の地目は山のみであり，これが上山・中山・下山および下々山の4等級に区分されている。一方で，長柄村・桜山村および堀内村では，地目がより細かく分類されている。まず，大別して山と林があり，山は松山・雑木山・萱山および芝山に，また林は松林と雑木林に細分されている。以上の地目もまた，上山（もしくは林）から下々山（もしくは林）までの4等級に区分されている。そして，

第6章　江戸時代から明治時代の三浦丘陵における里山の変化　73

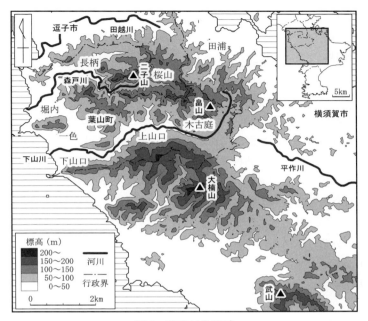

図1　研究対象地域

このほかに桜山村では山検地帳に書き上げられた地目として，藪と芦野がある。

　山検地帳に書き上げられた山野の大半には，一筆ごとにそれを所持する百姓の名前が記載されている。すなわち，これらは百姓個人が所持する山野（百姓持山）であった。これとは別に村共有の山野があるが，その割合は百姓個人が所持する山野に比べて少なかった。たとえば，上山口村の場合，村共有である「散在野」は同村の山野全体の約1割であり，長柄村では，村共有である「秣場」は同村の山野全体の約2割7分であった。

(2) 三浦丘陵における草地の分布

　続いて，山検地帳をもとにして江戸時代前期の三浦丘陵における草地の分布について検討する。先述したとおり，長柄村・桜山村および堀内村では山検地帳に記載された地目が細分化されていた。その地目は松山や松林，雑木山や雑木林といった樹木を主体とした山林と，萱山や芝山といった草地に区別できる。そして，山検地帳に記載

された山野面積のうち草地が占める割合は，桜山村および長柄村では約4割であり，堀内村にいたっては約7割強に達している。これらの数値は，あくまで検地帳という帳簿上での面積にもとづいたものであり，実際の面積ではない。しかし，17世紀後半の時点で，三浦半島の丘陵部に草地が一定程度の割合で分布していた様子がうかがえる。

ところで，検地帳には土地一筆ごとに村内の小地名が記載されている。したがって，江戸時代の小地名を現在の地図上に比定すれば，検地帳に記載された情報を地図化することができる。そこで，長柄村を事例に元禄期の山検地帳に記載された山野の分布状況を，明治時代の旧版地形図上に示したものが図2である。長柄村の場合，山検地帳に記載された山野は樹木を主体とする松山・雑木山と，草地である萱山・芝山，そして村共有の秣場であった。このうち，共有の秣場を除く山や草地は，おもに村域北東部の一帯に分布していた。

とくに山や草地が集中しているのが，小南郷・大南郷，そして倉ヶ谷の3か所である。小南郷・大南郷では，合わせて約15ヘクタール（東京ドーム約3個分に相当）の山

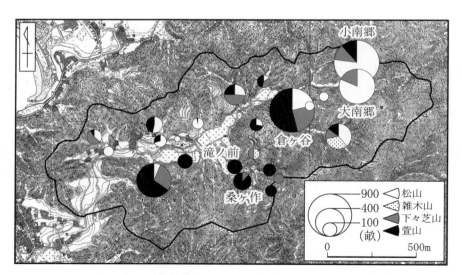

図2　長柄村における松山・雑木山・芝山・萱山の分布－1699（元禄12）年－
　　（葉山町役場所蔵文書「相模国御浦郡長柄村萱山芝山山秣場御検地帳」，
　　1万分1地形図「逗子」・「長浦」（1903年修正）により作成）
　　注）実線は明治期の大字界を示す。

野が検地帳に記載されていて，その約8割が松山である。一方で倉ヶ谷は草地が占める割合が大きく，約9.5ヘクタール（東京ドーム約2個分に相当）の山野のうち，約8割が萱山もしくは芝山である。同様に，草地が占める割合が大きいのが桑ヶ作や滝ノ前などである。面積は小さいものの，両所において山検地帳に記載された山野のすべてが，萱山もしくは芝山で占められている。以上のとおり，山検地帳の分析から，17世紀末における三浦半島の村落では萱や芝などの草地によって構成された草山が，一定程度の割合で分布していたことが明らかになった。

II．江戸時代の三浦丘陵における里山の利用

　江戸時代の三浦丘陵において広く分布していた草地の用途として，まず想定されるのが，耕地の肥料や牛馬の飼料のための下草の採取である。江戸時代の三浦半島では，沿岸部を中心に海藻を肥料に用いる村落があったが，丘陵部の村々はおもに草地から耕地の肥料や牛馬の飼料を得ていた[7]。そして，草地が不足すれば農業経営が成り立たないほどに依存していた。そのため，時には百姓らが境界を越えて他村の村域で下草を刈ることがあり，村落間の紛争が頻発していた。

　早い時期の事例としては，17世紀後半から桜山村とその周辺村落との間に生じていた紛争がある[8]。まず，1673（寛文13）年には桜山村の山が隣村の上山口村の百姓らによって荒らされた事件があり，両村間の問題となっていた。その後，上山口村の百姓らが村域を超えて桜山村で違法に伐採をする行為はおさまらず，1776（安永5）年にも同様の事件が起こった。その結果，1817（文化14）年には上山口村の百姓らが桜山村に対して下草代を支払ったうえで，桜山村内の山で下草を刈り取ることが許可された。

　江戸時代の三浦丘陵において草地が広く分布していた状況は，地誌や絵図に描写されている。江戸時代には各種の地誌が作成され，地域の様子を概観するにあたって有益である。三浦半島の場合，江戸幕府による地誌編纂事業の一環として作成され，1841（天保12）年に成立した『新編相模国風土記稿』がある。これによれば，木古庭村の北部にある小名（村落内の小地名）「畠山」には，山城の城跡であると伝えられる場所があった。そして，その山上は約30m四方（テニスコート約3面分に相当）の「芝地」であった。

　検地帳や地誌と同様に，村絵図は江戸時代の村落景観を理解するにあたって基礎的

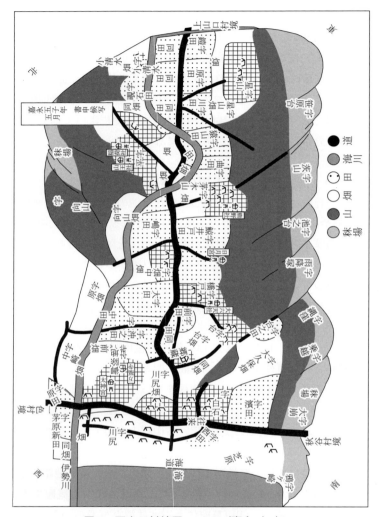

図3 下山口村絵図－1852（嘉永5）年－
（沼田米子氏所蔵文書「下山口村々絵図」（神奈川県立公文書館所蔵）により作成）

な史料のひとつである。たとえば，下山口村には江戸時代後期に描かれた複数の村絵図があり，三浦丘陵における村落景観を描いた典型的な事例として注目される。下山口村は三浦半島西岸に位置し，村内を西流する下山川沿いに耕地と集落が分布してい

第 6 章　江戸時代から明治時代の三浦丘陵における里山の変化　77

た。下山口村を描いた村絵図のうち，1852（嘉永 5）年に描かれたものでは，村落の北側と南側に描かれた山並みの上半分が「秣場」として示されている（図 3）。この秣場は一際目立つ橙色を用いて表現されていて，より標高の低い範囲に広がる「山」とは明確に区別されている。また，村落の北側の丘陵では，その一部が秣場であるのに対して，南側では丘陵の山頂部全体が秣場として描かれている点が特徴的である。

　図 3 に明らかなように，19 世紀半ば頃の下山口村では，丘陵の山頂部を中心にして草地が一定程度の広さで分布していた。そして，これらの草地は主に耕地の肥料や牛馬の飼料に用いる下草を採取する場として利用されていたと考えられる。飜って現在の下山口地区では，宅地化した地区北側の丘陵山頂部などを除くと，丘陵の大部分は樹木に被覆されている。下山口村の事例は，江戸時代から現在に至るまで，三浦丘陵における里山の景観に大きな変化があったことを示す好例といえる。

Ⅲ．明治時代の三浦丘陵における植林の展開

（1）明治時代の木古庭村における薪炭生産と植林

　一般的に里山というと薪炭林と結びつけられる傾向が強い。薪炭林はおもにクヌギやコナラなどによって構成された雑木林であり，薪や炭を生産する場であった。明治時代前期に軍事上の目的で作られた統計書である『偵察録』をもとにして，薪や炭の生産量を示した図 4 に明らかなとおり，三浦半島では半島北部の丘陵部を中心にして薪炭が生産されていた。とくに木古庭村や上山口村は，周囲を山に囲まれていて，薪炭は米に次ぐ重要な収入源であった。しかし，三浦丘陵の里山は単に薪炭の生産の場であり続けたわけではなかった。

　三浦丘陵の里山をめぐる新たな展開のひとつが植林である。19 世紀末から 20 世紀初めにかけて，日本各地で日清戦争（1894 ～ 1895）や日露戦争（1904 ～ 1905）を契機とする記念植林が行われた。三浦半島でもまた同様の動向があり，たとえば木古庭村では，1893（明治 26）年から 1897（明治 30）年にかけて，村内の山林において植林が行われた。まず，1893 年から翌年にかけては，おもにマツやスギが植林された。その際に植えられたマツやスギの苗木は，富士見村原宿（現・横浜市戸塚区）から購入されたものであった。また，1896（明治 29）年から翌年にかけては，マツやスギのほか，マサキが植林された。その際の苗木購入先は，三浦半島内の田浦村大作（現・横須賀市田浦地区）や初声村高円坊（現・三浦市初声町高円坊地区）であった。この

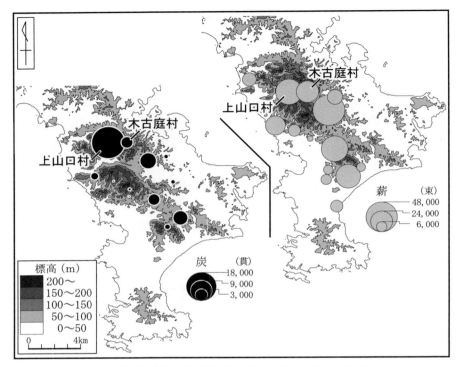

図4　三浦半島における薪炭生産量－1882（明治15）年－
（『偵察録』により作成）

ように，明治時代後期には三浦半島内に複数の苗木生産地が形成されていたことがわかる。

　当該期の三浦半島における苗木生産地形成の動向は，三浦郡の農業団体である三浦郡農会が主導していたと考えられる。三浦郡農会は，1903（明治36）年に当時の関東地方における最大の苗木生産地である埼玉県安行村（現・川口市）を視察していた[9]。三浦郡における苗木生産は安行村のような大生産地に比べて小規模ではあったが，20世紀初めから次第に増加し，1912（大正元）年をピークとして一定量が生産されていた。

(2) 特産物としてのクスノキ
　明治時代の三浦郡において里山に植林されていた樹木は，スギやマツに限らなかっ

第 6 章　江戸時代から明治時代の三浦丘陵における里山の変化　　**79**

た。とりわけ注目されていた樹種が，クスノキである。神奈川県では 1894（明治 27）
年と翌年に日清戦争を記念して，県内各郡の小学校および神社などにクスノキの苗木
が配布された [10]。三浦郡では 1895（明治 28）年に，尋常小学校 5 校（中西浦・逸見・
浦郷・船越・武山の各校）に対して，クスノキの種子が配布された [11]。その後，三
浦郡農会はクスノキの栽植を奨励し，1905（明治 38）年にはクスノキの苗木を神奈
川県鎌倉郡から 4000 本，静岡県田方郡から 1 万 2000 本購入して，郡内各町村の農会
および篤農家に配布した。

　先述したとおり，これらの動向は，日清・日露戦争の戦勝を記念して日本各地で実
施された記念事業の一環と位置づけられる。しかし，三浦郡におけるクスノキの植林
は単に記念のためではなく，クスノキの木材や，それから生産される樟脳を地域の特
産物にする目的があった。樟脳はクスノキの木片を蒸留して精製される化合物であ
り，防虫剤や，火薬の製造原料などに用いられる。三浦郡農会がクスノキの苗木を配
布した 1905（明治 38）年，同会は農事奨励事業として神奈川県に技術者の派遣を求め，
クスノキから樟脳を採取する作業（採脳）の見学と講話会を実施した。三浦郡農会の
クスノキに関する事業はその後も継続し，1909（明治 42）年には神奈川県小田原町
で樟脳製造の状況を視察した。

　特産物としてのクスノキへの注目は，三浦郡独自の動向ではなく，神奈川県の施策
によるものであった。1907（明治 40）年に神奈川県は，クスノキ・ケヤキおよびウ
ルシを「特種樹類」として，それらの種子を配布し普及させるための規則を設け，県
の主要な奨励樹種に指定した。このうち，クスノキは海外への輸出品として有望な樟
脳の原料として位置づけられていた。また，ケヤキは軍事用の什器や戦艦および車両
などといった各種の工業用として，そしてウルシは工芸用の漆器の塗料として，その
有用性が期待されていた [12]。

　なかでも，クスノキへの注目はとりわけ高かった。1911（明治 44）年に刊行された『神
奈川県産業要覧』では，クスノキは日本の特産樹であるとしたうえで，神奈川県の沿
岸地方の気候と地勢は「楠の郷土」と称することができると表現している。このよう
に明治時代後期に三浦郡下で展開した植林は，日清・日露両戦争を契機とするもので
あった。そして，三浦郡ではこれをきっかけとして，新しい苗木産地の形成や，特産
物としてのクスノキへの注目など山林生産に新しい展開が見出されていた。

おわりに

　本章では三浦丘陵における里山の変化について，江戸時代の検地帳や村絵図，明治時代の統計や文献を用いて通時的に検討した。里山といえば，薪炭林をはじめとする農用林としての役割が注目される傾向にある。しかし，三浦丘陵で小規模な苗木生産地の形成や，特産物としてのクスノキへの注目といった新たな展開が認められたとおり，近代化が急激に進んだ明治時代以降においては，地域の人びとによって里山をめぐる様々な模索があった。本章では，明治時代までの分析に留まったが，その後，第二次世界大戦後の燃料革命など，さらに大きな変化を経て，現在の里山が出来上がっている。地域で暮らす人びとの生活の実情を正確にとらえれば，我々の目の前にある里山はより活き活きと理解できるのである。

注
1) 環境省自然環境局編・発行『里地里山保全活用行動計画』，2010，1-4頁。
2) 横浜市環境創造局政策調整部政策課編・発行『横浜市水と緑の基本計画』，2016，9頁。
3) 千葉徳爾『増補改訂　はげ山の研究』そしえて，1991。
4) おもな研究に以下がある。立石友男「関東平野における平地林の分布とその利用－農業的土地利用から都市的土地利用へ－」地理誌叢13，1972，10-26頁。犬井正『関東平野の平地林』古今書院，1992。白井豊「明治10年代における下総台地西部の土地利用と薪炭生産－迅速測図と『偵察録』の分析を通して－」歴史地理学44-5，2002，1-21頁。
5) 本章は以下の研究に基づいている。武田周一郎・岩月明日香・山石勉「三浦丘陵における山野利用の変遷－葉山町木古庭地区を中心にして－」歴史地理学野外研究15，2012，19-34頁。
6) 武田周一郎「元禄期『山検地帳』からみた武蔵国南部における山野所持の特質」歴史地理学55-2，2013，1-19頁。
7) 江戸時代の三浦半島における肥料利用の実態や，山林資源の生産と流通については，以下に詳しい。安池尋幸『日本近世の地域社会と海域』巌南堂書店，1994。
8) 桜山村と上山口村との紛争に関する記述は，おもに以下所収の白井竜太郎家文書を参照した。逗子市編・発行『逗子市　通史編　古代・中世・近世・近現代編』，1997。
9) 三浦郡農会の動向に関する記述は，おもに以下を参照した。横須賀市編・発行『新横須賀市史　資料編　近現代Ⅱ』，2009。
10) 神奈川県内務部編・発行『神奈川県林業要覧』，1915，94頁。
11) 横須賀市教育研究所編・発行『横須賀市教育史　年表編』，1993，40頁。
12) 神奈川県編・発行『神奈川県誌』，1913，480頁。

第7章 山梨県丹波山村にみる山村の生活文化
― 斜面の利用に着目して ―

清水 克志・加藤 晴美

はじめに ～暮らしの舞台としての「斜面」～

　山梨県北都留郡丹波山村は，山梨県の北東端を占め，東京都および埼玉県と接する多摩川上流水源域の村で，東京都心から西方約80kmに位置する（図1）。大菩薩嶺（2057m）や雲取山（2017m）などの急峻な山々に囲まれ，山林が村域全体の97％を占め，まとまった平坦な耕地はきわめて少ない。山林の67％が東京都の水源涵養林となっ

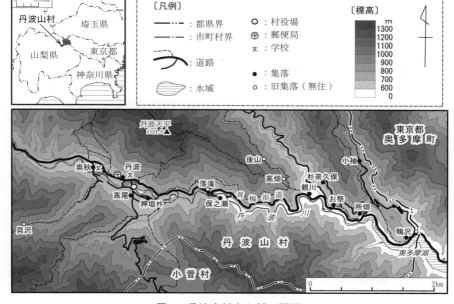

図1　丹波山村中心部の概要
（基図：5万分1地形図「丹波」（2000年修正））

ている。丹波川が開析した標高約 650m の谷底平野に中心集落が広がるほか，標高 700〜900m の山腹高所にも小集落が点在している（図2）。丹波山村の人口は，1955（昭和30）年には2302人であったが，1990（平成2）年には1037人，2015（平成27）年には596人にまで減少し，過疎高齢化の進行が顕著である。丹波山村は，日本各地域の最も人口が少ない自治体（島嶼部は除く）で構成される「小さな村g7サミット」に，関東圏の代表として参加しており，2016（平成28）年5月には同村で第1回サミットが開催された[1]。

丹波山村の山村としての特徴は，人口規模の小ささもさることながら，集落や耕地に「斜面」が利用されている点である。とくに山腹高所集落については，「高所」とはいっても，必ずしも標高が著しく高いということではない。標高からみれば群馬県の草津町（標高約1180m）や長野県の軽井沢町（標高約940m）の中心部のほうが，丹波山村の山腹高所集落よりも高いことになる。丹波山村の山腹高所集落のもつ「高所」としての特徴は，山腹斜面に位置するという地理的条件と，近接する幹線交通路との垂直的隔たりの大きさである。山腹高所集落の標高（A）と，近接した幹線交通路としての国道411号線（通称，青梅街道）沿いの最寄バス停までの比高（B）は，小袖（A約780m / B約230m），杉奈久保（A約750m / B約200m），高畑（A約800m / B約250m），後山（A約890m / B約340m），貝沢（A約900m / 約280m）である。このうち高畑，後山，貝沢には自動車の通行可能な道路が通じておらず，現在は無住化している。

ところで，山腹高所集落のおかれた条件に対して「不便」あるいは「不利」などと評することもあるかと思われるが，果たしてそのように決めつけてよいであろうか。山腹高所集落は丹波山村に限らず，関東山地や紀伊山地，四国山地など，日本国内に広く分布している。山腹高所が各地で一律に「不便」

図2　丹波山村の山腹高所集落（杉奈久保）
（2005年3月，清水克志撮影）

や「不利」であるならば，これほど数多くの山腹高所集落が成立し，存続してきたことに対して説明がつかない。すなわち，現代の多くの人びとには一見「不便」や「不利」な条件を備えているようにみえてしまう山腹高所集落であるが，別の立場に立てば，生活に「有利」な「好条件」を備えていたと考えるほうが適切であろう。

　以上のような問題意識から本章では，山梨県丹波山村を例として，とくに斜面の利用に着目しながら，山村での暮らしの論理を探ってみたい。

Ⅰ．丹波山村の山村としての基本的特徴

(1) 水田稲作を基準とした農業生産力の低さ

　図 3 は，1906（明治 39）年における山梨県の市町村別の水田率（耕地全体に対する水田の比率）について示したものである。山梨県全体の水田率は約 33％であるから，水田と畑地の比率はおおよそ 1：2 であり，概して畑作が卓越するといえるが，水田率の高低は市町村によって著しく異なっている。釜無川・笛吹川の流域から両者が合流する甲府盆地の盆地底にかけて水田率が 60％以上ないし 40〜60％の町村が集中している。これに対して，南巨摩郡の赤石山脈東麓部や郡内地方とよばれる北都留郡・南都留郡では，水田率が 10％未満の町村が多い。水田率が著しく低い町村のなかでも，とくに富士五湖周辺や東縁部には，米の収穫量が皆無の町村さえ確認できる。丹波山村には多摩川の源流である丹波川が流れるが，冷涼かつ低水温であり水田は皆無である。

　図 4 は，1906 年における山梨県の郡市別の穀物生産量について示したものである。穀物全体に占める米の割合が高い地域は，甲府市（63％）を筆頭に，西山梨郡 60％，中巨摩郡 55％などである。これに対して米の割合が低い地域は，南都留郡 24％，西八代郡 18％，北都留郡 9％であり，穀物生産における米の割合と水田率に，正の相関関係が明瞭である。丹波山村を含む北都留郡は米の割合が最も小さい反面，大麦（55％），雑穀類（26％）の割合はともに山梨県内で最も大きい。大麦の割合は，甲府市（28％），西山梨郡（24％）など，米の割合が大きい地域であっても 2〜3 割程度を占めるが，雑穀類の割合は，甲府市（1％），西山梨郡（2％）など，米の割合が大きい地域ではきわめて小さい値となる。北都留郡は，主食材料において，麦類や雑穀類が占める割合が著しく高い地域であったといえる。

　1894（明治 27）年に刊行された『山梨県市郡村誌』[2]には，丹波山村の「物産」

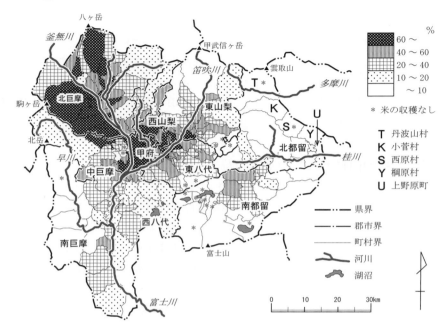

図3 山梨県における市町村別の水田率－1906（明治39）年－
（『山梨県統計書　明治39年度』により作成）

として「麦・蕎麦・馬鈴薯・蘿蔔（ダイコン）・稗・製茶・繭・生糸・山葵・桑葉」が列記されている（引用中のルビおよびカッコ内は筆者加筆）。穀物として麦，稗，蕎麦の記載があるものの，米は含まれていない。水田が皆無で米の収穫がない丹波山村は，北都留郡内でもとくに，麦類や雑穀類への依存度が高い地域とみなすことができる。

(2) 日向斜面の利用

　山間地域の傾斜地では，斜面の向きによって日射の条件が大きく異なる。日射量の多い南向き斜面と少ない北向き斜面とでは，気温や地表面の温度に大きな違いが生じる。そのため，南向き斜面のほうが居住や農耕に適し，住民にとってより利用価値が高いといわれる。日照時間が比較的長い集落を日向集落，山地の陰となって日照時間が著しく短い集落を日陰集落という。日本では，集落以外にも日照の条件のよい土地には「日向」や「日南」，逆に日照の条件の悪い土地には「日陰」や「隠地」などの

第 7 章　山梨県丹波山村にみる山村の生活文化　85

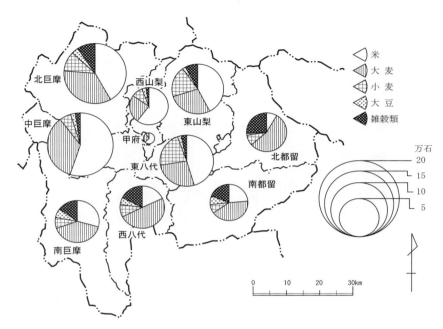

図 4　山梨県における郡市別米麦比率－1906（明治 39）年－
（『山梨県統計書　明治 39 年度』により作成）
注）雑穀類は，粟・稗・黍・蕎麦・玉蜀黍・小豆の合計値。

地名が付されている場合がしばしばみられる。このような日向と日陰の違いは，東西方向の河谷をなす地域でとくに明瞭となる。

　丹波山村の場合，丹波川が西北西から東南東の方角に河谷を刻んでいるため，北側の日向斜面と南側の日陰斜面の差異が明瞭である。丹波山村の集落の立地をみると，右岸にも高尾，押垣外集落が立地しているが，これは右岸に比較的まとまった段丘面が発達しているためであり，多くは丹波川左岸の日向斜面側に立地している（図 1）。実際に住民は，丹波川を境として左岸の土地を「ひなた」，右岸の土地を「ひかげ」と呼んでいる。ジャガイモの植え付け時期を例にとると，「日向」では 3 月から可能であるのに対し，「日陰」では「日向」よりも 1 か月ほど遅いという。

　11 月下旬の午後 3 時頃に丹波山村の日向斜面を撮影した図 5 をみると，日向斜面の高所には日照があるが，中腹から谷底部にかけては日が陰っている状況がわかる。このことは，昼の長さが短くなる冬季間には，日向斜面のなかでもとくに山腹高所は谷

図5　丹波山村の日向斜面の午後
(2004年11月29日，小口千明撮影)
高所は日照があるが，中腹から谷底の集落部分は日陰となっている。

底部よりも長時間の日射が得やすいことを示している。日照が多く得られることは，気温や地表面の温度がより高くなることから，作物の栽培には良好な条件となる。

　稲作のように灌漑水利条件を重視する作物の場合には，まとまった平坦地と農業用水が確保できる平地や盆地底が有利となる。したがって，山腹高所を含めた山間地域の生業文化としてしばしば焼畑耕作が注目されるのは，この非水田稲作型の作物がもつ重要性からである。また，製炭業が盛んであった時代には，原材料となる森林資源への近接性も山腹高所という条件が有利に働いたとみられる。このように水田稲作型の価値基準や今日的な価値基準で「不便」や「不利」とみなしがちな山間地域ではあるが，明らかに有利な面があることが理解されよう。

II．伝統的生業の諸相

(1) 畑作－常畑と切替畑－

　ここでは山腹高所を含む丹波山村における伝統的生業の諸相を，自給的農業と商品生産を含めた複合的な視点から検討する。1960（昭和35）年において，丹波山村における「田」の合計面積は1町3反であり，全耕地面積に占める水田率は約2％に過ぎなかった[3]。しかもこれらの「田」のほとんどはワサビ生産のための「ワサビ田」

であり，稲を栽培する水田は皆無に近い状況であった。これに対して畑地は 52 町 6
反，畑作戸数は 247 戸であり，山地が卓越する丹波山村において畑作への依存度が極
端に高かったことがわかる。また，村内の農家の約 3 分の 2 が所有耕地面積 3 反未満
の小規模農家であった。「米」を基準とした価値観を通してこうした数値をながめると，
丹波山村の生活は経済的にも「不利」なものとみなされるかもしれない。しかしなが
ら，稲作に依存しない山村の暮らしを複合的に検討していくと，そこには山村特有の
環境に依拠した独自の生活文化が存在したことを知ることができる。

　表 1 は 1950（昭和 25）年および 1960 年の丹波山村における主要農産物の生産戸数
と栽培面積を示したものである。1950 年には農家総戸数 290 戸のうち多くが麦類や
ジャガイモ・サツマイモなどのイモ類，ソバ・アワなどの雑穀類など，自給用と思わ
れる多品目の作物を生産していた。1960 年には大麦やジャガイモなどはある程度の
生産面積を維持していたが，小麦や雑穀類の生産は大幅に減少した。かわって商品作
物であるコンニャク芋の栽培面積が急増し，さらに養蚕や薪炭生産に従事する農家が
存在したことも確認できる[4]。

　こうした作物の生産基盤となる耕地には，「常畑」（常に耕作可能な畑）と「切替畑」
があった。切替畑とは林地を開墾して耕作し，地力が衰えると放棄して再び林地に戻
す一時的な畑地のことである。丹波山村には急峻な傾斜地が多く，とくに山腹高所集

表 1　丹波山村における主要な農作物－ 1950（昭和 25）年・1960（昭和 35）年－

作物		1950（昭和 25）年		1960（昭和 35）年	
		戸数（戸）	面積（反）	戸数（戸）	面積（反）
麦　類	大麦	264	—	166	154
	小麦	203	47	15	4
雑穀類	トウモロコシ	206	63	29	
	ソバ	—	45	—	4
	キビ	—	36	—	1
	アワ	—	29	—	0
	ヒエ	—	6	—	0
イモ類	馬鈴薯	287	174	236	123
	甘藷	269	55	92	18
	コンニャク芋	—	43	182	131
その他	養蚕	158	9,870 kg	132	10,703 kg
	薪炭			61	46,000 俵

（『1960 年世界農林業センサス　市町村別統計書　第 19 巻　山梨県』により作成）
注）—はデータの欠如を示す。

落にあっては耕地のほとんどが急傾斜地に立地した。山間傾斜地における農地の形態として一般にイメージされるのは，棚田や段々畑のように斜面地を階段状にした耕地のすがたであろう。しかしながら，丹波山村では急傾斜地においても水平面を形成せず，斜面をそのまま利用して畑作が行われていた。図6は，標高約800mの山腹高所に位置する旧高畑集落付近の畑地跡である。すでに耕作放棄地となっているため土が露出しているが，急傾斜の山林を切り開き，斜面はほぼそのままに畑地として活用していたことがわかる。斜面のところどころに石垣が築かれているが，これは土壌流出を防ぐためのもので「ゲーロ」と呼ばれていた。焼畑にはじまり，やがて常畑化したと推測されるこれらの耕地では，自家

図6　急傾斜地の耕地跡とゲーロ
（2002年3月，加藤晴美撮影）

消費用の麦類や雑穀類，ジャガイモを中心としたイモ類，野菜類などが生産されていた。これらの畑では日照条件や傾斜度などによって栽培する作物を選択していた。

　一方，切替畑における焼畑耕作も重要であった。丹波山村では焼畑のことを「サス」などと称し，村内には「ふっさす」や「さす沢」など「サス」がつく字名がみられる。また，丹波山村では，焼畑耕作のために林地を開墾し火入れして耕地をつくる作業を「夏刈り」と呼んでいた。7月末，畑地とする場所の樹木や草を伐採し，伐採した樹木が乾燥したのち火入れを行う。焼畑は，日照条件のよい場所はコンニャク畑として使用されることもあったが，おもに自給用作物が栽培された。当地では，火入れ後の1，2年目はソバを栽培することが多く，3年目以降は小豆やヒエなどを栽培した。地力が衰えたのち焼畑は放棄され，その後は放置して自然に森林を再生させるか，植林が行われた。1886（明治19）年の資料では，丹波山村内には傾斜地における常畑を意味すると思われる「山畑」が約44町，切替畑が約137町存在したと記録されている[5]。この資料に従えば，明治期の丹波山村では焼畑農耕が著しく拡大して住民の生活を支えており，切替畑への依存度が高い状況にあったと考えられる。

（2）商品作物の生産

　しかしながら，このような自給的農業生産のみでは丹波山村の全人口を養うことは困難であったと推測される。これを補完するために自給的農業のほか商品生産が行われ，そこから得られる現金収入によって不足する食料品や日用品などを購入していた。

　第二次世界大戦後の丹波山村において重要な商品生産はコンニャク芋と養蚕，製炭であった。とくに収益性の高いコンニャク芋の生産は，イモを薄切りにして乾燥させる荒粉の製法が伝わり村外への移出が可能になった大正期以降に拡大し，1965（昭和40）年ごろ最もさかんになった。丹波山村では，コンニャク芋は畑にイモを植えたままにする自然生栽培によって生産されたという。コンニャク芋は収穫までに通常4，5年かかるが，自然生栽培では秋になると大きく成長したイモだけを選んで収穫し，残りのイモはそのまま土中に放置して越冬させた。自然生栽培の重要な課題は越冬中にコンニャク芋が土中で凍結するのを防ぐことであり，そのためコンニャク芋は冬季でも比較的暖かく霜が降りにくい，日照条件の良好な急傾斜の日向斜面でつくられた。また，イモの収穫が終了すると，斜面から流れ落ちた土を掘りあげる作業と，畑に草肥を埋め込む作業（キリイレ）が行われた。これらの畑ではコンニャクの葉が枯れ落ちたあと，秋から翌春にかけて大麦が作られる。農林業センサスによれば，1960年ころの丹波山村では主食に占める米の割合は5割未満であったとされており，正月などの儀礼食を除き，日常生活では米に大麦を混ぜ込んだ麦飯を食べていた[4]。日照条件にすぐれた日向斜面の畑地は，収益性の高い商品作物を表作に，主食の一部として利用する大麦を裏作とした二毛作が行われ，商品生産と自給食料生産の両面から住民の暮らしにとって貴重な耕地であった。

　一方，養蚕も第二次世界大戦以前からさかんに行われ，1955年には村内の農家の約半数にあたる158戸が養蚕に従事していた。蚕の飼育は，春蚕（5月〜7月上旬），秋蚕（7月末〜8月末），晩秋（8月末〜10月）の年3回行われ，繭を出荷していた。丹波山村における伝統的な家屋は，2階以上に蚕を飼養する蚕室をもつものが多く，当該地域における養蚕の重要性を示している。

（3）林産資源の利用

　村内では落葉広葉樹林が卓越しており，ブナやナラを伐採・加工する製炭が行われた。木炭は第二次世界大戦後の混乱期・復興期において需要が伸長したとされ，これ

に呼応するように丹波山村でも昭和20年代前半に木炭の生産量が増加した。1960年には製炭に従事する農家が村内に約61戸存在したことが確認できる（表1）。製炭は農業生産が一段落した10月末〜11月に開始され，翌年3月まで行われた。完成した木炭は東京方面に出荷し，商品にならないような細かいものは自宅のコタツなどで自家消費用として使用した。

　農業生産以外にも，丹波山村の人びとは山林から得られる豊富な林産資源の活用をはかり，野生動植物の狩猟・採集を行ってきた。山から採取するものには山菜や山芋（トロイモ）がある。たとえば旧高畑集落では6月には近くの共有林においてワラビやフキなどの山菜を採取して食用にした。山菜をとりに行くのは女性の役割であり，とくに若い女性が連れ立って採りに行くことが多かったという[7]。コタツの灰をワラビの上に撒いてから熱湯を注いで冷ますといったアク抜きの技術があり，アク抜きのあとはそのまま醤油をかけて食べたり油で炒めたりして食べるか塩漬けにして保存した。山芋は山からとってきた後すりおろして飯にかけて食べた。山林からはほかにウメやスモモ，カキなどの果実も採取した。ウメは梅漬けに，カキは干し柿に加工して食用にしていた。

　肉類は狩猟で捕った山鳥やウサギをダイコンやネギと甘辛く煮たり，猪を味噌仕立てのシシナベにしたりして食べていた。1979（昭和54）年度の猟友会会員名簿では，丹波山村内では約70人が会員として登録されており，村内において狩猟が広く行われていたことを示している。猟友会会員はすべて男性であり，捕れた獲物の皮を剥ぐのも男性の役割であった。また，村内を流れる丹波川ではイワナやヤマメなどを釣り，食用にした。

　これまでみたように，昭和20年代から30年代の丹波山村では，①急傾斜地の常畑や焼畑を利用した自給的食料生産，②コンニャク芋栽培および養蚕，製炭などの商品生産，③野生動植物など林産資源の採集と利用，などを複合的に組み合わせた生活が営まれた。これらは直接食料を獲得するための生業だけではなく，現金の獲得にかかわるものを含めて，山腹高所集落における生業が幅広いものであったことを示している。水田稲作を基準とした価値観のなかでは山腹高所集落の急傾斜地の耕地は労働効率が悪く生産性が低いと考えられがちである。しかしながら，多様な生業を複合的にとらえなおした場合，たとえば現金収入の有力な手段であるコンニャク芋栽培にとって日照条件に恵まれた急傾斜畑は保温性に優れた「有利」な環境となる。丹波山村で

第 7 章　山梨県丹波山村にみる山村の生活文化　91

は米に依拠しない，山間地域の自然環境に適合した固有の生活文化が展開したのであり，その論理のなかでは山腹高所の土地条件は必ずしも「不利」ではなかった。

Ⅲ．ジャガイモの文化的意義

　ここまでみてきたように，水田稲作に依拠しない畑作を主体とした丹波山村の暮らしにおいては，麦類や雑穀類とともにジャガイモが，とくに重要な自給用作物であった。本節では，丹波山村におけるジャガイモ栽培の歴史をたどりながら，その文化的意義を検討していく[8]。

(1) ジャガイモ早期普及地としての歴史

　日本におけるジャガイモの導入は，南蛮貿易の時代にオランダ人によってジャワ島のジャガトラ（ジャカルタ）から長崎へもたらされた。ジャワ島から導入されたため爪哇薯あるいは「ジャガトライモ」と呼ばれ，これが転じて今日の「ジャガイモ」という呼称が成立したといわれている。ちなみに「馬鈴薯」という呼称は，本草学者の小野蘭山が 1808（文化 5）年に著した『莨莚小牘』で，中国におけるジャガイモの呼称として紹介したことが起源とされる。

　ジャガイモは導入からただちに普及したわけではなく，伝播ルートについても未解明な点が多い。そのようななか，甲斐国（現・山梨県）では，1777（安永 6）年に中井清太夫が甲府代官に就任すると，幕府の許可を得て長崎からジャガイモを導入し栽培が試みられた。1784（天明 4）年，清太夫が郡内（都留郡）を管轄する谷村代官を兼務するようになると，八代郡の九一色郷から都留郡内へジャガイモを導入した。この時期は天明の飢饉の時期でもあったことから，都留郡内ではジャガイモが救荒作物として定着した，という伝承が残っている。都留地域では，ジャガイモのことを導入者である中井清太夫にちなんで「清太夫イモ」あるいは「せいだ」と呼ぶようにになった，とも言い伝えられている。実際にジャガイモのことを，上野原市桐原地区では「セイダ」，小菅村では「セイダンボウ」と呼んでいる。また上野原市八米地区の龍泉寺には，中井清太夫が「芋大明神」として祀られている。

　1836（天保 7）年には，高野長英が早生種のソバとジャガイモの普及を目的として『救荒二物考』[9]を著した。同書ではジャガイモの来歴については，甲斐や信濃へ古くに伝わり，そこを起点として周辺に普及していったとの見解が示されている。同書には

ジャガイモの地方名称として「甲州イモ」「清太夫イモ」「チヽブ（秩父）イモ」などが列挙されており，これらの名称の存在から，ジャガイモの伝播ルートを類推したものとみられる。次にジャガイモの食物としての特性については，食味が淡泊な点は薯蕷（ヤマイモ），甘味な点は甘藷（サツマイモ）に似ており，滋味と粘り気があって毒はないことから，日常的な食用に適していることが述べられている。さらにジャガイモは，耐寒性に優れているため，サツマイモの栽培が難しい冷涼地の「荒野瘠地」や「田畔・路傍・砂石交錯スル地」でも栽培が可能なことなどが述べられている。

多摩川の谷口に位置する青梅（現・東京都青梅市）出身で，江戸で質屋を営んだ山田早苗が多摩川流域をさかのぼって1842（天保13）年に著した紀行文『玉川泝源日記』[10]には，「小河内のあたりにて，清左衛門芋という丸き芋あり。予はじめて見れば，焼きて出だしたるを食ひ試むるに，味淡く，サトイモよりうまみ劣れり」という記述がある。引用中の「小河内」は現在の東京都奥多摩町の地名，「清左衛門芋」は「清太夫イモ」すなわちジャガイモのことである。「予はじめて見れば」という記述からは，当時はまだ江戸においてジャガイモが普及していなかったことを示唆していて興味深い。

ジャガイモは，冷害に強いことに加え，山間地域の急斜面の石交じりの土壌でもよく生育するため，冷涼で平坦地が少ない丹波山村には好適な作物として受容されたとみられる。栄養生殖で栽培するジャガイモは，土壌中のウイルスによるバイラス病などの蔓延の防止が課題となる。しかし傾斜地の畑地では，表土が崩落によって適度に更新されるため，ウイルスの発生が抑えられ，連作も可能であるという。

(2) 在来種ジャガイモの存在

丹波山村を含む都留地域のジャガイモの文化を特徴づける2つ目の要素として，在来種[11]の存在が挙げられる。在来種ジャガイモとは，「男爵薯」などの普遍的品種が普及する以前から，地元の農家が何世代にもわたって，種いもを取り継ぎながら栽培を続けているジャガイモの地方品種である。在来種ジャガイモは，①原品種や遺伝的系譜は不詳な場合が多い，②概して小粒で収量も少ない場合が多いものの，③特有の食味などの理由で地元住民に親しまれている，などの特徴をもっている。

図7は，日本における在来種ジャガイモの分布について示したものである。在来種ジャガイモが存在する地域は日本全体で20地域確認できるが，それらは山梨県から東京都，埼玉県，群馬県にかけての関東山地と長野県の南信地域から静岡県にかけて

第 7 章　山梨県丹波山村にみる山村の生活文化　93

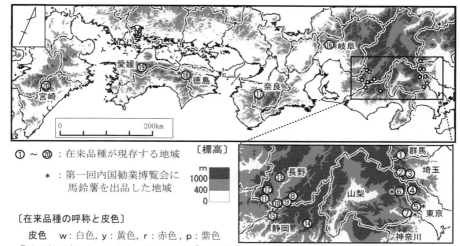

図 7　日本に現存する在来種ジャガイモ品種の分布
　　　（(独)種苗管理センター八岳農場の資料，『明治十年
　　　　内国勧業博覧会出品解説』により作成）

の地域に集中している。これ以外では紀伊山地，四国山地，九州山地に 1 地域ずつ確認できる。これらはいずれも標高が 400m 以上の山間地域である。同図には，1877（明治 10）年に開催された第一回内国勧業博覧会の「馬鈴薯（ジャガタライモ）」出品者の所在地も示した。このうちの 1 件が丹波山村であり，残りは神奈川県津久井郡佐野川村（現・相模原市緑区），同橘樹郡岩間町（現・横浜市保土ヶ谷区），同多摩郡檜原村（東京都西多摩郡檜原村），新潟県魚沼郡浅貝村（現・南魚沼郡湯沢町），高知県美馬郡西祖谷山村（現・徳島県三好市）である。これらのうち平野部に位置するのは岩間町だけであり，他の 5 件は丹波山村を含め山間地域，しかも佐野川村と檜原村は都留地域に隣接している。こうしてみると，丹波山村はジャガイモの早期普及地であるとともに，在来種ジャガイモが残存する数少ない地域であると位置づけることができる。ジャガイモの早期普及地に在来種が残存している理由としては，推察の域を出な

いものの，種いもを購入して生産することが一般化する以前から，自家で種いもを取り継ぎながらジャガイモを盛んに栽培していた名残と考えられる。

　丹波山村では現在，購入種いもによる男爵薯やメークインなどの普遍的品種の栽培が圧倒的に多い一方で，前年に収穫したイモの一部を種いもとして貯蔵し，植え付ける「取りっ返し」と呼ばれる方法によって在来種の栽培が現在まで続けられている。丹波山村で実際に栽培されている在来種は，白皮の「つやいも」と赤皮の「落合いも」の2品種である。「つやいも」は丹波山村に東接する留浦地区（現・東京都奥多摩町）の「つや婆さん」から種いもを譲り受けたという伝承が残っている。一方「落合いも」は，小淵沢町（現・北杜市）から来るのこぎりの行商人が，落合地区（現・甲州市塩山）で譲り受けた「金時いも」の一部を，丹波山村の杉奈久保地区に置いていき，同地区から丹波山村内に広がったという伝承が残っている。

　丹波山村では「男爵薯」や「メークイン」の栽培が盛んであり，さらに近年では「キタアカリ」などの栽培も盛んになるなかで，在来種が残存してきた理由としては，次の2点が考えられる。一点目は，在来種は晩生種で「おくのいも」と呼ばれており，早生種の「男爵薯」や「メークイン」などとは植え付けや収穫の時期が異なっていたことである。そのため在来種の栽培は，早生種の主要品種を補完し，病害や気象災害の危険を分散する意味合いがあったとみられる。二点目は在来種の食味に対する強い愛着である。「男爵薯」などの早生種の食味は，概して収穫直後の「新ジャガ」の時期が最も良好で，時間の経過とともに劣化する。これに対し，在来種は時間の経過による食味の劣化がなく，越冬させることにより「味が濃くなる」，すなわち甘みが増す。食料が不足しがちな冬から春にかけて，茹でてネギ味噌やトウガラシ味噌をつけて食べる「つやいも」や「落合いも」の食味はきわめて良好である。

　さらに，丹波山村では「凍み芋」（図8）と呼ばれる独特のジャガイモの加工法が存在する。これは，山間地域の冬季の気温の日較差を利用し，小粒のジャガイモを屋外に出して凍結と解凍を繰り返す。それを冷水に晒してあくを抜き，乾燥して貯

図8　丹波山村の凍み芋
（2010年4月，清水克志撮影）

蔵する。乾燥した「凍み芋」は半永久的に保存が可能なことから，かつては救荒食として盛んに作られた。「凍み芋」は粉に挽いてお湯でこね，茹でてエゴマと砂糖を振りかけて食べる。ジャガイモを日常の食事で生食する以外に，救荒食として加工する文化の存在は，食糧事情が改善される以前から，食生活におけるジャガイモの重要度が高かったことの証といえる。

おわりに

　山腹高所集落を含む山間地域において，自然環境に適合した固有の生活文化が展開してきた背景として，生業面からみた有利な条件が存在したことは，ここまで述べてきたとおりである。とくに生業上からみた山腹高所の「有利」な条件は，並行して，歴史的にまだ学校教育が成立しなかった時代や，自動車交通・救急医療体制などが普及しなかった時代における生活条件を加味すると，その重要性がいっそう強まる。すなわち，学校・自動車・救急医療体制などが，まだまったく存在しなかった時代には，生業上の有利な面が認められれば，山腹高所での生活は「不利」な面は乏しかったといえる。

　ところが，水田稲作型を主軸とする農業では山地に比べ平地が有利であり，水田稲作を志向する観点に立脚すると山腹高所は「不利」になる。また，学校・交通・医療体制も，山地と平地に分ければ平地から充実していき，それらが立地する平地の立場からみると，山地は「不便」あるいは「不利」となる。すなわち，山腹高所における生活を「不利」とみなす考え方は，平地を主軸とする価値観に重点が置かれている，ということができる。学校・交通・医療体制は主として近代化の進展のなかで普及したが，水田稲作の重視は，場合によっては近世にさかのぼる志向性といえるかもしれない。このような志向を仮に「平地主義」と呼ぶなら，現代におけるほとんどの人びとの生活は，知らず知らずのうちに「平地主義」に依拠している。近年，中央集権化の是非が問われつつも，現実には東京という平地への一極集中が進行しているように，現代日本を包含する「平地主義」は，容易にはその方向が変わらないと思われる。

　それに対し，丹波山村の山腹高所での生活は，「平地主義」に依拠しない価値観を基盤として展開してきたということができるが，いま丹波山村での生活文化を理解しようとするとき，山腹高所での生活を「平地主義」の視点で「不便」あるいは「不利」などと一方的に価値づけてしまう恐れが我々にないといえるであろうか。文化の研究を志す者は，自分が属する文化の枠組みを絶対視することなく，異文化に対しても等

価値として対応すべきである。丹波山村における山腹高所の暮らしは，このことを示す好例といえよう。

注
1) 丹波山村以外の構成自治体は，北海道音威子府村，福島県檜枝岐村，和歌山県北山村，岡山県新庄村，高知県大川村，熊本県五木村である。
2) 島崎博則編・発行『山梨県市郡村誌　第三編　下巻』，1894，237-238頁。
3) 農林省統計調査部編『1965年世界農林業センサス　市町村別統計書　第19巻』農林統計協会，1967。
4) 聞き取りによれば，丹波山村では従来米に麦や雑穀を混ぜて食していたが，コンニャク芋の生産量が増加すると現金収入も増え，より多くの米穀を購入するようになった。また村内に電気が普及して炊飯器を使用するようになると，炊飯器で雑穀を炊くとパサパサして食味が悪いということもあり，しだいに雑穀の栽培が減少していったという（小口千明・仙頭達朗・清水克志編『丹波山村旧高畑集落の景観と生活』筑波大学日本語・日本文化学類日本の地誌と生活研究グループ，2002）。
5) 「切替畑取調書」（丹波山村役場所蔵）。
6) 農林省統計調査部編『1960年世界農林センサス　市町村別統計書19　山梨県農業センサス』農林統計協会，1961。「主食慣行別集落数調査」によれば，この時期丹波山村内の11の集落すべてにおいて主食に占める米の割合は5割未満とされている。また，聞き取り調査によれば，米のみの飯は正月や祭りなど特別な日にだけ食べるものであったという。このため普段は主食として米と大麦（オオバク）を混ぜて炊いた麦ごはんを食べることが最も多かった。
7) 前掲4)。
8) 清水克志「近世・近代移行期における馬鈴薯の普及実態とその地域的特質」秀明大学紀要13，2016，125-147頁。清水克志「地域資源の保全と活用における歴史地理学的アプローチの可能性－山梨県丹波山村の在来種ジャガイモを例として－」歴史地理学59-1，2017，1-18頁。
9) 高野長英全集刊行会編『高野長英全集 第4巻』第一書房，1978。
10) 山田早苗，稲葉松三郎・滝沢博校訂『玉川泝源日記』慶友社，1842（1970復刻），150頁。
11) 山形在来作物研究会編『どこかの畑の片すみで－在来作物はやまがたの文化財－』山形大学出版会，2007，8頁。同書によれば，「在来作物」あるいは「在来種」についての定義について，学術的に厳密な定義は存在しないとしたうえで，「ある地域で，世代を越えて，栽培者によって種苗の保存が続けられ，特定の用途に供されてきた作物」という見解を示している。

第8章 海域利用の垂直的拡大と地域変化
─ 東京湾・富津における器械潜水の導入に着目して ─

花木 宏直

はじめに ～海域利用の変化とその捉え方～

　近代には海域利用のあり方にさまざまな変化がおこった。本章ではその契機の1つである器械潜水[1]の導入に注目する。器械潜水とは，ゴム製の潜水服と金属製のヘルメットを着用し，船上のポンプよりゴム管を通じて空気を送りながら潜水する方法である（図1）。素潜りは裸や軽装にて水深5～7尋（約9～13m）程度へ0.5～1分程度の潜水を何度も繰り返すが[2]，器械潜水では水深40尺（約12m）ならば2時間程度の継続した潜水が可能となり[3]，素潜りに比べ格段に深い水域へ長時間滞在できる。器械潜水の導入により，海域利用はそれまでの平面的拡大だけでなく垂直的拡大が可能となった。その結果，房総半島の太東岬（現・千葉県いすみ市）沖にある「器械根」に代表されるように，水深20～30m以上の水域に新たな漁場が開拓されていった。また，長時間潜水できることで漁業の効率が高まり，資源の乱獲や漁場争論も発生した[4]。しかし，深い水域へ長時間潜ることが可能になれば，既往研究で扱われてきた地先での漁業以外にも，海域利用にさまざまな展開をもたらしたのではないか。本章では，器械潜水という新機軸の導入が，海域利用をめぐる人びとの認識と行動範囲にいかなる変化をもたらしたのか，東京湾に面する千葉県富津地区（現・富津市）を事例に検討していきたい。

図1　潜水器
（『潜水業』口絵, 国会図書館デジタルコレクションより転載）

I. 器械潜水とはなにか

(1) 器械潜水の成立

　日本では古来より，潜水を伴う海域利用が各地で行われてきた。その代表的なものは「アマ」などと呼ばれる素潜りによる潜水漁業である。これは東北地方以南の岩礁地帯を中心にみられ，男性だけでなく女性も多く従事した。主にアワビやサザエなどの貝類を採り，漁獲物は古代や中世には貢納物にも用いられ，近世には干鮑に加工され俵物として中国大陸へ輸出された。近代以降は水中眼鏡やウェットスーツの着用などによって漁業効率が向上し，現代では従事者が減少しながら観光という側面も加わり各地で存続している[5]。

　一方，器械潜水は西洋で開発された。近世後期に長崎や横浜へ導入され，はじめは海中工事や船底修理，海底からの引揚などの海中作業に利用された。当時横浜で器械潜水による船底修理に従事した近江出身の増田万吉が，オランダ人より技術や道具を得て，1872～73（明治5～6）年頃器械潜水業を開業した。そして，増田と千葉県安房郡根本村（のち長尾村，現・南房総市）の漁業従事者らが協力し，1878（明治11）年に器械潜水をアワビ漁へ導入する実験を行い，多くの漁獲を得た。これが契機の1つとなり，器械潜水は漁業へ応用されることで全国各地へ普及した[6]。

　つまり，器械潜水は素潜りと同じく貝類を中心とした漁業に利用される。ただし素潜りは古代より存在するが，器械潜水は近世後期以降に日本へ導入されたものであり，成立ないし導入された時期が異なる。また，素潜りはもともと漁業に活用されていたが，器械潜水は海中作業に用いる技術を漁業に応用したものであり，成立経緯にも大きな相違がみられた。

(2) 近代における器械潜水従事者の分布

　近代の器械潜水を全国的に概観するには，1931（昭和6）年に刊行された千葉県学務部社会課編『潜水労働者に関する調査』が有益である[7]。この資料には，全国と朝鮮半島の潜水従事者数が府県別（千葉県については市町村別）に集計されている。また，潜水従事者を「一般潜水」と「機械潜水」すなわち素潜りと器械潜水に区分したうえで，男性と女性，本業と副業，「鮑類採捕」と「海藻採捕」，「其他」という目的ごとに項目を設定している。ただし，はしがきには「各府県庁又はその指定したる市町村，漁業組合，水産会等に照会」と記されており，調査対象とした潜水従事者は主

第 8 章 海域利用の垂直的拡大と地域変化　99

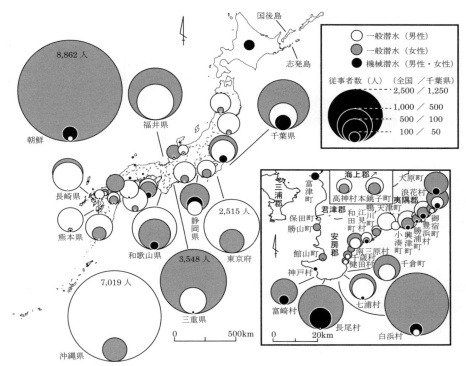

図 2　昭和前期における潜水従事者数
(『潜水労働者に関する調査』により作成)

に漁業目的の者であった。

　この資料より,「機械潜水」の従事者の多い府県は千葉県 225 人,静岡県 216 人,茨城県 62 人となっており,千葉県では長尾村 103 人,白浜村 36 人,富崎村 21 人,富津町 16 人,大原町 12 人など房総半島南部を中心にみられた (図 2)。これらの地域は,明治前〜中期にアワビ漁へ器械潜水が導入された地域にあたり,女性の「一般潜水」の従事者も多い。器械潜水は素潜りと同じく貝類の漁業に利用されるため,このような分布が形成された。

　また,素潜りは女性も多く従事するが,器械潜水は大半が男性である点にも注目される。女性の「機械潜水」の従事者のうち,本業は三重県 6 人,静岡県 2 人,副業は静岡県 15 人であり,計 23 人と少なかった。素潜りの場合,男性は水中で行動力があるため,女性より深い水域へ潜水することができる。しかし,かつてはウェットスー

ツではなく裸や軽装で潜水したため，男性は女性より皮下脂肪が少なく水中で体温が低下しやすい。このことが素潜りには女性が多い要因の1つと指摘される[8]。一方，器械潜水では潜水服やヘルメットを着用することで，水中での体温低下が緩和される。また，潜水服やヘルメットはゴムや金属製であり，装備に空気を送っても浮き上がらないように重量がある。1905 (明治38) 年に刊行された斎藤高保編『潜水業』によれば，器械潜水従事者1人あたりの装備の重量は21貫172目（約80kg）であった[9]。よって水中では浮力が働くとはいえ，水中で行動力がある男性がおもに器械潜水に従事するようになったと考えられる。

なお，「機械潜水」の従事者の過半数は「其他」を目的としており，残りはほぼ「鮑類採捕」であった。「其他」を目的とする者は，本業が千葉県134人，北海道110人，徳島県30人，副業が千葉県15人などで，千葉県では本業が長尾村76人，白浜村30人，富津町16人，富崎村10人，副業が長尾村13人となっていた。「其他」の内容について，北海道のホタテガイ漁や，千葉県から京浜地方と徳島県から阪神地方への海中作業が少なからず含まれていると推察される[10]。富津町については後述するようにタイラギやミルクイ漁を示しているとみられる。そして，富津町は房総半島南岸の各地域とは異なり，素潜りの従事者が男女とも皆無，すなわち素潜りによる貝類の採捕が近代以前にみられなかったが，器械潜水の従事者数が県内でも上位であった。そこで次節では，富津町でも漁業の盛んであった富津地区に注目し，器械潜水の導入前後の動向を検討していきたい。

II．富津への器械潜水の導入と海域利用の変化

(1) 器械潜水の導入

富津地区は千葉県中部，東京湾東岸に位置する（図3）。房総半島から対岸の三浦半島に向かって東西方向に大規模な砂州が形成され，集落はその上に立地する。主な産業は漁業であり，近代前期以前はイワシ漁が盛んであった。漁法は地曳網や揚繰網などあり，近世には「富津名物台場に陣屋勘弁名主に地曳網」という里謡にみえるように地曳網が盛んに行われた[11]。

富津地区への器械潜水の導入時期は諸説あるが，1889～90（明治22～23）年頃に房州より器械潜水従事者を雇用してタイラギやミルクイを漁獲し，その後1902（明治35）年に富津地区の斎藤徳蔵が創業したという説が有力である[12]。一方，1900～

第 8 章　海域利用の垂直的拡大と地域変化　101

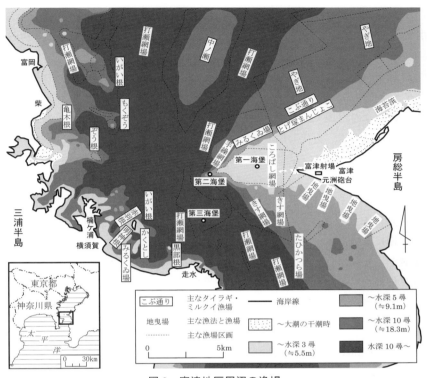

図 3　富津地区周辺の漁場
(『水産調査報告』により作成)

01（明治 33 〜 34）年に作成された農商務省水産局編『水産調査報告』とその 8 巻 2 冊に所収された「東京湾漁場図」によれば，1894 〜 95（明治 27 〜 28）年に富津沖の「こぶ通り」や「とげ塚まんじょこ」，「やぎ地」で，三浦半島にある楠ケ浦地区（現・横須賀市）の器械潜水従事者がミルクイを漁獲し，収益の一部を富津地区が徴収していた[13]。楠ケ浦地区では 1891（明治 24）年に長尾村より器械潜水が導入され，「亀木根」や「もくぞう」，「いがい根」などの柴地区や富岡地区（いずれも現・横浜市）の沖にある水深 5 〜 10 尋（約 9 〜 18m）の水域でミルクイ漁に従事したが，地元の漁業者との論争が発生したため富津沖へ出漁した[14]。富津地区では先進地域である房総半島南部からの技術習得や，対岸にある三浦半島からの出漁により，タイラギやミルクイ漁場が開拓されていった。

(2) タイラギ・ミルクイ漁の展開

『水産調査報告』によれば，東京湾のタイラギやミルクイは水深4尋（約7m）より深い水域の砂地に生息する[15]。図3にて器械潜水導入期の漁場であった「こぶ通り」や「とげ塚まんじょこ」，「やぎ地」をみると水深3〜5尋（約5〜9m）程度となっており，タイラギやミルクイの生息に適した水深にあたる。「亀木根」や「もくぞう」，「いがい根」などよりは浅く，水深約12mで2時間継続して潜水可能という器械潜水で十分対応できる。一方，近代前期以前に盛んであった地曳網はもちろん，砂州の地先にある水深3尋（約5m）にみたない浅い海域で行われていた。器械潜水の導入は，より深い水域での操業を可能とし，タイラギやミルクイという新たな漁獲対象を見出した。

東京湾のタイラギやミルクイの漁獲の推移をみると，明治中期から大正前期にかけては富津地区を含む君津郡などの東京湾東岸の漁獲が少ない（図4）。当初は富津地区より早期に器械潜水の導入された楠ケ浦地区のある三浦郡や，楠ケ浦地区の器械潜水従事者が当初利用した漁場であった「亀木根」や「もくぞう」，「いがい根」などのある久良岐郡をはじめ，東京湾西岸での漁獲の比重が大きかった。富津地区では大正中期以降に漁獲が急増し，1922（大正11）年に最多となった。

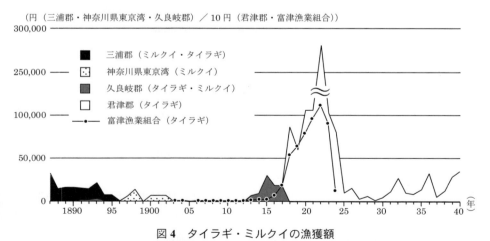

図4 タイラギ・ミルクイの漁獲額

（『神奈川県統計書』，『久良岐郡統計書』，『千葉県統計書』（各年次），『富津漁業組合資料』をもとに作成）
注）空欄は資料欠である。神奈川県東京湾の1887年には橘樹郡（タイラギ，110円），1898年には神奈川県相模湾（ミルクイ，692円），君津郡の1926年には夷隅郡（タイラギ，80円），1927年には夷隅郡（タイラギ，26円），1937年には市原郡（タイラギ，528円）を含む。

第8章　海域利用の垂直的拡大と地域変化　103

　しかし，1923（大正12）年の関東大震災の発生に伴い漁獲が急減した。そこで富津漁業組合では，タイラギやミルクイの漁業税の軽減や，繁殖地や漁場の確定，11月1日〜4月30日の漁期の設定，「中ノ瀬」への出漁の請願などの対応を行った[16]。「中ノ瀬」の立地を確認すると，水深5〜10尋（約9〜18m）にあり，既存の「こぶ通り」や「とげ塚まんじょこ」，「やぎ地」より深い水域へ漁場の拡大を試みた様子がうかがえる（図3）。その結果，昭和前期以降もタイラギやミルクイ漁が維持された。1929（昭和4）年刊行の『富津案内』には「富津名産畑に南瓜海にや，たいらぎみるかひも」という里謡が紹介されている。器械潜水の導入で新たな漁獲対象となったタイラギやミルクイが，昭和前期には富津地区の特産として定着した[17]。

(3) 器械潜水のさまざまな利用

　図4をかえりみると，富津地区では大正中期に多くのタイラギやミルクイを漁獲したものの，明治中期から大正前期にかけてと大正後期以降は漁獲が少なかった。不漁期や休漁期には，漁業以外にもさまざまな器械潜水の利用がみられた。

　そのひとつが，第三海堡建設工事である。近代以降の東京湾の要塞地帯化に伴い，富津地区では明治期から大正期にかけて，砂州に元洲砲台や富津射場，富津沖には砲台を備えた人工島である第一海堡や第二堡塁，第三海堡が建設された。このうち，1914（大正3）年頃の第三海堡建設工事には，富津地区の人びとが多く従事した。この工事は横須賀市の地元有力者である永島家が請け負ったもので，浦賀町走水地区（現・横須賀市）で石を切出して第三海堡まで輸送し海中に投石するという内容であった。永島家の作成した「原籍記」や「諸備夫賃金支払帳」という工事従事者に関する資料をみると，「器械潜水夫」すなわち富津地区の器械潜水従事者が確認できたもので11人参加し，「潜水夫」すなわち素潜りによる潜水従事者も富津地区から多数の参加者がみられた。また「持人」という，船上でポンプやゴム管を操作して海中の器械潜水従事者に送気や合図を送る綱夫とみられる職種にも，富津地区より6人参加した[18]。器械潜水従事者が海中で投石を整備し，素潜りによる潜水従事者が海中作業を，綱夫が器械潜水従事者の動きをそれぞれ補助していたとみられる。第三海堡は水深10尋（約18m）以下と，「中ノ瀬」よりもさらに深い水域にある。器械潜水が導入されたからこそ，このような深い海域での工事に従事できたといえよう。

　一方，1923年の関東大震災以降，タイラギやミルクイの漁獲が減少したことに加え，

資源保護のため11〜4月に漁期が設定された。また，富津地区周辺での軍事施設の建設工事も大正後期にはひと通り竣工しており，施設維持のための工事の需要はあるものの海中作業の需要が低下していた。そこで，近代後期以降，夏季の休漁期には富津地区から北海道へホタテガイ漁の出稼ぎに従事した。ホタテガイ漁出稼ぎは，富津地区出身の大嵩定吉が大正初年に従事したことを契機として始まり，大正期や昭和前期を中心に，現在の北方領土にある国後島や歯舞諸島の志発島へ赴いた[19]。北海道周辺は海水温が低く，もともと素潜りによる潜水漁業が存在しなかった（図2）。深い水域での漁場拡大という点に加え，器械潜水では潜水服やヘルメットを着用することで水中での体温低下が緩和されることも，北海道への出漁を可能とした要因といえる。一方，1939（昭和14）年頃における国後島や志発島の漁業を確認すると，国後島や歯舞諸島ではホタテガイの漁獲や加工もみられたが，国後島では総漁獲量の7割，歯舞諸島では9割が昆布であり，昆布加工品の製造が盛んであった[20]。一方で昭和前期の国後島や志発島におけるホタテガイ漁の比重は大きくなく，富津地区からのホタテガイ漁出稼ぎは試験的な側面を多分にもっていたと推察される。

休漁期における器械潜水の漁業以外への活用は，富津地区に限らず各地でみられた。『潜水労働者に関する調査』には，1931年頃の千葉県における器械潜水従事者の出稼ぎが記されている（表1）。北海道へのホタテガイ漁出稼ぎは，富津町に加え神戸村（現・館山市）や豊浜村（現・勝浦市）でもみられた。また，浪花村（現・いすみ市）や富

表1　器械潜水従事者の出稼ぎ

町村	従事者数	出稼者数	季節	出稼先	業務
君津郡富津町	16	36	7〜10月	北海道	帆立貝捕
安房郡保田町	1	1	春〜夏	白浜，七浦	機械潜水
安房郡神戸村	4	4	5〜10月	北海道	帆立貝
安房郡富崎村	21	11	4〜9月	青森，北海道，神奈川	鮑類捕，築港引揚
安房郡長尾村	103	135	年中	全国各地	築港外海事
安房郡白浜村	36	40	2〜10月	長崎，神戸，北海道，樺太	築港工事
安房郡七浦村	3	3	4〜9月	相模灘，逗子，鎌倉	鮑採捕
夷隅郡興津町	5	5	7〜9月	小湊，大原	潜水
夷隅郡豊浜村	8	3	7〜10月	北海道	帆立貝捕
夷隅郡浪花村	8	5	春〜秋	北海道	採鮑
夷隅郡太東村	—	1	4〜10月	大原町	採鮑

（『潜水労働者に関する調査』により作成）
注）単位は人，—はデータ欠を示す。性別はすべて男性である。

崎村（現・館山市）では北海道や青森県へアワビ漁出稼ぎに従事している。富崎村や長尾村，白浜村（現・南房総市）ではアワビ漁に限らず，全国各地で「築港引揚」や「築港外海事」，「築港工事」すなわち海中作業に従事しており，長尾村や白浜村ではほぼ通年化していた。さらに，千葉県などからアメリカ合衆国へのアワビ漁や，四国地方や九州地方から朝鮮半島へのアワビ漁をはじめ，器械潜水従事者は海外を含む各地へ出漁した[21]。深い水域に長時間潜るという技術を活かすことで，器械潜水の各地への進出とさまざまな活用が見受けられた。

おわりに

　このように，富津地区では器械潜水の導入により漁場の垂直的拡大が可能となり，これまで入ることのできなかった深い水域にも漁場という認識が付与されることで，タイラギやミルクイ漁のような新たな漁業が生まれた。また，深い水域に長時間潜る技術は，第三海堡建設工事のように漁業以外の新たな産業に従事する機会を生み出し，北海道へのホタテガイ漁出稼ぎという漁場の平面的拡大にもつながり，富津地区の人びとの行動範囲を拡大させた。

　しかし，深い水域に長時間潜ることは，利点だけでなく新たな課題も生じる。たとえば，深く潜るとこれまで経験したことのない水圧を受け，潜水病という新たな疾病が発生したが，本章では十分検討できなかった。また，深い水域に長時間潜るという技術はその特殊性ゆえにさまざまな産業振興につながったが，現代のダイビングがそうであるように，素人であっても潜水服とヘルメットを着用して多少の訓練を経れば従事できるという側面もある。加えて，現代では人が潜られない深い水域を探査できる機械が開発され，化石燃料など海洋資源の開発や新種の深海魚の発見など新たな展開がみられる。器械潜水の技術の位置づけや器械潜水の導入に伴う地域変化について比較検討を進めることで，海域利用の垂直的拡大と人びとの生活変化の総体的な解明へとつなげられよう。

注
1) 本章では，潜水服や金属製ヘルメットを用いた潜水を「器械潜水」と記す。なお，器械潜水は「ヘルメット潜水」という場合もあるが，本章では人文地理学や隣接分野先行研究での語彙の使用状況を勘案し「器械潜水」を用いる。

2) 大喜多甫文『潜水漁業と資源管理』古今書院, 1989, 144-149 頁.
3) 斎藤高保編『潜水業』建築書院, 1905, 39-41 頁.
4) 千葉徳爾・山口昭博「大東崎器械根の発見と利用－技術と空間の拡大－」歴史地理学紀要29, 1987, 167-181 頁.
5) 前掲 2) 28-113 頁.
6) ①吉原友吉「明治初年における採鮑業への潜水器の導入について」東京水産大学論集 7, 1972, 23-53 頁. ②大場俊雄『房総の潜水器漁業史』崙書房, 1993, 7-22 頁.
7) 千葉県学務部社会課編・発行『潜水労働者に関する調査』, 1931.
8) 前掲 2) 144-149 頁.
9) 前掲 3) 26-28 頁.
10) 徳島県の器械潜水従事者による阪神地方への海中作業については, 以下の論考が参考になる. 磯本宏紀「漁民移動にともなう技術継承と技術伝播－伊島漁民による器械潜水技術を中心にして－」日本民俗学269, 2012, 1-34 頁. 千葉県から京浜地方への海中作業については, 本章2節3項を参照されたい.
11) ①織本泰爾編『富津漁業史』富津文庫編纂所, 1911, 237-239 頁. ②富津町青年会編・発行『富津志談』1912, 6-10 頁.
12) 織本泰編『富津漁業組合資料』国書刊行会, 1983 (1928), 177-178 頁. 富津市史編さん委員会編『富津市史 通史』富津市, 1982, 975 頁なども同説をとっている.
13) ①農商務省水産局編・発行『水産調査報告 第9巻第1冊』, 1901, 85 頁. ②農商務省水産局編・発行『水産調査報告 第8巻第2冊』, 1900, 69-70 頁.
14) 前掲 6) ① 51 頁. 前掲 6) ② 90-94 頁. 前掲 13) ① 85 頁.
15) 前掲 13) ① 71-72 頁.
16) 前掲 11) ① 77 頁, 88-94 頁.
17) 富津町役場編・発行『富津案内』, 1929, 10-11 頁.
18) 花木宏直・山邊菜穂子「東京湾要塞地帯における第二・第三海堡の建設と住民の対応－横須賀・永嶋家にみる富津漁民との関わり－」歴史地理学野外研究14, 2010, 1-30 頁.
19) 富津の漁業史編さん委員会『富津の漁業史』富津市富津漁業組合, 1981, 164-168 頁.
20) 小林武二『千島 日本復帰を世界に訴える』千島返還懇請促進連盟, 1950, 137-141 頁に所収された北海道水産物検査所調査資料に漁獲高の記載がある. 加工品については以下の資料を参照した. 北海道水産物検査所編・発行『北海道主要水産物生産高 昭和14年中』, 1940.
21) 大場俊雄「米国のアワビ漁業に潜水技術を導入した小谷源之助と千葉県出身漁業者」地方史研究26-5, 1976, 12-19 頁. 河原典史「植民地期の朝鮮における水産加工業－缶詰製造業を中心に－」(山根拓・中西僚太郎編『近代日本の地域形成 歴史地理学からのアプローチ』海青社, 2007), 231-246 頁. 河原典史「植民地期の朝鮮・済州島城山浦における日本人の活動」(平岡昭利編『離島研究Ⅲ』海青社, 2007), 36-48 頁. 磯本宏紀「潜水器漁業の導入と朝鮮海出漁－伊島漁民の植民地漁業経営と技術伝播をめぐって－」徳島県立博物館研究報告18, 2008, 35-55 頁.

| コラム3 | 漁場としてみた沖縄沿岸の自然環境 | 花木 宏直 |

　多くの人びとにとって，沖縄といえば白い砂浜の向こうに透き通った青い海が広がり，海中には色とりどりのサンゴや魚類が生息する美しい海浜景観がイメージされよう。沖縄の海はビーチリゾートやダイビング・シュノーケリングの適地として多くの観光客を集めている。一方，農林水産省の行った 2016（平成 28）年度『海面漁業生産統計調査』によれば，全国の海での漁獲量 326 万トンに対し，沖縄県は 1.6 万トンと，海に面した 39 都道府県中 32 位であった。沖縄の食文化をかえりみても，魚食よりもむしろブタやランチョンミートなど肉食の比重が大きく，魚食では生魚というよりツナなど缶詰やサンマ，サケ，サバなど冷凍魚，加工魚の需要が多い[1]。沖縄は島嶼県でありながら漁業や魚食が盛んでないのか，その自然条件に注目し検討してみたい。

　そもそも沖縄地方にみられるような透明度の高い海は貧栄養海域にあたる。その形成要因として，島嶼には大河川が存在しない。また，琉球列島は沖縄本島中南部や宮古諸島，石垣島北部と西表島を除く八重山諸島，大東諸島などで隆起サンゴ礁の低島が卓越し，表流水を得にくい。そのため海域への河川の流入量が少なく，地先海域においても窒素やリンなどの栄養塩類が不足し，植物プランクトンや動物プランクトンの増殖が抑制されることで，魚類のエサ不足が発生する。よって沖縄県は全国的にも漁獲量が少なく，沖縄特有の魚種には県魚グルクン（タカサゴ）をはじめ脂質の少ない白身魚が多い。これらの魚種は淡白な味覚のため本土市場での価値が低く，地域住民や観光客向けの需要が主となっている。本書第 8 章で扱った東京湾のような本土の大都市近郊の海域は，河川や生活排水の流入量が多い。富栄養化が進みすぎて赤潮など環境問題も発生するが，魚類のエサが豊富なため漁獲量が多く，多様な魚種が生息している。そして，「江戸前」の魚類は脂質が多く濃厚な味覚をもつため市場価値も高い。

　ところで，沖縄県の魚種別漁獲量をみると，「その他」すなわちグルクンなど沖縄特有の魚種の漁獲量は案外少ない（図 1）。昭和期以前はカツオ漁やカツオ節製造業が隆盛し，南洋諸島へも盛んに出漁した。また，現在はカツオではなく，マグロの漁

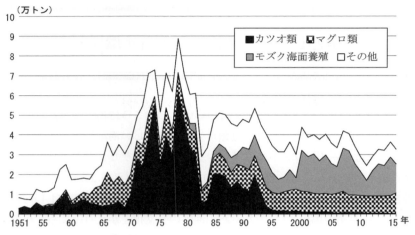

図1　沖縄県の漁獲量の推移－1951（昭和26）～2015（平成27）年－
(『琉球統計年鑑』,『沖縄統計年鑑』,『沖縄県統計年鑑』(各年次)をもとに作成)

獲量が多い。

　この要因を探るべく，沖縄本島南部にある漁業集落の1つ，奥武島（図2，南城市玉城奥武地区）を遠望した図3をみてみよう。島の奥には白波が列状に立っており，これは礁原の先端にあたる。琉球列島の周辺海域では表面海水温が高く，貧栄養ゆえ海域の透明度も高いため，サンゴ礁が形成されることは周知の通りである。礁原にはさまざまな魚介類が生息し，地域住民は日常食の確保のため漁撈採集の場に利用してきた。しかし水深が比較的浅く，大型船の発着は難しい。また，隆起サンゴ礁の低島では海岸段丘や丘陵もみられるが，おおよそ標高が低く平坦地が展開する。琉球列島には台風や強い海風が吹くが，低島は防風の機能にも乏しい。つまり，琉球列島沿岸は総じて天然の良港とはいえない。港湾を大型化しようとしても，島嶼であるため資材や建機，資金確保が難しい。これらの要因に加え，第二次世界大戦後は本土漁業基地の隆盛や200海里漁業水域の設定もあり，沖縄県のカツオ漁は衰退し，しだいにマグロ漁へと転換した。沖縄県のマグロ漁は遠洋漁業ではなく，「パヤオ」という浮魚礁を利用した

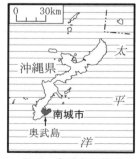

図2　奥武島の位置
(沖縄県南城市)

図3 沖縄地方の漁業集落の立地例（南城市玉城奥武）
（2018年7月，著者撮影）

沖合漁業で漁獲される。県産マグロは沖縄地方で「シビ」や「キメジ」などと呼ばれる全身赤身でトロのない幼魚が多く，やはり地域住民や観光客向けの需要が主となっている。このように近代以降の沖縄地方では，漁業に適した地理的条件に恵まれないなかで，沿岸漁業による白身魚以上に，遠洋漁業や沖合漁業による赤身の回遊魚を主に漁獲してきた。

現在の沖縄県では，カツオ漁やマグロ漁よりもモズク海面養殖が盛んに行われており，本土へ大量に移出し海外輸出も試行されている[2]。奥武島でも現在，沖合でのマグロ漁やイカ漁，モズク海面養殖などに従事し，モズク天ぷらが名物のひとつとなっている。さきに琉球列島の地先海域には礁原が広がり，水深が浅いため天然の良港とはいえないと指摘した。しかし，礁原内には「イノー」と呼ばれる礁湖が形成され，その内側は波が比較的穏やかである。港湾の立地に不適とされたサンゴ礁の存在によって，琉球列島では外洋に面しながらも養殖業の隆盛が実現している。

沖縄の海は観光業には好適であるが，地形でみれば養殖業以外の漁業には適さない。ゆえに沖縄は島嶼でありながら漁業や魚食が盛んでないという地域特性が形成された。沖縄の海を多面的な視角でとらえることで，さまざまな特性がみえてくる。

注
1) 林紀代美「沖縄の人々はサンマ・サケをどう受け入れてきたか？ －食材の普及，流通，消費にみられる地域性－」E-journal GEO8-1, 2013, 96-118頁。
2) 砂田智裕「沖縄県における特産品の販路開拓に関する一考察 －モズクのフードシステムに着目して－」沖縄地理16, 2016, 27-40頁。

コラム4　開業助産師の活動と施設分娩への変化

金﨑 美代子

　今日では，産婦人科医のいる病院や診療所で出産する場合がほとんどである。しかしながら，過去のさほど遠くない時代には，自宅に助産婦（現在の呼称は助産師）を呼んで出産するのが当たり前の時代があった。

　出産時の立会者をみると，全国平均で，1950（昭和25）年には，助産婦が90％と圧倒的に多く，医師は5％にとどまっていた。しかし，助産婦の割合は1960（昭和35）年には56％，1965（昭和40）年には29％にまで減少した。これに対し，医師の割合は1960年には42％，1965年には70％へと増加していく。全国における病院・診療所・助産所を含めた施設内出生の割合は，1950年には5％であったが，1960年には50％に達し，1967（昭和42）年以降は90％を超えるようになった。もっとも，1960年当時の施設内出生割合には市部と郡部との地域差が大きく，市部で64％に対し，郡部では27％にとどまっていた。とはいえ，日本における出産をめぐる状況は，1960年代前半を大きな画期として，助産師から医師へ，自宅での分娩から施設分娩へと急速に移行したといえる。

　筆者は，茨城県筑波郡谷田部町（現・つくば市谷田部，図1）で，1948（昭和23）年から1980（昭和55）年まで開業助産師として活動したある女性を対象に，彼女の助産活動と施設分娩への移り変わりについて聞き取りを行い，卒業論文にまとめた。旧筑波郡では，助産師の立会割合は，1951（昭和26）年には95％を占めたが，1962（昭和37）年には53％，1965年には27％にまで減少した。また施設内出生の割合は，1962年の42％から1965年には67％まで増加した。

　彼女が開業した当時は，開業助産師ごとに個々の"領分"のようなものがあり，従来から別の開業助産師が活動していた地域に開業した彼女は，旧谷田部町のほか，その助産師が扱わない地域に出向いて活動することも必要となった。その当時，衛生管理において不評の助産師もいたなか，彼女は

図1　谷田部の位置
（茨城県つくば市）

徹底した消毒を施したため，そのよい評判を聞きつけて彼女を指名する妊婦もいたという。彼女が開業してからしばらくは，第一次ベビーブームの時代で，取り上げる子どもの数も多かった。この当時の旧谷田部町付近の助産師は，自転車を使用することが一般的であったといい，一日に複数のお産があると，その移動は大変だったという。また，彼女は，妊婦が出産した後も，沐浴などのケアのため，1週間程度は通うことが通常であった。時には，彼女が沐浴用の盥（図2）を持参することもあった。

図2　出産・沐浴に使用した木製の盥（2000年，筆者撮影）

やがて，受胎調節がすすめられるなどし，ベビーブームの時代は過ぎ去って行く。1952（昭和27）年からは，助産師らに対し，「受胎調節実地指導員認定講習会」が実施されるようになり，彼女も同年に認定講習を修了し，1956（昭和31）年には受胎調節実地指導員となった。当時は，出産を終えた女性が40歳を過ぎて望まない妊娠をすることがあったため，受胎調節実地指導員の主な活動は，出産を終えた女性に指導をしながら避妊具を配ることであった。彼女が開業助産師としての活動を記録した「妊産婦取扱簿」（図3）によると，1956年をピークに，彼女の出産立会数は，減少傾向を示していった。

図3　「妊産婦取扱簿」（2000年，筆者撮影）

1958（昭和33）年になると，新生児死亡の減少と当時高率であった妊産婦死亡を減少させるため，また，とくに郡部で著しく低かった施設内分娩を普及させるため，助産施設や医療機関に恵まれない地域を中心に，「母子健康センター」が全国各地に設立されていった。この母子健康センターは，とくに農山漁村における衛生管理の行き届かない自宅分娩や無介助分娩の解消には顕著な成果を上げ，母子保健の改善に寄与した[1]。

旧谷田部町では，母子健康センターが設置されなかったが，全国的な傾向と同様，1960年代を画期として，医師による施設分娩への移行が急速に進んでいった。彼女

の「妊産婦取扱簿」からも，1950年代から1960年代にかけて，取り上げる子どもの数が極端に減少していることがわかる。彼女は，開業助産師としての活動の傍ら，1970（昭和45）年から，町役場の要請で，非常勤の家庭奉仕員として活動することになった。この時期から，彼女は，依頼されたお産を，谷田部市街地にある産婦人科の医師へ紹介するようにもなっていった。さらに1980年以降は，産婦人科の医師のもとで勤務助産師として活動することになっていった。

　長く続いた家での出産という文化が，わずか10年ほどの間に施設内出産に変化していった。施設内出産の普及過程において，助産師は子どもを取り上げるという本来の活動に加え，産児制限の仕事に携わる仕組みになっており，出産自体を減らす役割をも担うようになっていった。その大変化の時代を，一助産師のライフヒストリーに焦点をあて詳細に描くことにより，旧谷田部町という地域での出産をめぐる環境の変化が浮き彫りになる。

注
1) 以下の文献には，1960年代の母子健康センター設立を契機として，家庭分娩から施設分娩へと急速に変化していったことが指摘されている。西川麦子『ある近代産婆の物語：能登・竹島みいの語りより』桂書房，1997。
2) 谷田部の歴史編さん委員会編『谷田部の歴史』谷田部町教育委員会，1975。

第Ⅲ部
集う～観光～

埼玉県川越市（第11章）

上：5万分の1地形図「大宮」（明治39年測図），
　　「川越」（明治40年測図）
左：観光客でにぎわう一番街商店街
　　（2016年撮影）

第9章 世界遺産飛騨白川村における地域イメージの形成とその変容
― 「奇異」から「憧憬」へ ―

加藤 晴美

はじめに ～時代によって異なる白川村のイメージ～

　岐阜県大野郡白川村は険しい山間部に位置する，平家落人伝説が残る隠田百姓村[1]のひとつである。白川村中部に位置する荻町集落は急勾配の切妻屋根を特徴とした合掌造り家屋[2]が保存された山村集落として知られ，合掌造りを中心とした山村特有の歴史的景観として1976（昭和51）年に国の重要伝統的建造物群保存地区（以下，伝建地区と表記）に指定された。さらに1995（平成7）年には「白川郷[3]・五箇山の合掌造り集落」としてユネスコの世界文化遺産に登録されている。

　荻町は白川村内を南北に流れる庄川が形成した河岸段丘上に位置する（図1）。山林が多くを占める白川村のなかでは比較的広い平地を有し，水田や畑地のなかに合掌造り家屋が約60棟点在している。伝建地区指定や世界遺産登録を背景に，白川村は多くの旅行者が訪れる観光地となった。観光客を対象としたガイドブックやパンフレットでは，白川村は「ここでは，どこか忘れていた日本の原風景が見られ昔日の暮らしぶりをうかがい知ることができる」[4]，「人びとが支え合うくらしが残る『心のふる里』」[5]などと語られ，日本の「伝統的」な風景や暮らしが残された「ふるさと」としてのノスタルジックなイメージが喚起されている。現在，荻町を訪れた観光客の多くは集落内を徒歩でめぐり，合掌造りや屋敷林，耕作地（水田・畑地），水路，石垣などによって構成される集落景観を見学する。集落の北端に位置する城跡展望台に登り，集落の全景を眺める観光客も多い（図2）。観光客らは単体の文化財である合掌造りだけでなく，「日本の原風景」・「ふるさと」のイメージを具現化したような集落景観全体を観光の対象としている。白川村に付帯する，合掌造りが残るノスタルジックな地域というイメージは外部者を惹き付けるある種の「観光資源」となり，白川村をめぐる観光業に大きな影響を与えている。

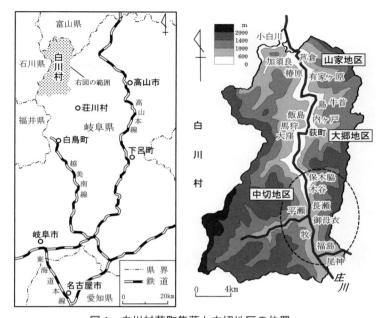

図1　白川村荻町集落と中切地区の位置
注）市町村名と鉄道路線は1936（昭和11）年当時のものを示した。

　ところが，明治・大正期において白川村は現在とはまったく異なるイメージをもつ地域であった。1896（明治29）年，「読売新聞」は日本各地の景勝地や風習を紹介する連載記事のなかで白川村を「奇異特殊」な風習をもつ「別天地」と評し，さらにその風習は「卑猥」で醜く，卑しいものであると記している[6]。また，1930年代に白川村を調査した民俗学者江馬三枝子は，白川村をはじめとする飛騨地域に対する世間の評価として，住民らは「山人」で熊や猿と一緒に暮らしている，節操や道徳のない「放縦」な女性が多い[7]と噂されていることを記した。白川村に対するこれらの言説は，「日本の原風景」としてのイメージをもつ現在の白川村と，「奇異」で「卑しい」生活文化をもつ「別天地」としての明治・大正期の白川村というように，ひとつの地域でありながら時代によってまったく異なるイメージが存在する場合があることを示している。

　明治期から現在までの間に白川村に対するイメージの変容があったと考えられるが，その転換はいつごろどのようなことを契機として生じたのであろうか。地域外に

図2　城跡展望台からみた荻町集落の景観
（2009年7月，筆者撮影）

おけるさまざまな価値観の変化や地域の人びとによる活動がどのようにイメージの形成と転換に関与していくのか，おもに明治後期から昭和前期を対象として提示してみたい。

I.「別世界」としての白川村

　明治後期から昭和前期にかけて，白川村は南部の中切地区において盛行した「大家族制」によって注目された地域であった（図1）。白川村の大家族制では十数人から数十人の血縁者を中心にひとつの家族が構成されていた。その最大の特徴は，戸主および家督を継ぐ嫡男以外の傍系家族員に分家独立や法的な婚姻を許さず，生家からの他出を認めなかったことである。そのため傍系家族員は生家で暮らしながら男性が他家に通う「ヨバイ」（ツマドイ婚）によって事実上の婚姻を成立させることが多く，出生した子どもは母のもとで養育されるのが通例とされていた。

　大家族制は明治・大正期の新聞や雑誌においてたびたび取り上げられた。こうした記事中では白川村は山々によって隔絶された「別世界」として描かれることが多く，生活文化の特異性が強調されている。たとえば，1910（明治43）年に「東京毎日新聞」

に連載された紀行文「雪中の秘密境」は、記者が危険な山道を越えて白川村へたどりつく冒険談として描かれ、白川村は非常に奇異な風俗言語が残る「秘密境」とされた [8]。これらの記事ではとくに大家族の傍系家族員の生活に対する関心がみられ、彼らは家長に「牛馬」のように使役される哀れな存在と評されることもあった [9]。また、白川村の女性は 13 〜 14 歳のころから「ヨバイ」に来る男性をもつのが当たり前であり [10]、複数の男性の子を産んだ女もあるといった風聞を記す [11] など、大家族の婚姻形態は近代的な性規範や家族の概念から逸脱した風習と受け止められて侮蔑的な視線にさらされることがあった。また、住民らは無教育で世間知らずなために「奴隷」のような境遇に甘んじているとされた [12]。白川村は奇異な生活文化をもつ後進的な地域と認識され、好奇の対象となっていたのである。また、この時期には家屋に対する記述はほとんど見られず、合掌造りを文化財とみなす視線は皆無であった。

　しかしながら、かつて好奇のまなざしにさらされた白川村の大家族制は、近年では隔絶山村の生活環境に適合した生活システムのひとつとして解釈されることもある [13]。白川村では江戸時代より焼畑や林産物利用、養蚕および商品作物の栽培など、山村の環境に適した生業を複合的に組み合わせた生活が営まれてきた。大家族制が最もさかんにみられた中切地区は村内でも平地が少なく土地開発が困難であり、養蚕がおもな生業基盤となっていた。耕地を得難い地形的条件のもと養蚕をはじめとする労働集約的な商品生産を維持するため、労働力を生家につなぎとめる手段として大家族制が生み出されたと考えられている。

　明治・大正期における白川村への好奇のまなざしは、明治期以降、都市部を中心に急速な近代化・西欧化が進展するなかで形成されたものであった。白川村への差別的な認識は、西欧から導入された「文明」と「未開」という新たな観念にもとづくものであり、書き手が自らの属する都市社会を「文明的」と位置づけ、その価値基準にもとづいて白川村を劣った社会とみなそうとする意図をみることができる。平地社会・都市社会とは異質な生活文化体系をもつ白川村は「近代」の規範から逸脱した後進地域と考えられたのである。

II．イメージの変容と地域社会

(1) 観光開発と白川村

　白川村をめぐっては、しばしば 1935（昭和 10）年に白川村を訪問したドイツ人建

築家ブルーノ・タウトが合掌造りを評した「合理的であり論理的であるという点においては、日本全国を通じてまったく独特の存在」[14]という言葉が引用される。世界遺産への推薦書においてもタウトの評価が引用されたほか、ときには白川村が「タウトによって『発見』された」[15]と表現されるほど、白川村や合掌造りの文化的価値を裏づけるものとしてタウトの存在が強調されることもある。しかしながら、実際にはタウトの評価のみによって合掌造りが「発見」され、白川村に対するイメージが大きく変わったということはできない。

　白川村に対する差別的なイメージに明確な変化が現れるのは、昭和前期のことであった。昭和前期は都市化・工業化による生活変容を背景として、失われつつある地方の「伝統的」な文化への関心が高まった時期であり、郷土教育の普及や日本民俗学の創始者として知られる柳田國男らによる民間伝承の会創設など、「郷土」を知るための学術的な枠組みが構築された[16]。一方、白川村が属する飛騨地域では1935年に岐阜と飛騨高山を結ぶ国鉄高山本線が全通した。地域社会で長く待望されていた高山本線の開通は、飛騨地域における林産業や観光開発の急速な発展をもたらしたとされる[17]。こうした状況を背景に、飛騨地域に居住する地方知識人らから、白川村の文化を積極的に評価する言説がさかんに発信されるようになる。

　飛騨南部に位置する下呂町では、高山本線開通を意識して外部資本の参入による大規模な温泉開発が開始された。旅館の開業が相次ぎ、そのひとつである湯之島館は支配人久保太四郎が「日本に名所が又一つ」をキャッチフレーズとした積極的な宣伝活動を展開したことで知られる。1933（昭和8）年、久保は名古屋放送局に勤務する鬼頭素朗、時任為文らを中心として「郷土資料調査会」（以下、調査会と表記）を結成した。この活動のなかで白川村は飛騨を象徴する場所として特別視され、案内書『飛騨白川郷異聞』の刊行や白川村をテーマにしたラジオ番組の全国放送が行われた。

　表1には、調査会による出版物から白川村に関する特徴的な記述を示した。これらのなかで白川村は神秘的な自然美のなかに「日本固有の遺風」が残る地域とされている（ⅰ）。明治・大正期にも白川村の風習を「古代の遺制」とする見方は存在したが、ここではその「古さ」は好奇の対象となる「後進的」なものとしてではなく「郷土色豊か」、「クラシックの世界へ導」く、憧れをともなうものとして表現される（ⅰ）。かつては教育を受けていない「愚か」な人びととされた白川村の住民は清廉で「淳朴」な人びととされ、それが「美風」として賞賛された（ⅱ）。明治期には恥ずべき習慣

第 9 章　世界遺産飛騨白川村における地域イメージの形成とその変容　119

表 1　郷土資料調査会刊行物にみる白川村の記述

番号	記　　述	出典
i	まだ世に現はれてゐない日本固有の遺風が各所に見出されることは，うれしいことである。交通文化に久しく取り残された為めに，あの神秘的な山稜渓谷の自然美の中に，汲めどもつきない興味と研究の対象を発見して，吾々をどんなにうれしく感じさせることであろう。(中略) そこに融然と描き出される郷土色豊かな独自の世界から，飛騨のみに残る前代日本人が創造した信仰や習慣の遺風を見出して，吾々の心を遠く，クラシックの世界に導くのである。(p1)	①
ii	住民は一般に昔から相互の交情細やかで，恰も一部落が親戚のような親しさをもち気風も大変淳朴で，いやしくも虚言や詐術を弄して人を欺瞞するような者があれば忽ちこれと絶交して共にいるを屑とする美風がある。(p2-3)	①
iii	一度契を交わせば倶に白髪が生えるまで意を変えない。これなどは最近流行する桃色遊戯の常習者とか，結婚解消を平気でやらかす紳士淑女諸君が自ら省みて大いに恥ずる点であろうと思う。(中略) 一月二三回の会合が彼等ロメオ，ジュリエットに取って如何ばかり楽しく待ち遠しいことであるか。彼らはかくしていついつ迄も恋愛を更新して不変の情愛を深め行くのである。(p10)	①
iv	古い日本の桃源郷，神秘境を以てうたはれる本村は，山秀で水清く至る処風光絶佳，殊に白水の滝は白煙轟々として霧を呼び起こし実に天下の一偉観であります。且，往古そのままの姿を残している大家族制は本村尾神より保木脇に至る処，所謂中切地方に現存し都会人士の憧憬の的となっております。(p14)	②
v	白川村の風習は，九州五箇荘，越中五箇山にも優る古代日本の遺風を守る地として，そして又次第に寄する文化の波に，やがてなくなってしまうであろう珍重すべき対象として，郷土研究や社会学者などの研究台にのせらるる，好個の資料を提供してくれる。(p25)	③

注) 出典は以下の通り。① 時任為文『白川郷異聞』郷土資料調査会，1933。② 鬼頭素朗編『本邦古代の奇習　飛騨白川大家族を語る』郷土資料調査会，1935。③ 時任龍南「奥美濃から白川へ」郷土4-10，1936，18-26 頁。)

とされた大家族の婚姻形態は，都市の堕落と比較されて「ロメオ」と「ジュリエット」のような純粋な恋愛の形として理想化された（iii）。白川村は「古い日本の桃源郷」，「都会人士の憧憬の的」（iv）とされ，日本の古い文化が残された憧れの桃源郷というイメージが喚起された。さらに，郷土会の記述には白川村の風習を「汲めどもつきない興味と研究の対象」（i），「好個の資料」（v）など，学術的な関心の対象とするものがある。

　昭和前期における飛騨地域の観光開発のなかで，白川村は「古い」文化が残る価値ある場所と位置づけられた。理想的な桃源郷として，あるいは「都会人」による憧憬の対象としての地域イメージが強化され，それが案内記やラジオ放送を通して外部の人びとへ発信されていったと考えられる。

(2)　郷土研究と白川村

　「調査会」の言説にもみられた白川村に対する学術的観点からの評価は，飛騨における郷土研究のなかでさらに高められていった。プロレタリア作家として知られる江

馬修が妻・江馬三枝子とともに故郷の飛騨高山で1934（昭和9）年に創設した「飛騨考古土俗学会」（以下，土俗学会）は昭和前期の飛騨地域における代表的な郷土研究団体であり，雑誌『ひだびと』を刊行した。土俗学会の活動は教養や趣味として郷土研究に関心をもつ高山在住の富裕層，文化人層をおもな担い手として開始されたが，1936（昭和11）年ごろから柳田國男を中心とする民間伝承の会とのつながりを強めることによって，全国各地の研究者らとの学術的なネットワークを構築した。

　土俗会学は民間伝承の会を介したネットワークを通して，柳田國男を招聘して講演会を開催したほか，民俗学者である橋浦泰雄や大間知篤三など民間伝承の会の中心的な研究者の来訪時には懇談会や講演会を開き，彼らから郷土研究に関する知識と情報を得た。一方，各地の研究者や郷土研究に関心をもつ学生，文化人らが飛騨を来訪する際には江馬夫妻らが調査や見学に同行し，現地の案内や調査の補助を行うなどの協力を行っていた。土俗学会は高山において郷土研究に関心をもつ現地の人びとを統合しつつ，外部の研究者らから影響を受けるとともに，現地と外部とをつなぐ仲介者となって飛騨の文化を発信する存在となっていったのである。

　土俗学会は飛騨地域を山間に位置しているために他地域では近代化によって失われてしまった「古い」文化を保存してきた地域と評価し，白川村の大家族制は飛騨の代表的な文化のひとつと位置づけた。大家族制に対する調査・研究を積極的に行い，江馬三枝子は1937（昭和12）年から，白川村木谷集落における大家族の生活についての報告を『ひだびと』に連載した。江馬の成果の最も大きな特徴は，木谷における大家族の生業，婚姻形態，衣食住，年中行事，離村者の状況などを詳細なモノグラフとして記述していったことであり，それまで好奇のまなざしにさらされてきた大家族の暮らしの実態が広く知られるきっかけとなった。

　「中央」の研究者らからも土俗学会に対して白川村研究を求める風潮があり，たとえば大間知篤三は『ひだびと』において白川村における民俗調査の乏しさを指摘して『ひだびと』同人らに対して白川村調査をうながした。江馬の木谷調査に対しては柳田國男に近い研究者らからも反応があり，大間知や社会学者として知られる有賀喜左衛門から質問の書簡が送られ，江馬は『ひだびと』誌上でこれに回答している。土俗学会は各地の研究者らとの交流を通して大家族制をはじめとする白川村の文化的価値を発信し，白川村は郷土研究の好適地として位置づけられていったのである。

(3) 旅行記にみる白川村への旅

　観光開発や郷土研究における「古い日本」としての白川村への関心の高まりを背景に，昭和前期には白川村への旅行者が徐々に増加していた。明治期には高山から白川村へは徒歩で2日間を要していたが，1935年ごろまでに白川村へは高山や白鳥町（現・郡上市）などから乗合自動車が定期的に運行するようになり，高山から白川村までの所要時間は約5時間に短縮された。交通条件の改善は高山本線や太田町（現・美濃加茂市）と白鳥町を結ぶ越美南線の開通とそれに連動した乗合自動車連絡網の形成に起因するものであり，名古屋などの太平洋側大都市と白川村とのつながりが強められていった。そのため，名古屋方面から高山を経由した外部者の来訪や滞在がそれ以前よりも比較的容易になったと考えられる。これを裏付けるように，1936年に江馬三枝子は「飛騨と云へば誰でも白川村と思うくらゐ，白川村はいろいろな方面から有名な存在になった。事実，年々白川方面への訪問者は非常に多数にのぼるらしい」[18]と記している。

　白川村中切地区に位置する平瀬尋常高等小学校が刊行した『郷土読本』[19]に掲載された1932（昭和7）年夏期の「白川大家族制視察者」の記録によれば，約1か月の間に白川村へは10組，20人近い「視察者」があった。ただしこれらの旅行者は一般的な観光客ではなく，教師や学生，新聞記者などであった。『ひだびと』，『郷土』，『旅と伝説』等に掲載された旅行記からは，昭和前期における白川村旅行の具体的な行程がうかがえる（表2）。ほとんどの旅行者は高山，白鳥などを起点に乗合自動車やバ

表2　白川村における旅行者の行動

掲載年	執筆者	掲載雑誌	タイトル	村内宿泊日数と場所	村内の立ち寄った集落	交通手段 出発点	交通手段 利用機関	仲介者
1935年7月	近藤雅彦	郷土	日本の屋根を往く	1泊（大白川温泉）	御母衣	高山	自動車	
1936年10月	瀬川清子	旅と伝説	飛騨白川見聞記	2泊（飯島・御母衣）	椿原・有家ヶ原・御母衣	城端	トラック	
1939年5月	岩井三郎	旅と伝説	飛騨白川郷探訪記	2泊（平瀬）	平瀬・木谷・島・鳩谷	白鳥	バス・タクシー	平瀬尋常高等小学校校長
1941年12月	藤間生大	ひだびと	野麦峠を越えて白川村へ	1泊（荻町）	御母衣・木谷	高山	バス・乗合自動車	江馬夫妻
1943年8月	鈴木棠三	ひだびと	白川村瞥見	2泊（平瀬）	御母衣・長瀬・木谷・稗田	高山	バス	江馬修

　注）紀行文は，原則として『ひだびと』，『郷土』，『旅と伝説』に掲載されたもののうち，白川村内における旅程が明確に記されているものを取り上げた。「仲介者」とは紀行文の筆者に対し，白川村への旅行を案内，調査の手助け，情報提供などを行っている者を示す。交通の「出発点」とは白川村入りする前の目的地を示す。出典の詳細は加藤（2011）を参照。

スなどを利用して白川村を来訪しており，交通条件の改善が外部者の来訪を容易にしたことを推測させる。旅行者が立ち寄った集落は，御母衣，木谷といった白川村南部に集中しており，現在世界遺産に登録され観光地化している荻町を主要な目的地とした旅行者は存在しなかったことに注意したい。

　これはおもに大家族制に対する関心によるものである。表2では，民俗学者瀬川清子は大家族の典型例として明治後期よりたびたび取り上げられていた御母衣の遠山家に宿泊し，藤間や鈴木などは江馬の調査対象となっていた木谷も訪れている。こうした行程は，江馬の「殆ど自動車で白川村へ入り，大体御母衣の遠山家をひと渡り見るか，平瀬あたりで一泊するかして，同じコースをまた自動車で帰られる向きが多い」[20]との記述を裏づけている。この時点で，旅行者にとっての白川村の価値とは，合掌造りの家屋やそれを含む集落景観ではなく，第一に大家族制であった。そうした旅行者の関心は，大家族制が最もさかんであった中切地区を目的地とする行程にも反映されている。

　前述のとおり，現在の白川村に関する研究やメディアなどでは，白川村の合掌造りは建築家ブルーノ・タウトによって「発見」されたとするテクストも存在している。タウトの白川村来訪は1935年5月のことであり，その様子は『日本評論』同年11月号に掲載された。昭和前期においてタウトの白川村来訪に言及しているものとしては，社会学者有賀喜左衛門の「タウト氏の観た白川村」がある。このなかで有賀は「白川の民家がタウト氏によって新しく見直されたといふことは我々の深く記憶すべき事である」[21]と述べているが，同時代の他の文献においてタウトに言及しているものは少ない。民間伝承の会ともかかわりをもつ藤間生大や鈴木棠三はそれぞれ1941（昭和16）年，1943（昭和18）年に白川村を訪れているが，旅行記のなかでタウトに言及することはなく，むしろ江馬夫妻を中心とした土俗学会の影響がうかがえる。たとえば，鈴木の場合は高山で江馬修から白川村についての説明を受けて白川村へ向かっており，江馬三枝子の調査地である木谷を訪れて大家族の生活を見聞した。藤間はもともと白川村行きの予定はなく，高山にて江馬夫妻に面会した際，そのすすめによって白川村への旅行を決めたという。土俗会のメンバーは白川村への旅行者に対して案内や情報提供を行っており，実際に土俗学会の活動に触発されて白川村を来訪した研究者が存在したことが確認できる。

　タウト自身の白川村来訪の経緯をみていくと，タウトの要望を受けて白川村旅行を

計画したのは，建築家で民家研究者でもある竹内芳太郎であったことがわかる。タウトの白川村旅行を設定した竹内は合掌造りに関する論考を 1923（大正 12）年に発表した人物であり，江馬夫妻とも交流があった。これらを考慮すると，タウトの白川村への来訪自体が，昭和前期の日本人による白川村への文化的評価の高まりを前提として導かれたものであったといえる。また，現在多用されている，白川村の文化的価値の裏づけとしてのタウトの評価は，少なくとも昭和前期には普遍的なものとして確立していたわけではなかった。すなわち，合掌造りに関する「タウトによる再発見」というテクストは，第二次世界大戦後の白川村における合掌造り保存運動や観光開発の過程でさかんに取り上げられ，定着していったものと考えられる。

III．地域イメージの観光開発への活用

　都市生活者にとって憧れの対象となる「伝統的」な生活文化をもつ地域という白川村に対するイメージは，おもに昭和前期において飛騨地域の観光開発や郷土研究の文脈のなかで形成され，外部に発信されたものであった。その背景には，社会全体における伝統的文化への関心の高まりと，それらを学術的に研究しようとする人びとのネットワークが構築されたことがあった。本章では十分に触れられなかったが，昭和前期における「古い日本」の文化を保存する憧れの地域としての白川村の「再発見」は，1960 年代後半以降に本格化した合掌造り保存運動や荻町の観光開発，これらと連動した「ふるさと」イメージの確立の基礎となるものであった。

　1960 年代以降，白川村ではダム開発や集団離村による集落解体などによって合掌造りが急激に減少し，村の内外で注目されることとなった。このような状況のなか，当時村内では比較的多くの合掌造りが残されていた荻町において，地域住民の間で文化財として合掌造りを保存していこうとする動きが生じた。そして 1971（昭和 46）年には荻町の住民組織である「荻町自然環境を守る会」が発足し，合掌造りを「売らない・貸さない・こわさない」ことを掲げた住民憲章が制定された。

　この時期，高度経済成長によって従来の生活様式が大きく変化していくなか飛騨高山や萩，倉敷などの「古い町並み」が観光資源として見いだされ，国鉄による「ディスカバージャパン」キャンペーンや「アンノン族」に象徴される若い女性の旅行ブームを背景に観光開発が進められた。白川村荻町でも合掌造りに観光客を宿泊させる合掌民宿が開業するなど，しだいに観光業へ参入する住民が現れるようになる。荻町で

は 1976（昭和 51）年における伝建地区指定をきっかけとして観光開発への動きが加速し，荻町を対象とした景観の保存条例が定められた。荻町の「観光資源」は合掌造りを含めた山村の景観そのものであり，「伝統」を想起させる景観を維持するために家屋の新築や修繕に関して厳しい制限がある[22]。地域社会におけるこのような努力は，外部から求められるノスタルジックな地域イメージを具現化した集落景観を維持・創出するためのものである。

　かつて大家族の典型例と言われ，明治期からさまざまな研究者や記者らが訪れた御母衣の遠山家は，現在「旧遠山家民俗館」として公開されている。しかし白川村観光の中心となる荻町と比較した場合，遠山家への来訪者ははるかに少数であり，観光という文脈のなかでかつて白川村に対する主要な関心事項であった大家族制が積極的に語られることは少ない。一方，ほとんど注目されることのなかった合掌造りが白川村の「伝統的」な生活文化を象徴する存在として評価され，ノスタルジックなイメージを形成する重要なファクターとなっている。明治期から現在までの白川村に対するイメージの変容に連動して大家族制から合掌造りへという関心の変化が生じ，それによって観光客の来訪目的地が村内南部の中切地区から荻町へと移行したことは重要である。

おわりに

　日本には，白川村のように地域に付帯する特定のイメージとそれを具現化したかのような集落景観が一種の「観光資源」となり，多くの人びとを誘引している地域が多い。たとえば，沖縄県八重山諸島の竹富島はサンゴの石垣に囲まれた赤瓦屋根の家屋が並ぶ集落景観が「沖縄の原風景」として認識され，多くの観光客を集めている。しかしながら，「伝統的」な集落景観の象徴とされる赤瓦屋根の歴史は意外に新しく，1960年代半ばにおいても竹富島の家屋のうち約4割は茅葺屋根であったという[23]。すなわち，竹富島では観光客がイメージするような，赤瓦の家屋が立ち並ぶ「伝統的」な集落景観はじつは過去に存在したものではなかった。それは，町並み保存運動や観光開発のなかで理想的なイメージに沿うように「創造」されたものであったといえる。

　白川村や竹富島のように，ある特定のイメージによって語られる地域は身近な場所にも存在しないであろうか。観光開発や地域おこしをめぐる視点として，外部者を惹きつける地域イメージとはいかなるものか，ガイドブックや新聞・雑誌などの言説を

分析することによって検討することができる。一方，本章で示したように地域のイメージは決して固定的なものではないことが重要である。新聞雑誌や案内記，あるいは紀行文などを過去にさかのぼって分析した場合，過去にはまったく異なる地域イメージが形成されていたことが明らかになる場合があろう。現在と異なる地域イメージが確認されたならば，地域イメージの形成と変容の過程を社会における「まなざし」の変化や地域をとりまくさまざまな事情と照らしあわせて検討することができる。また，地域イメージが地域開発の過程でどのように活用され，あるいはそのイメージに適合する集落景観を「創造」するために，地域社会ではどのような努力がなされているであろうか。こうした視点から地域イメージと地域開発を検討することにより，地域変容のプロセスを文化的な視点からより深く読み解くことができるであろう。

注
1) 中世期に戦乱に敗れた落ち武者などが山間地域の奥深くにのがれ，開発定住したとの伝承が残る村落を隠田百姓村と呼ぶ。
2) 白川村の合掌造り家屋は江戸時代後期から明治期に建築されたものが多く，約60度の勾配をもつ急傾斜の切妻茅葺屋根を特徴としている。こうした屋根の形状は多雪地帯である白川村の自然環境に適合したものとされる。合掌造の内部は3～4層になっており，2層以上は地域の主要産業であった養蚕のための作業場や桑の葉の収納場所として活用された。
3) 江戸時代，白川郷と呼ばれていたのは現在の岐阜県大野郡白川村と旧荘川村（現・高山市）におおよそ相当する地域であり，合計42の小規模な藩政村が存在していた。このうち，白川郷北部の23か村が1875（明治8）年に統合され，白川村が成立した。白川村の集落は北部の山家地区，中部の大郷地区，南部の中切地区に区分されている。現在では「白川郷」という名称はおもに白川村，とくに世界遺産に登録された荻町を意識して使用されることが多い。
4) ブルーガイド情報版『わくわく歩き `05-`06高山・白川郷・奥飛騨・下呂』実業之友社，2005。
5) 白川村役場発行の観光用パンフレット『温故知新』より引用。
6) 読売新聞「本州横断奇談録」，1896年9月16日。なお，本章は加藤晴美「飛騨白川村にみる山村像の変容」地理学評論84-1，2011，22-43頁をもとに加筆修正したものである。引用文献などの詳細については当該論文を参照のこと。
7) 江馬三枝子『飛騨の女たち』三国書房，1941，9頁。
8) 東京毎日新聞「雪中の秘密境」，1910年1月2日。
9) 読売新聞「高山流水」，1904年10月16日。
10) 前掲9)，10月20日。
11) 東京朝日新聞「飛騨の白川」，1917年9月5日。
12) 前掲11)，9月9日。
13) 柿崎京一「資本制成立期の白川村「大家族」の生活構造」村落社会研究11，1975，45-122頁。

14) ブルーノ・タウト，篠田英男訳『日本美の再発見』岩波書店，1939。ブルーノ・タウトは合掌造りのほか京都桂離宮などの伝統建築を評価し，日本人による再評価に大きな影響を与えたことで知られるドイツ人建築家である。
15) 前掲5)。
16) 成田龍一『「故郷」という物語』吉川弘文館，1998。
17) 芳賀登「鉄道敷設運動とくらしの変化」（芳賀登編『山の民の民俗と文化－飛騨を中心にみた山国の変貌』雄山閣，1991），67-94頁。
18) 江馬三枝子「三味線を弾く村男－随筆風に－」ひだびと 4-2，1936，2-5頁。
19) 平瀬尋常高等小学校編・発行『郷土読本』岐阜県立図書館所蔵，1932。
20) 前掲18)。
21) 有賀喜左衛門「タウト氏の観た白川村」ひだびと 4-11，1936，1-8頁。
22) たとえば，非伝統的な家屋を新築する場合には，屋根は合掌造りと調和する濃茶色または黒色の材質を使用するべきことや，伝統的な家屋から6m以上離れて建築するべきことが定められている。
23) 福田珠巳「赤瓦は何を語るか－沖縄県八重山諸島における町並み保存運動－」地理学評論 69-9，1996，727-743頁。竹富島では1970年代以降の町並み保存運動の活発化にともない，非伝統的建造物の新築や修繕の際に赤瓦が積極的に用いられるようになったという。また，景観保全に関するマニュアルが作成され，屋根材だけではなくサンゴの石垣や白砂で覆われた道路，屋敷林の樹種や高さなどさまざまな景観要素に関してもガイドラインが定められている。

第10章 日本における海水浴の受容と海岸観光地の変化
― 単調な砂浜海岸の観光資源化 ―

小口 千明

はじめに ～海岸観光地へのまなざし～

　海や海岸は重要な観光資源のひとつである。しかし，海や海岸が存在するだけでそこに「訪れるべき価値」があるとは限らない。海や海岸の存在とともに，海や海岸に対する人びとの価値づけによってその空間が「訪れるべき価値」をもったりもたなかったりする。このことは，観光というテーマから海や海岸をとらえる場合には，海や海岸に対する人びとのまなざしに着目する必要があることを意味する。そこで，本章では海岸観光地の形成に果たしたまなざしの変化として海水浴という行為に着目し，この行為の進展が日本の海岸観光地にいかなる変化をもたらしたかを検討する。

　さて，読者のかたがたにひとつ問いかけをさせていただきたい。みなさんがいま将来を誓い合うようなたいせつな人と 2 人だけで語り合っているとする。会話を重ねるうちにいっそう心が通じ合い，そのとき，ひとりが相手を見つめて「海を見に行こう！」と誘いかけた。このとき，みなさんが頭に思い浮かべる海の風景とはどのようなものであろうか。

　筆者は教室で 20 歳前後のみなさんへの授業を行うに際し，毎年この問いかけを行ってきた。その結果，合計多数となる受講者の答えを総合すると「晴れて水平線まで見渡せる広々とした砂浜海岸に 2 人だけがいる風景」となる。もちろん多少の個人差があり，2 人が波消しブロックに坐っているとか，夕日が沈みゆく風景を見ているなどという条件が加わる回答もある。しかし，重要なことは大半の人びとのイメージに「明るく開けたビーチ」すなわち「単調な砂浜海岸」が挙げられることである。たとえば「獅子岩などがそびえ立つ岩石海岸」や「緑が美しい大小の島々が浮かぶ湾」などという回答は皆無ではないが，「単調な砂浜海岸」と拮抗するにはほど遠く，きわめて少数派である。このことは，筆者による調査の統計的有効性を数学的に議論するより，実

際に本書の読者各位が思い浮かべたイメージでご確認いただきたい。

　さて，上記で示した「水平線まで見渡せる広々とした砂浜海岸」は，古くから日本人が高く評価する風景であったかと考えると，必ずしもそうとはいえない。古歌に詠まれる田子の浦は開けた海辺の風景といえるが，海上に富士山が見えてこそ歌のモチーフになる。名所図会や浮世絵で単調な海岸線だけが描かれた図柄を見つけ出すのも難しい。江戸時代の日本人が好んだ海岸風景の例として日本三景を検討してみる。日本三景は江戸時代に流行し今日も名所になっている景勝地で，松島（現・宮城県），天橋立（現・京都府），宮島（現・広島県）をいう。松島は多島海，天橋立は砂嘴，宮島は海中の鳥居や海べりに建つ社殿といった珍しさによる変化に富む海岸風景が評価されており，各所とも瑞巌寺，智恩寺文殊堂，厳島神社という由緒ある寺社の存在と，植生として松（宮島は松ともみじ）の存在が共通する。ここに江戸時代の日本人が「訪れるべき価値」を認めた海岸風景の要素があるとするならば，上述した「海を見に行こう」という問いかけの回答例に，すでに日本に定着している「変化に富む」「由緒ある寺社」「松」といった海岸風景を評価する要素がなぜほとんど登場しないかが問題である。つまり，「海を見に行こう」と言われて読者各位がイメージした海岸風景は，日本の伝統美ではない可能性がある。そこで，「単調な砂浜海岸」の風景がいつからどのように日本人に評価されるようになったかを考えていく。

Ⅰ．海岸風景の変化を解く鍵としての海水浴

　漁業や舟運での利用を除き，従来さほど高い評価を受けてこなかった「単調な砂浜海岸」に対し，日本人が「訪れるべき価値づけ」を行った重要な転機が海水浴の導入である。海水浴は，日本において導入の時期がかなり明確になる行為のひとつである。海水浴は明治期に日本に導入され，その後の日本における海岸利用や海岸観光地の形成に大きな影響を与えた。また，そのような影響をもたらした背景として，海水浴という行為を通じて日本人の海岸風景に対するまなざしに変化が生じたと考えられる。そこで，ここでは日本への導入初期における海水浴の実像やその普及の地域的展開，さらには海岸観光地形成への影響について検討したい。なお，海水浴の歴史や日本への導入と展開に関する先行研究や資料は注記する文献に示してあるので，必要があれば参照していただきたい[1]。

　海水浴という語は，日本では内務省衛生局が1881（明治14）年に刊行した雑誌に

第 10 章　日本における海水浴の受容と海岸観光地の変化　129

登場する。内務省衛生局とは今日のほぼ厚生労働省に相当する中央官庁で，1881 年当時の衛生局長は長与専斎であった。この雑誌には「海水浴説」と題する論文が掲載され，そこには日本ではまだ誰も海水浴を試みた者はいないが，これからは海水浴場を設置して人びとに広く海水浴の効能を周知させる必要があるとの趣旨が述べられている。このことから，この文献が日本ではまだ海水浴を体験した者がなく，海水浴場がまったく存在しない，いわば海水浴黎明期に書かれたものであることがわかる。このとき導入された海水浴とは当時欧州で普及していた医療目的の海水浴であり，要約すれば「海気」すなわち海辺の空気のもとに身を置いて「海水」に身を浸し，さらに海の「波動」によって身体に刺激を与えて病気や体調不良を治療しようとするものであった。

　内務省衛生局という政府機関から発信された海水浴を奨励するメッセージは国内各地の医療関係者に影響を与えた。「海水浴説」が刊行された翌年の 1882（明治 15）年には，愛知医学校の後藤新平が『海水功用論　付海浜療法』（以下，『海水功用論』と略記）を刊行した。この書は，著者の後藤が実際に愛知県下で海水浴を行って効能があったことを示したうえで，海気・海水・波動の意義や治療に適切な海水の温度，海水浴の所要時間や回数などが記述されている。著者の後藤は，のちに東京市長や内務大臣を務めた人物である [2]。この後藤による『海水功用論』は，海水浴を実際に試みたうえで実効性を説いた日本で最初の書物と位置づけることができる。また，日本で最初に海水浴を実行した人物が誰であるかまでは断定できないが，1881 年の「海水浴説」刊行から翌 1882 年の『海水功用論』刊行までのあいだに，当時医療目的であった日本初の海水浴が行われたと判定することができる。

　1886（明治 19）年になると，陸軍軍医総監の任にあった松本順（良順）が『海水浴法概説』を著した。同書の内容も海水浴の目的や海水の成分，海水浴の適応症，海水浴に適する期間，時間帯や波の強さなど「海水浴説」や『海水功用論』と基本的な部分は共通している。以後，海水浴に関する著作が相次いで刊行されていく。このように，1881 年に内務省衛生局によって海水浴が日本に紹介されたことを契機に，海水浴の効能を説き海水浴を推奨する書物の刊行が流行した。この動向は明治末ころまで続くが，とくに 1880 年代から 1890 年代にかけてはブームともいえる状況を呈した。大正期になると新規に海水浴の解説書が刊行される例は乏しくなるが，明治期に刊行された海水浴の解説書が版を重ねている状況からみて海水浴のブームが去ったわけで

はなく，むしろ海水浴が国民のあいだに普及・浸透して，海水浴の効能や方法を新たに著述する必要がない水準に至ったとみるべきである。このように明治期に日本人が海水浴を受容することにより，日本人の海岸利用とまなざしに変化が訪れる。

II．導入草創期の海水浴場とその景観

　内務省，後藤，松本などによって導入が推進された海水浴という考え方，すなわち海水に身を浸して病気の治療を行うという学説が，実際に日本の海岸においてどのように展開したかをみていく。ここではまず海水浴場として草創期に開設された愛知県の大野海水浴場について検討する。

　大野海水浴場は現在の愛知県常滑市に位置し，『海水功用論』の著者である後藤が海水浴場の開設に深くかかわった。後藤は当時愛知医学校に勤務していた関係で愛知県周辺を歩き，三河湾に位置する佐久島（現・西尾市）で自ら海水浴を試みるなどした結果，大野海岸に照準を定めた。それは，大野には海水に身を浸す「潮湯治」という日本在来の奇習があり，これを生かして海水浴場にすることを考えたからである。大野に伝わる潮湯治は欧州の医学にもとづくものではないので，海中に身を浸す時間や回数が定められてはいなかったが，欧州の海水浴に類似した行為であった。後藤はその大野に欧州医学にもとづく海水の加温浴場を設置し，海に直接入って身を浸す「海水冷浴」と，海水を加温してそのなかに身を浸す「海水温浴」とを開始した。その結果開かれた大野海水浴場が図1に示す海岸である。

　大野海水浴場は砂浜海岸に立地しているが，当時の海水浴の考え方からすれば「波動」がもの足りなく考えられており，現に後藤は『海水功用論』のなかで波動に関しては大野よりも佐久島のほうが条件にかなうことを認めてい

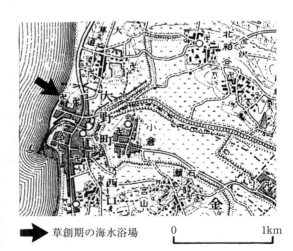

図1　愛知県大野海水浴場の位置
(基図：5万分の1地形図「半田町」(1900年測図，1983年学生社復刻版))

る。しかし，交通の不便さなどからみて佐久島を断念し，大野に海水浴場を開設した。この発想は内務省衛生局による「海水浴説」の影響を受けている可能性があり，「海水浴説」では海気・海水・波動の条件が最も整った海岸は小笠原（現・東京都小笠原村）であるが，交通の便や現地の収容能力からみて最初の海水浴場は本土に開設すべき，としている。なお，潮湯治という呼称は明治期以降に開設された海水浴場を指すこともあるが，大野に伝わるような潮湯治が江戸時代に日本各地で行われていた可能性は低く，徳川秀忠の弟が武蔵国忍（現・埼玉県行田市）から遠く離れた大野まで腫物の治療に訪れたり，1841（天保12）年に刊行された『尾張名所図会』に大野の潮湯治が奇習として扱われていることなどから，大野以外には海水を浴びる風習がみられなかったことが推察できる。

　大野には江戸時代から伝わる日本在来の風習がかかわり考察が難しい面があるので，もう1か所，日本在来の風習がかかわらずに海水浴場が開設された例を検討したい。それは，『海水浴法概説』を著した松本が1885（明治18）年に開設した大磯海水浴場（現・神奈川県中郡大磯町）である（図2）。松本は海水浴場開設に向けて各地を調査探訪し，その結果として開設地を大磯に決定した。その際の判断基準は①海水が汚れていない，②河川水の流入がみられず海水の塩分濃度が濃い，③海底に泥が堆積していない，④波が強いけれども強すぎて浴者に危険なほどではない，⑤南向きに開けている，などであった。松本は海水中の塩分が皮膚を刺激し，その刺激が全神経に伝達されて呼吸器や血液循環を活発化し，病気の治癒に結びつくと考えた。そのため，南向きの砂浜海岸で，河川水が流入する河口から離れ，かつ小規模な岩礁が存在して危険過ぎない程度に強い波

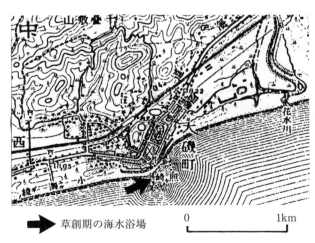

図2　神奈川県大磯海水浴場の位置
（基図：2万5千分の1地形図「大磯」(1927年測図，1983年学生社復刻版)）

図 3 「祷竜館繁栄之図」にみる大磯の海水浴風景－1891（明治 24）年－
（『大磯のかおり』より転載）

が得られる大磯照ヶ崎海岸に海水浴場の開設地点を絞った。大磯は東海道の宿場であったが，海水浴場開設の直後である 1887（明治 20）年に鉄道の停車場が開設され，さらに照ヶ崎には浴客の宿泊用に海水浴旅館（図 3）[3]が建設されたことにより，大磯は設備の整った海水浴場として人気を博すことになった。

　ここで重要なことは，松本が海水浴場を選定する際に，さきに本章冒頭で言及した日本三景につながる風景の美観を考慮していない点である。松本は観光地として大磯を選定したわけではなく，効果があがる医療の場として大磯を選定したわけであるから当然とも思われるが，「日本における海水浴の導入草創期には，海水浴場の選定要件として海岸風景の美観は考慮されず，医療上の効果が優先された」という事実をここで指摘しておきたい。

Ⅲ．海水浴の行楽化にともなう海水浴場の変化

　明治期において海水浴は内臓疾患，リューマチや婦人病などの治療手段として人びとに受入れられ，海水浴場は各地に開設されていった。図 4 によれば，東京・横浜近辺や大阪・神戸近辺など大都市近郊でさらに南向きの太平洋側海岸に明治期開設の海水浴場の分布が濃密であることがわかる[4]。しかし，それとともに若狭湾や富山湾など北向きの日本海側海岸にも少数ながら海水浴場が存在しており，医療行為だけに需要は各地に存在するので，少々条件が合わなくても海水浴場を開設した強い意志を感

第 10 章　日本における海水浴の受容と海岸観光地の変化　133

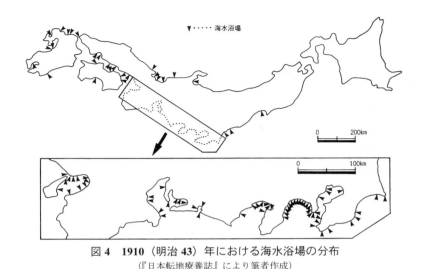

図 4　1910（明治 43）年における海水浴場の分布
（『日本転地療養誌』により筆者作成）

じ取ることができる。なお，松本をはじめとする海水浴解説書において海水浴場の立地として南向き斜面が評価されているのは，北からの冷風によって浴客の病状を悪化させないためである。

　ところが，明治の末ころから海水浴の行われ方に変化が現れた。導入期にみられた医療としての海水浴は，しだいに行楽としての色彩が強まった。何年に何が発生したから変化が起こったのかを明確に指摘することは困難であるが，1905（明治 38）年の打出海水浴場（現・兵庫県芦屋市）の開設は転機のひとつと位置づけられる。打出は阪神電気鉄道が鉄道利用客の増加を企図して開設したもので，大阪湾内の遠浅の砂浜海岸が選定された。打出は海水浴場に対する当時の医療条件として①海気と②海水の問題はないが，③波動がかなり弱いことになる。打出海水浴場の開設に参画した阪神電鉄社員（当時）の回想録によれば[5]，新聞を通じての宣伝と打出浜における打ち上げ花火によって旅客誘致を図り，それらの効果とともに日本海海戦（1905 年 5 月）を契機とする国民の海への関心の高まりがみられて，海水浴場は活況を呈したという。打出に続いて浜寺（南海），香櫨園（阪神），羽田・大森・森ヶ崎（京浜）など，各鉄道沿線に当該鉄道資本による海水浴場が開設された。これらはいずれも遠浅な砂浜海岸に立地しており，このころには海水浴の主目的が行楽になり，浴客として病気療

養者よりも健康な家族連れが想定されて強い波が指向されなくなったことを示している。

　病気治療が目的であったときの海水浴は，病気の浴者が海水浴場の宿泊施設に数日から20日ほど宿泊することが一般的であった。しかし，浴客を運ぶ鉄道資本からすれば，この海水浴で鉄道は1往復利用されるだけである。ところが，海水浴を日帰りとし，健康な家族連れに1シーズンに何度も足を運んでもらえば鉄道利用者が格段に増加し，収入が増大する。旅客増を期待する鉄道側としては，海水浴の対象を病人に限定せず，広く健康な人びとに拡大した。そのため，各海水浴場に遊戯施設を付設したり，役者・芸人を呼んで客寄せを図るなど，健康な人にも魅力がある海水浴場の条件作りが工夫された。このようにして，海水浴の目的が医療から保養を含む行楽へと変化した。それにともなって病気治療のために必要とされた強い波の海水浴場への指向がみられなくなり，幼児をはじめとする海水浴客の安全確保が重視され，遠浅で波静かな砂浜海岸が海水浴場として好まれるようになった。

　並行して指摘しておくべきことがある。導入草創期の海水浴では病人が冷たい海に入って波を身体に衝てるわけであり，今日と異なりプールや水泳の経験を持たない多くの人びとにとって海水浴は刺激の強い行為であった。それを多少でも緩和する方法として，さきに愛知県大野で後藤が行った例を紹介した「海水温浴」がある。海水温浴は後藤だけが行った特例的な浴法ではなく，内務省衛生局による「海水浴説」にも記述される，海水浴客が刺激を緩和するための一手段であった。実際には海水を摂氏35度ほどに加温して身を浸すが，これは多少温度が低めの温泉入浴と類似した行為であり，塩分が多く含まれる温泉と思えば日本人にはなじみやすい行為であった。この海水温浴も，海水浴の行楽化に寄与したと考えられる。導入草創期では，海水温浴は浴者が冷たい海に入るのを慣れさせるために摂氏35度くらいから試浴を開始し，慣れたら33度，31度と水温を下げていって最後は直接海に入るように誘導する。しかし，この方法ではなく海水温浴を通例の温泉入浴前後の温度に設定すれば，海水温浴施設は温泉入浴施設とほぼ同一の機能になる。その海水温浴場に役者や芸人を呼んで観劇ができるようにすれば，かつてヘルスセンターなどと呼ばれたレジャー施設になる。東京湾岸にはこのような施設が立地し，この面からも海水浴の行楽化が進んだ。

おわりに

　以上の流れをまとめたうえで，若干の展望を試みたい。日本人が訪れるべき価値を認める海岸風景をひとことで述べるのは難しいが，現代において一定の評価が得られる「広い単調な砂浜海岸が続き，海は水平線が見渡せる」という海岸風景は，江戸時代まではほとんど歌や絵画の対象にはならず，訪れる対象にもなりにくかった。江戸時代の日本人が訪れるべき価値を認めた風景の例として日本三景をみると，単調な海岸ではなく変化に富む海岸が好まれ，由緒ある寺社が鎮座し，さらに松やもみじの植生があることなどに共通点があった。日本三景は史跡名勝として今日も一定の評価を得ているが，現代人が「訪れたい海の風景」をイメージするときに最頻出の風景とはいえない状況である。現代人の多くは訪れたい海の風景として「由緒ある寺社があるか」「松が生えているか」はあまり考慮しない。

　現代人が訪れるべき価値を認める傾向にある「水平線まで遮るものがない単調な砂浜海岸」は，日本人が海水浴を受容し，しかもその海水浴が導入当初は医療行為であったがしだいに行楽化し，海水浴において海水による病気治療の必要性が消滅したあとに登場した「遠浅で波静かな砂浜海岸」の風景であった。その具体例は神奈川県の大磯海岸などに求められ，この大磯海水浴場開設が契機となって別荘地や保養・行楽地としての湘南海岸の観光地化が進んだ。湘南地域のなかで鎌倉の寺社や江の島弁天は江戸時代にはすでに訪れるべき価値をもつものであった。しかし，湘南の広々とした砂浜から水平線を眺める海岸風景は，明治期に海水浴が導入されて以後に訪れるべき価値が付与された典型例である。海水浴は欧州に普及していた医療行為を日本人が受け入れたもので，それにもとづいて立地した海水浴場は日本伝統の風景ではない。

　単調な砂浜海岸は遠浅で波静かであることから海水浴場の適地と評価され，その結果，日本中に眠っていた訪れるべき価値をもたない単調な砂浜海岸が一気に観光資源として浮上した。第二次世界大戦後に迎えた高度経済成長期にこれらの砂浜海岸は海水浴場となり，大勢の海水浴客が押し寄せた。海水浴場には「海の家」が並び，浮き輪などのレジャー用品を借りたり食事をする人びとによる経済効果は甚大である。さらに，砂浜海岸にはホテル，旅館，民宿やレストランが立地し，鉄道は海水浴のための臨時列車を走らせるなど関連施設の経済活動が活発化した。このように，海岸風景に対するまなざしが変化することによって観光現象は著しい変化を遂げる。日本では1984（昭和59）年に延べ9000万人とされた海水浴人口は，2010年代には約10分

の1に減少した。レジャーとしての海水浴は今ではピークを過ぎた感がある。しかし訪れるべき価値を持たなかった単調な砂浜海岸に対し,「海水浴場」という価値づけが行われて海岸へのまなざしが変わり,日本の多くの単調な砂浜海岸が観光資源化したという意味で観光現象における海水浴は重要な契機であり,検討を深めるべき研究テーマである。

注
1) 小口千明「日本における海水浴の受容と明治期の海水浴」人文地理 37-3, 1985, 23-37 頁。小口千明『日本人の相対的環境観-「好まれない空間」の歴史地理学-』古今書院, 2002, 121-148 頁。小口千明「日本における海水浴の受容と海岸観光地の変化」(小長谷有紀・中里亜夫・藤田佳久編著『アジアの歴史地理3　林野・草原・水域』, 朝倉書店, 2007), 249-260 頁。
2) 藤原書店編集部編『時代が求める後藤新平　自治／公共／世界認識』藤原書店, 2014, 239-241 頁。
3) 大磯町観光課編『磯のかおり』大磯町, 1984。
4) 長尾折三『日本転地療養誌』吐鳳堂, 1910。
5) 阪神電気鉄道株式会社臨時社史編纂室編『輸送奉仕の五十年』阪神電気鉄道, 1955, 65-67 頁。

第11章 「小江戸」川越の形成と蔵造りの町並み

── 地方都市の観光化と地域住民 ──

髙橋 珠州彦

はじめに ～地方都市の観光資源としての町並み景観～

　観光地は，その地域が有する観光資源や地域の特性によって分類されることが多い。温泉への入浴を楽しむ温泉観光地や，海水浴を楽しむ海岸観光地など，観光地の類型は多様である。都市が観光の対象とされる場合，都市に所在する城郭や寺社仏閣などの歴史的建造物の見物，美術館での展覧会や音楽コンサートの鑑賞，あるいはショッピングや散策など，さまざまな観光のあり方が想定される。観光の対象として都市をみる場合，その都市がどのような「観光資源」によって人びとを集めているのか，観光地としての特性は何によってもたらされているのかといった点に注意する必要がある。

　一般に，東京や大阪など多様な機能が複合的に並存する大都市では都市内の観光対象は多く，観光客の目的はより複合的になる。その一方で，とくに特徴的な観光資源

図1　「一番街」の町並み（仲町交差点より北側を望む）
（2017年12月，筆者撮影）

を有する地方中小都市の場合には，観光の目的は単一でより明瞭になるとされている[1]。そのため，地方中小都市が観光地とみなされることになった経緯を検証することは，その都市の観光地としての特性を理解するうえで欠かせない作業である。また，現代日本における観光地としての地方中小都市の特性を考える場合，「歴史的町並み」を観光資源として活用している地域が多いことも重要である。土塀と夏みかんが特徴的な武家屋敷が並ぶ山口県萩市や，有力商家の町屋が集まった岐阜県高山市などは，町並み景観を観光資源とする地方中小都市の典型例といえる。本章で取り上げる川越も，町並み景観を活かして観光化した地方中小都市のひとつである。

川越は東京都心から近く，その歴史的な町並みは「小江戸」と形容されることが多い。川越で多くの観光客が訪れる範囲は，蔵造りの商家が立ち並ぶ「一番街」付近である（図1・図2）。川越の中心的な観光資源である蔵造りの町並み景観は明治期以降に形成されたものであるが，川越が観光地として認識されるようになるのは昭和期以降のことである。川越では約100年の間変わらず存在し続けた町並み景観が，時を経て一転観光資源として注目を集めるようになり観光地川越の象徴となった。本章ではなぜ川越

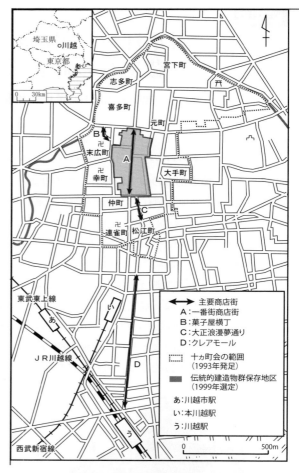

図2　川越市街地の概要

が観光地となり得たのか，蔵造りの町並み景観が象徴する商業地の変遷と「小江戸」イメージの観点から，観光地川越の形成を検証する。

I．川越における商業地の変遷

(1) 蔵造り景観の形成

「一番街」の形成は 1638（寛永 15）年の大火後，川越城主松平信綱が行った町割に遡る。信綱は札の辻で直交する南北方向の道路に沿い町人地の区域「十カ町四門前」を定めた。「十カ町四門前」とは，上五カ町（本町・高沢町・喜多町・南町・江戸町），下五カ町（多賀町・鍛冶町・志義町・志多町・上松江町）の町人地を定め，町人地の西側に位置する養寿院・行伝寺・妙養寺・蓮馨寺の門前を総称したものである[2]。なお現在の「一番街」の範囲は，札の辻交差点から行伝寺門前までの旧南町と，ここから仲町交差点までの旧鍛冶町付近を含んでいる。「一番街」という名称は，旧町名が廃止された 1961（昭和 36）年に商店街組織「川越一番街商業協同組合」が発足して以来用いられている。

川越の市街地は，しばしば大火に見舞われてきた。とくに 1893（明治 26）年 3 月に発生した大火は川越全町の 4 割近くを焼失する被害をもたらした。この大火では，大沢家住宅のほかにも旧高沢町の原田家住宅や旧志義町の松本家など，焼失を免れた蔵造り建築がいくつか指摘されており[3]，防火建築としての蔵造りの威力を周囲に見せつけることとなった。この明治の大火からの復興として，「一番街」を中心とした市街地に蔵造りの建物が多数出現した。大沢家住宅が建築された時期は，1657（明暦 3）年の明暦の大火からの復興として江戸で蔵造り建築が普及してきた時期と一致する。このことから，大沢家住宅は江戸からの情報に影響を受けて建築されたものと推測される。それゆえ川越では明治の大火からの復興において，蔵造り建築の防火性が重要視されるとともに，当時の東京で建設された銀座煉瓦街の影響もうけて，倉庫としての蔵に加えて店舗や居住空間も蔵造りや塗屋造りで建設することが流行した[4]。川越の蔵造り景観の出現したのは，大火後に不燃化を意識した建築が流行した時期に相当し，明治 30 年代には漆喰の塗り壁に瓦屋根を載せた蔵造り建築の町屋が多数存在していた。1901（明治 34）年に発行された当時の広告では，一軒ごとに商家の店構えを描いて掲載しており，漆喰の塗り壁に瓦屋根を載せた店舗が多かった様子が読み取れる（図 3）。

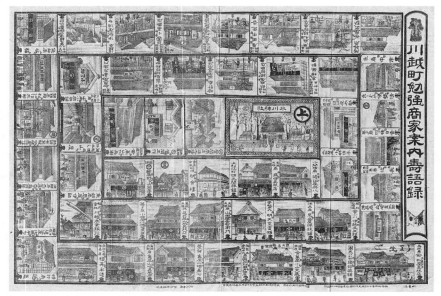

図3 広告に描かれた明治30年代の川越商家
(「川越町勉強商家案内寿語録」,個人所蔵)

(2) 3つの「中心駅」と商業地の変容

　今日,川越の中心部には西武鉄道の本川越駅,東武鉄道の川越市駅,JRと東武鉄道が接続する川越駅の3駅が存在する。これら3駅は蔵造りの町並みが広がる一番街から,1〜1.5kmほど離れた市街地の南部に立地している。近世の川越城下町からはるか南にこの3駅が立地したことは,川越の中心市街地を徐々に南に拡大させる要因でもあった。

　3駅のうち,最初に開設された駅は1895 (明治28) 年に川越鉄道の終点として開業した川越駅 (現・西武鉄道本川越駅) であり,次に開設されたのが1914 (大正3) 年に開通した東上鉄道の川越町駅 (現・東武鉄道川越市駅) である。現在東武とJRが接続している川越駅は,東上鉄道開通の翌1915 (大正4) 年に川越西町駅として開設されたものである。1940 (昭和15) 年に大宮・高麗川間を結ぶ国鉄川越線が開通し川越西町駅で東武鉄道と接続することになり,同駅は川越駅と改称,西武鉄道の川越駅は本川越駅へと改称した。これら3駅が市街地の南方に存在し3つの鉄道会社が

第 11 章　「小江戸」川越の形成と蔵造りの町並み　141

接続する駅を設けなかったことから，鉄道利用者は駅間の徒歩移動を求められるため，駅周辺に人通りの多い商店街が形成された。鉄道駅の開設は，商業地域の重心を徐々に南方へ拡大させる要因となった。

　蔵造りの町並みが形成され最初の鉄道駅が開設された頃の川越の商業構成を検証できる資料として，1902（明治35）年に全国営業便覧発行所が発行した『埼玉県営業便覧』がある。『埼玉県営業便覧』に書き上げられた商店の業種構成から，商人町や職人町に起源を持つ旧南町と旧鍛冶町では業種の構成に明確な違いはみられない。両町の境界付近に第八十五銀行が立地していることや，呉服や太物など買い回り品を扱う商店が複数立地していることから，この付近は商業地として高い中心性を有していたことを知ることができる。

　南町と鍛冶町の業種構成の変遷は，1913（大正2）年発行の『川越案内』（川越商業会議所[5]発行），1932（昭和7）年の『大日本職業別明細図　信用案内　第297号　埼玉県　川越市』（東京交通社発行），1952（昭和27）年発行の『川越商工名鑑』（川越商工会議所発行）から追うことができる。『川越案内』の付録「川越商工人名録」では，第八十五銀行，川越貯蓄銀行，黒須銀行川越支店の3つの銀行が立地していることや，織物買継や生糸・繭販売，教科書販売，魚類青物乾物販売，荒物販売などを行う複数の会社が立地している。『大日本職業別明細図信用案内』では広告地図という性格から，すべての商店が掲載されていないことに留意する必要があるが，旧南町と旧鍛冶町は銀行や商工会議所が立地していることがわかる。両町は依然として中心性の高さを維持しているものの，ほかの商店街に比べて商店の数が減少している様子がみられる。

　『川越商工名鑑』では，南町に菓子・煎餅・製菓材料を扱う複数の商店が確認できる。これは，明治中期以降，南町の西隣の養寿院付近に菓子職人が集住し菓子屋横丁が形成されていたことと関係していたと考えられる。菓子屋横丁に集中した菓子製造関係の商店は，関東大震災により東京市や埼玉県下の浦和，草加などの菓子屋が被災したことにより，東京向けの菓子供給を担うことになった。南町での菓子関連業種の急増は，関東大震災後に発生した東京向け菓子供給の増加を反映したものである。一方鍛冶町では，建築材料や電気工事，畳など建築にかかわる専門業種の増加が確認できる。戦後における両町の商店街は，菓子関連業種の増加や建築関係の専門業種が増加することで，商店街としての求心力を低下させつつあった。

(3) 方向性に揺れる一番街商店街

　1960年代になると一番街商店街では，商店街の方向性をどのように定めるのか判断に迫られていた。1962（昭和37）年7月10日発行の「川越市政だより141号」では「観光資源とするか一般商店街でゆくか」と題し，商店街の改革を促す「勧告」記事が掲載されている。ここでは一番街を全国的に珍しい蔵造り店舗の特殊な商店街として観光資源にするのか，一般的な商店街にするのか，「卸」の機能に重点を置いた商店街とするのか決断を迫り，綿密な長期計画を策定する必要性を訴えられている。この記事は，川越市商工課が1961（昭和36）年から1962年にかけて実施した「商業環境診断」の結果に基づき市内商店街の問題点を指摘したものである。この記事によると，川越の商業環境は長く安定性を保っていたものの，マンネリ化して進歩的感覚を欠いたため温存打破が急務であると現状を分析している。さらに「むかしの商業の中心は『札の辻』現在の一番街商店街付近でしたが，今は銀座商店街一帯が中心となっています。しかし前記三駅に通じる道路に大型商店の進出が目立ち南にさらに伸びるものと思われます」と商業地の重心が南へと移動しつつあることを指摘している。業種の構成が変わり中心性が低下しつつあった一番街商店街は，この時期に商店街の性格を一般的な商店街とするのか，観光客を意識したものにするか判断を迫られていた。

II．町並みに対する意識の転換と一番街商店街の観光資源化

(1) 住民の組織化と町並みへの再評価

　今日の一番街商店街付近では，商店街としての中心性低下と相まって新たな課題が浮上していた。それが町並み保存をめぐる諸問題である。川越の町並み保存に取り組む最初の団体である蔵の会は，1983（昭和58）年に設立された。この蔵の会は，1982（昭和57）年に川越市が製作した短編映像『蔵造り－まちづくりの明日を問う』が「地方の時代」映像祭において優秀作として表彰されたことにより，受賞賞金を蔵造り建造物の保存活動に活用する目的の団体として結成された。一番街の内外で商店を営む4人が会の設立発起人となり，彼らの呼びかけに応じた21人によって蔵の会設立準備委員会が組織された。設立準備委員のほとんどは，後に文化財指定を受ける蔵造り建造物で商業を営む者ではなかった（図4）。町並み保存活動の嚆矢といえる蔵の会の設立は地域住民によって担われたが，決して蔵造り建造物で商業を営む人びとによって主導されたのではなかった。このことは，蔵の会の長期にわたる活動のなかで，

第 11 章 「小江戸」川越の形成と蔵造りの町並み　143

図4　「蔵の会」発足時の会員分布と蔵造り建造物の文化財指定時期
(「川越市有形文化財（建造物）一覧」，『川越十ヵ町会地区都市景観形成地域』，『川越市川越伝統的建造物群保存地区まちづくりガイドライン』聞き取りにより作成)
注)「蔵の会」設立準備委員は，このほか川越市内（図郭外）に1人．

蔵造り建造物を残し，町並みを維持する意義を商店主らに浸透させていくことの難しさを示している．

　蔵の会の設立趣意書では，会の目標として「(1) 住民が主体となったまちづくり (2) 北部商店街の活性化による景観保存 (3) まち並保存のための財団形成」の3点を掲げ，「自らが声をあげ（中略）私たちの手で守り，そして新たな息吹を与えることこそ，私たちの使命なのです」と宣言している．初年度の事業計画の基本方針では「住民主導型のまちづくり」と「商業振興を軸に活性化を目指した町並み保存」の2点を掲げ，行政の協力を得つつも住民主導で広く活動の意義を訴えていこうとする意志が表明されている．

　設立当初80人の会員を集めた蔵の会は，他地域の視察や講演会の開催など会員や地域住民への啓発活動を中心に行った．蔵の会が主催し1987（昭和62）年に創設した「蔵詩句(クラシック)大賞」は，まちづくり活動につながる「良い建築」や市民によるまちづく

り活動に対して地域貢献賞や功労賞などを授与するもので，川越市が1990（平成2）年から主催している「かわごえ都市景観表彰」に先行して実施された。さらに蔵の会は，1993（平成5）年には全国の町並み保存関連団体が参加する第16回全国町並みゼミ川越大会の事務局を担当した。全国町並みゼミの事務局を担うことで蔵の会は，他地域との連携や，町並み景観の保護にかかわる多くの研究者や行政関係者などを川越に招き，川越の景観をアピールする機会を得た。2002（平成14）年に蔵の会はNPO法人格を取得し，川越市全体を含んだまちづくり活動にかかわる団体へと活動の幅を広げ，酒造会社の跡地活用に関する川越市への提言や，伝統建築にかかわる職人の技術を紹介する催しの開催，町並み景観のライトアップ事業などに取り組んでいる。現在，蔵の会は大幅に会員数を増やし，地域外会員が多くを占めている[6]。

(2) 町並み委員会の設立と活動

　蔵の会とならび，川越の町並み保存活動に貢献する団体に町並み委員会がある。二つの団体創設に貢献した人物は「活性化による蔵造りの町並み保全の考えは川越蔵の会からの提言であるが，実際にその考えを実行したのは一番街商店街の方々で，チェックする立場で協力したのは町並み委員会である」[7]と述べている。この町並み委員会は1986（昭和61）年に準備会が発足し，翌年に一番街商業協同組合の下部組織として発足した。

　商店街の組織内に町並み委員会が発足した経緯は，一番街商店街が商店街への補助事業「コミュニティ・マート構想（通商産業省認定事業）」のモデル事業として名乗り出たことにはじまる。このコミュニティ・マート構想の主眼である「暮らしの広場」として人びとが交流する商店街の創設は，蔵の会の目標の一つである「商業振興を軸に活性化を目指した町並保全」と理念が一致していた。一番街では1985（昭和60）年度のモデル事業として通商産業省から指定を受け，蔵造りの町並みを保存活用することで老舗専門店街の活性化を目指すという方向性を事業の目的に掲げた。また統一の「守るべき基準」として，「伝統的な空間構成にひそむ建築の合理性」を尊重すること，伝統的建物である「店棟はこわさず，修復・活用する」という2点を掲げている。また一番街のコミュニティ・マート構想モデル事業では，川越祭りの山車の常設展示や，自由広場，レストランなどを併設し農産物の市を開催できるお祭り会館の建設計画も構想していた[8]。

第 11 章 「小江戸」川越の形成と蔵造りの町並み　145

　以上のように一番街商店街が「コミュニティ・マート構想モデル事業」に指定され
たことで，川越の町並み保存活動は具体的な活動期に入る。町並み委員会では，1988
（昭和 63）年に先述の「守るべき基準」を基礎とした「町づくり規範」を策定し，店
舗の新改築，看板の設置などに対して商店主らに助言を行っている[9]。この町並み委
員会は設立当初から，商店街の商店主や学識者，自治会長，蔵の会会員などで構成さ
れ，ほぼ毎月例会を開催してきた。

(3) 重要伝統的建造物群保存地区選定にむけた活動

　町並み委員会の活動の画期となった出来事は，1996（平成 8）年頃に持ち上がった
マンション建設計画であった。このマンション計画で「町づくり規範」の限界を意識
した町並み委員会では，伝統的建造物群保存地区（以下，「伝建地区」と表記）制度
を導入する方針を打ち出した[10]。伝建地区制度は 1975（昭和 50）年に行われた文化
財保護法の改正に伴い，周辺環境を含めた建造物と町並みの一体的整備を行い文化財
に対して面的な保存施策を行っていくものである。文化財保護法の改正後，文化庁は
川越市の町並みに対して 1975 年に伝建地区制度の導入に向けた保存対策調査を実施
している。しかしこの段階では，一番街商店街の商店主らが「文化庁の考え方が『凍
結保存的』であって，釘も打てなくなり，看板も外すようになるのではないか」との
懸念を示し，制度の適用を見送った[11]。

　時を経て，改めて町並み委員会で伝建地区に関する本格的な議論を行ったのは，
1996 年に別のマンション建設計画が持ち上がったことを議論する例会であった。町
並み委員会では，伝建地区制度の概要報告や，町づくりに関する諸制度の比較検討，
伝建地区の対象範囲の検討，個別建物に対する「修景」や「許可」「不許可」の概念
検討などを話題として例会での議論を重ね，翌年 2 月の例会で伝建地区制度を導入す
ることを決めた[12]。これは，伝建地区制度が「町づくり規範」を上回る効力をもち，
マンション建設に対抗しうるものと判断された結果であった。しかし一番街商業協同
組合内の町並み委員会で議論した結果に対し，自治会から強い反対意見が出されたこ
とで制度の導入は一転して撤回された[13]。一方でこれを契機に，反対だけでは町が
良くならないと判断した複数の自治会長が連携し，自治会の連合体である十ヵ町会を
結成した。十ヵ町会は，旧城下町全体を対象に町づくりを考え，一般住民にも歴史を
生かしたまちづくりの意義が理解されるようワークショップを重ねた。十ヵ町会の活

動の結果，1997（平成9）年に町並み委員会と十ヵ町会からそれぞれ市に対して伝建地区制度の導入を求める要望書が出され，川越市では翌年「川越市伝統的建造物群保存地区保存条例」を制定するに至った。さらに1999（平成11）年4月に伝建地区が都市計画決定されたことをうけ，文化庁は同年12月に重要伝統的建造物群保存地区として川越を選定した。町並み委員会は後に商店街の下部組織から独立し，伝建地区の保存を担う団体「川越町並み委員会」となった。

Ⅲ．「小江戸川越」の言説

　観光地としての川越の特性を考える際，ガイドブックやパンフレットなどにおいて蔵造りの町並みが「小江戸」というイメージによって語られていることも重要である。川越の地域イメージに影響を与えている「小江戸」という形容は，いつ頃から用いられるようになったのか。今日「小江戸」は，「江戸・東京と経済的に強いつながりを持ち，ヒト・モノが集散することで創出される賑わいが江戸と同等である」と「江戸時代的な景観や行事を随所に残している」という2つの意味合いが混在している[14]。都市の景観や活況を江戸に見立てた表現として「小江戸川越」が用いられるようになった起源を特定することは難しい。

　活字として確認できる最も古い「小江戸」は，先述の1913（大正2）年発行『川越案内』にさかのぼる。同書では，川越の地誌を紹介する「人情風情」の章において「江戸との関係」の項を設け，「商業も活気を帯び，其柳沢氏城主たる頃には空前の殷賑を呈し，小江戸の称空しからざるに到れり。されば今日都見物に赴くが如く，近郷遠くは秩父辺より態々川越見物に来れるもの少からず」と記している。この文章の「小江戸」には「せう（しょう）えど」とのふりがなが付されている。「こえど」とは異なるが，「小江戸」を記述した最も古い文献と考えられる。文意からは「小江戸」の称が既に用いられていたことが類推され，松平信綱が川越大火後に行った町割が，約50年を経た柳沢吉保が城主の時期に「小江戸の称」にふさわしい状況であったと述べられている。本資料において，商業の活気と江戸からもたらされた流行や風俗などが川越を「小江戸」と見立てる要素とされている。川越商工会議所が発行する『川越案内』は発行ごとにほぼ同じ体裁が継承されているが，1908（明治41）年『川越案内』と1911（明治44）年『川越商工案内』には「小江戸」の記述は見られない。

　松崎（2010）によると「小江戸・川越」をタイトルにした最初の観光ガイドブック

第 11 章　「小江戸」川越の形成と蔵造りの町並み　147

は土金冨之助によって 1979（昭和 54）年に記された『小江戸川越－江戸文化の残照を求めて－』である [15)]。松崎は，同書の副題から「本家『大江戸』＝東京以上に『小江戸』＝川越に江戸らしさが残っている，といった認識があったのかもしれず」とし，京都と「小京都」の対応関係に通底するとしている。なお土金は，「松平大和守は結城秀康を祖先とする御家門の家柄で，禄高も最大の 17 万石を数え（中略）『全国御城地繁花鏡』に前頭 12 位を占め，小江戸とよばれる繁栄をみせたのはこの頃である」と述べている [16)]。しかしこの根拠となる資料を確認することはできない。

　郷土史家の著作で「小江戸」の記述が確認できる初期のものでは 1955（昭和 30）年に刊行された『川越叢書』全 10 巻のうち，第 5 巻の宮下辰夫『川越の蔵造』と第 7 巻の岡村一郎『川越の城下町』である。宮下は「川越が小江戸と称されて殷賑を誇ったのも，地の利を得たからであり，封建社会の封鎖的統制経済時代に於ける川越藩の地位が高かったことに基づくものである」としており，岡村は「川越の城下町と江戸との交渉は終始頻繁に行われ，大和守時代には小江戸と称されるほどの繁栄をみせたのである」と記述されている。いずれも川越が江戸と人的・物的に交流が密であったことや，周辺地域の中心地として賑わっていたために江戸時代に「小江戸」と称されていたとしているが，根拠となる江戸時代の文献名などは明らかにされていない。

　一方，川越市の市政広報紙『広報川越』の記事の見出しで「小江戸」が用いられたものを検索すると，初出は 1973（昭和 48）年 10 月 25 日号の記事である。この記事は，「小江戸の情緒を今に－川越まつり－」と題して川越祭りの様子を写真入りで報じている。この後，川越祭りの様子を伝える記事を中心に，「小江戸」を見出しに用いた記事が散見されるようになる。1978（昭和 53）年 6 月 25 日号では元町 2 丁目の山車が東京赤坂の日枝神社にて行われる山王祭に参加することを紹介し，「祭りが結ぶ大江戸小江戸」という見出しを用いている。江戸時代の祭事に由緒を求めた現代創作の夏祭りとして 7 月に行われる「百万灯ちょうちん祭り」の記事でも，1975（昭和 50）年 7 月 10 日号で「囃子とまとい振りなど小江戸の情緒」，1977（昭和 52）年 7 月 10 日号で「小江戸の夏を彩る百万燈ちょうちん祭り 24 日に歩行者広場」のように川越の代名詞として「小江戸」を用いている。祭礼や年中行事を紹介する記事で「小江戸情緒」を強調するように用いられ始めた「小江戸」は，ローカル放送局のテレビ埼玉が 1979（昭和 54）年 4 月に開局し，10 月から川越市の広報番組「わが街川越」を放送開始したことから，9 月 25 日号には「小江戸 TV 情報」という記事で放送内容の

告知を始めている。また，社会奉仕団体「川越初雁ライオンズクラブ」による文化財巡り活動「小江戸川越を歩く会」への参加を呼びかける記事が同年7月10日号から記載されるようになった。これらの記事によって，行政側から「小江戸」が頻繁に発信されていた。また「小江戸」は，「小江戸情緒」や本家「大江戸」との結びつきをイメージした記述から，徐々に川越の代名詞や川越の形容詞として用いられるように変化していた。『広報川越』で発信されたこれら「小江戸」のイメージや用法は，現代の「小江戸」イメージの土台となっていると考えられる。一方，同時期の『広報川越』誌上に掲載されていた文化財や歴史を紹介する記事には，一切「小江戸」が用いられていない。このことは「小江戸」という言葉の起源を考えるうえで大変に興味深い事実であろう。

「小江戸」という用語が『広報川越』やガイドブックなどで用いられるようになった時期は，当時の国鉄が実施した「ディスカバー・ジャパン」キャンペーンの影響も無視できない。このキャンペーンは，1970（昭和45）年に開催された大阪万博後の旅行需要喚起や1972（昭和47）年の東海道新幹線岡山延伸開業に象徴される高速鉄道網の整備，パッケージツアーの普及により多くの人びとが旅行に出やすい環境が整いつつあったことを背景に国鉄が実施したものである。このキャンペーンは，「日本」と「自分自身」を再発見することをキーワードに展開され，個人旅行で地方都市を自由に歩き回り，「有名な観光地」ではなく，静かに佇む「伝統的な」町並み景観に関心を向けさせるものであった。川越には国鉄川越線が通じていたが高速鉄道網からは離れており，このキャンペーンによる直接の影響は乏しかったと考えられる。しかし，この時期に人びとの目が伝統的な町並み景観に向けられるようになったことは，川越でも無縁ではなかった。

おわりに

今日，川越の重要な観光資源となっている蔵造りの町並み景観から，川越における商業の変遷と観光化への動きをみてきた。蔵造りの町並み景観は明治の大火以降，防火対策を施した家屋が建ち並んだことによって形成されてから約100年の間，地域に存在し続けてきた。この蔵造りの町並みが川越の観光資源として認識され，多くの観光客を引き寄せるようになったのは，1980年代以降のことであり比較的歴史の浅いことといえる。蔵造りの町並み景観は，伝統的な町並み景観が消えようとする時代に

第 11 章 「小江戸」川越の形成と蔵造りの町並み　149

「訪れるべき価値」を見出され，観光資源となっていった。まさに景観を見る人間側の価値観変化によって地域の観光化にむけた契機がもたらされた好例といえる。

　以上では，蔵造りの町並みに対する人びとの価値観の変容と，景観が観光資源と化す過程をふりかえってきた。川越の蔵造りの町並み景観と観光化における画期として，住民の組織化が行われた時期と伝建地区制度が導入された時期の 2 つが挙げられるであろう。さらに川越の観光化の背景には「ディスカバー・ジャパン」キャンペーンのように人びとのまなざしが歴史的な価値に向けられていたことや，一番街商店街の商店主や住民が自ら地域に積み重ねられてきた歴史に対して再評価を行っていたことが重要である。川越を形容する「小江戸」の復activ活と川越の代名詞としての「小江戸」の頻出は，こうした人びとの価値観が地域に残されている伝統的なものを評価しようとする変化を示しているといえよう。

注
1) 山村順次『新観光地理学』大明堂，1995。
2) 川越市教育委員会編『蔵造りの町並－川越市伝統的建造物群に関する調査報告書』川越市文化財保護協会，1976，6 頁。
3) 溝尾良隆・菅原由美子「川越市一番街商店街地域における商業振興と町並み保全」人文地理 52-3，2000，87 頁。
4) 佐藤滋『城下町の近代都市づくり』鹿島出版会，1995，167 頁。
5) 1928（昭和 3）年に商工会議所に名称を変更した。
6) 蔵の会の活動については，初代の会長可児一男氏への聞き取りと蔵の会会議資料による。
7) 可児一男「可児さんコラム」（川越町並み委員会編・発行『町並み委員会 30 周年』，2017），14 頁。
8) 一番街商店街におけるコミュニティ・マート構想については，川越一番街商業協同組合編『川越一番街商店街活性化モデル事業報告書－コミュニティ・マート構想モデル事業－』概要版，1986による。なお，お祭り会館は 2003（平成 15）年に開館した。
9) 川越一番街商業協同組合町並み委員会編・発行『町づくり規範』，1988，152 頁。
10) 川越町並み委員会編・発行『町並み委員会 30 周年』，2017，23 頁。
11) 前掲 7) 23 頁。
12) 前掲 7) 23 頁。
13) 川越市都市計画部都市景観課『川越市景観計画』，2014，57 頁。
14) 山下琢巳・高橋珠州彦・田嶋豊穂・小口千明・古川克「埼玉県川越市街における景観変化と観光化」城西大学経済経営紀要 35，2017，13 頁。
15) 松﨑憲三『小京都と小江戸－「うつし」文化の研究－』岩田書院，2010，23 頁。
16) 土金冨之助『小江戸川越－江戸文化の残照を求めて－』創芸社，1979，8 頁。

草津温泉にみる入込み湯から男女別浴への変化

中村 亜希子

　温泉はその医学的効能により，日本では近代的な観光が普及する以前から湯治場として保養地の機能を果たしてきた．それゆえ，地理学においても温泉地を対象とした研究が盛んに行われてきている[1]．しかしながら，温泉地を訪れ，温泉を利用する人びとの行動については，さほど関心が払われてこなかった．近世の日本における湯屋や銭湯では，男女の混浴を意味する「入込み湯」（図1）が一般的であり，いつごろどのように今日の「男女別浴」に変化したのかを論じることは，文化論としての意義も大きい．

　明治以降，入込み湯を禁じる数々の法令や条例の制定により，各地の入込み湯は徐々に終息を迎えたが，近世から日本における代表的な温泉地の一つとして栄えてきた草津温泉（群馬県草津町，図2）では，昭和40年代まで入込み湯が続いていた．草津温泉は温泉としての知名度が高いために近世からの資料が多く残っていること，実際に入込み湯を利用した人からの聞き取りが可能なことなどから，変化の過程を復原することができた[2]．

　「万病に吉」とされた強酸性で殺菌力が強く高温という特徴をもち，近世から多く

図1　「草津温泉名所」江戸時代の滝の湯（個人所蔵）

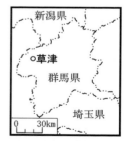

図2　草津温泉の位置
（群馬県草津町）

の湯治客を集めた草津温泉は，明治に入ると「時間湯」という独自の高温浴が確立され，さらに湯治客で賑わっていく。「時間湯」を利用する湯治客，その他の共同浴場を利用する一般住民，さらには旅館の内湯を利用する観光客という分散が進むなかで，住民がおもな利用者である共同浴場で入込み湯が続いてきたことは，重要な意味をもつ。

1900（明治33）年に制定された内務省令では，入込み湯を禁じてはいるものの，その対象は「客の来集を目的とする浴場に於て」と限定し，さらに違反した場合の罰金の対象も営業者としている。つまり，それまでに制定されてきた入込み湯に関する禁令も営利目的の湯屋に限定されたものであり，いくら法律で規制し新聞で書き立てようとも，地方における無料の共同浴場や湯治温泉での入込み湯を規制することまではできなかったのである。

さらに時代が進み，1948（昭和23）年制定の公衆浴場法に公衆浴場法施行規則，1950（昭和25）年制定の公衆浴場条例が施行された戦後の草津温泉の共同浴場の間取りは図3の通りである。1951（昭和26）年に結婚し，長野県軽井沢町から草津へ移り住んだという話者は，おもに5か所の共同浴場を利用していたが，当時はすべて入込み湯であったという。しかし，話者の出身である軽井沢ではすでに入込み湯が行われておらず，当初，共同浴場への入浴をためらっていたという。当時の共同浴場は，脱衣所のみ薄い「戸板」で男女が仕切られてはいたが，互いに見通せる程度の造りであり，一般湯を男湯，女湯と区別して表記しているが，湯船では男女相互が完全には遮断されておらず，小さな子どもは男女の湯を自由に行き来していた。草津町生まれの別の話者によれば，男性も女性も家族で誘い合って共同浴場へ行くのが通例であり，小中学校への登校前に，男女にかかわらず友達同士で共同浴場に立ち寄ることもあったという。

それでは，これらの共同浴場が一気に男女別浴へと舵をきったのはなぜか。大正期から昭和前期にかけての草津温泉について，「さびしい町だった」と話す話者もお

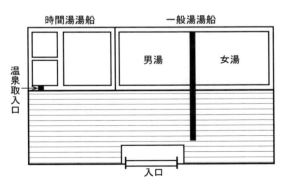

図3　昭和初期の地蔵の湯
（聞き取りにより作成）
注）湯船の配置を主眼としているため実際の寸法とは異なる。

り，人びとのなかには「温泉でしか食べていけない」という意識が強い。観光地化の動きは，大正時代から少しずつ見られるようになっていたが，1948（昭和23）年頃から周辺の山々の国立公園指定や周スキー場開設にともない一気に加速した。草津温泉の年間客数は，1960（昭和35）年の約56万人から1963（昭和38）年には約88万人へと急増した。

　現代の性観念は，欧米の価値観の流入だけでなく，第二次世界大戦後の性教育などによっても形成されており，入込み湯の衰退は，決して観光地化という温泉場の変化だけによるものではないであろう。共同浴場における男女別浴への移行に関して，地元住民は「他の地域では別浴が普通であるためとくに何も感じなかった」というような消極的な意識しかもっていなかった。しかし，昭和30年代から40年代にかけての入込み湯における急速な変化は，入込み湯の衰退が観光地化という現実を媒介とした習慣文化の変化であることを物語ってもいる。草津温泉における入込み湯の衰退は，男女のあり方という常識や観念の近代化というような，内部から派生したものではなかった。

　男女別浴の普及に現れているような習慣文化における常識や価値観は，文化を超えて絶対的なものであると思われがちであるが，固定的なものでも本能によって規定されるものでもなく，その地域に暮らす人びとの生活や意識の変化によって形づくられる。草津温泉における込み湯から男女別浴への変化は，そのことを雄弁に語ってくれる事例といえる。

注
1) 代表的な文献として，以下を挙げることができる。山村順次『新観光地理学』大明堂，1995。
2) 中村（旧姓：平澤）亜希子「上州草津温泉にみる入込み湯から男女別浴への変化」筑波大学第二学群日本語・日本文化学類卒業論文，2004.

| コラム 6 | 土浦花火大会と地域商業 | 原野 菜香 |

　花火は日本が世界に誇る文化のひとつであり，夏季を中心に各地で花火大会が開催され，その鑑賞を目的に多くの観光客が訪れる。茨城県土浦市で開催される土浦全国花火競技大会（以下，土浦花火大会）は，秋田県大仙市の全国花火競技大会と新潟県長岡市の長岡まつり大花火大会と並んで，日本三大花火大会とされる。

　土浦花火大会の歴史は古く，1925（大正14）年9月に神龍寺（同市文京町）の住職・秋元梅峯によって始められた。開催の趣旨は，霞ヶ浦海軍航空隊殉職者の慰霊，商工業の活性化，収穫への感謝であった。土浦市立博物館に所蔵されている土浦花火大会の打上表をみると，花火の演目とともに，開催地土浦の商店や企業などが広告を掲載しており，開催当初から地域商業が花火大会に協賛していたことがわかる。この花火打上表の広告数や広告主の変化を，年を追って分析していくと，土浦の地域商業の変化と密接にかかわりつつ，花火大会の在り方も変容していることがわかった[1]。

　花火打上表に掲載された商店や企業等の広告数をみると，開催まもない第2回（1926（大正15）年）においては，広告数が41件であったが，第7回大会（1932（昭和7）年）から土浦商工会が後援につくと，急激に広告数を増やし，第10回大会（1936（昭和11）年）では258件にまで増加した。また，打上表に広告を掲載した店舗の業種を比較すると，第2回大会では，半数以上の24件が飲食店，旅館であるが，第10回大会では商店の広告が131件と圧倒的に多く，全体の51%を占めるようになった。第2回大会で飲食店や旅館の広告が多いのは，打上表に名前を載せることで，花火大会当日の集客を見込める業種であり，花火大会の開催が確実な利益につながる業種であったといえる。一方，第10回大会の花火打上表で商店が数を増やしているのは，回を重ねるごとに花火大会の知名度もあがり，大会当日に多くの人が土浦の商店を訪れ，買回り品の購入を兼ねた花火見物客が増えたことを示唆している。このように，土浦花火大会は，大会の経過とともに一部の商業から土浦の商業全体に影響を及ぼすようになり，商店を主とした幅広い業種から協賛を得るまでにいたったのである。

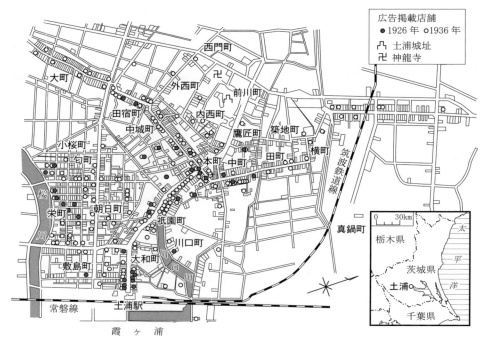

図1　土浦花火大会打上表に広告を掲載した店舗の分布
－1926（大正15）年・1936（昭和11）年－
（土浦市立博物館所蔵「第二回全国煙火共進会」打上表,「第十回記念全国煙火競技大会」打上表により作成）
注）住所不明・図郭外の店舗は図示していない。

　また，広告を掲載した店舗の分布を示した図1をみると，第2回大会においては広告掲載者が目立って集中する地域はみられないが，第10回大会になると，新市街地（三好町，敷島町，朝日町，匂町，小桜町，栄町）の広告が多く，全体のおよそ4分の1を占めている。これは，1926年における新市街地の造成によって区画整理され，土浦町内の喫茶店や料理店，当時の土浦町に現われ始めた「カフェー」などの集団移転が行われたことと関係している。一方，いわゆる老舗店舗が多く存在する本町，中城町，田宿町などの旧水戸街道沿いの店舗の広告の増加も顕著である。開催初期の土浦花火大会が，回を重ねるにつれ，地区や業種を問わず町全体の商業から広く協賛を受けるようになっていった。花火大会の開催によって大きな利益が期待できる地域商

コラム6　土浦花火大会と地域商業　155

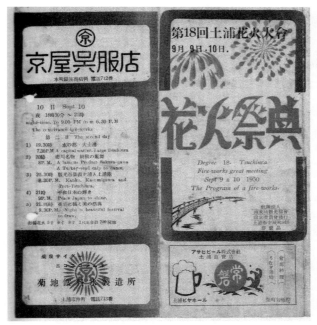

図2　第18回土浦花火大会の
プログラム
－1950（昭和25）年－
（土浦市立博物館所蔵）

業が，協賛者となることを通して，積極的に大会運営を支えていたことを示している。

　第二次世界大戦後，日本経済の急速な復興とともに，土浦の商業は大きな転換期を迎えた。土浦花火大会の協賛広告に，土浦駅前の都市型デパートが載るようなったことは，既存の商店とデパートが共存する当時の地域商業の状況を反映している。

　その後，土浦花火大会は競技大会としての性格が強まり（図2，図3），大会規模の拡大，規定の整備が進められていったが，一方で土浦の商業は，買い物客の他の都市への流出や，バブル崩壊による不況の影響により，商店数の停滞，経営状況の悪化がみられるようになった。土浦花火大会の協賛広告における土浦の商店の協賛数は，花火見物客による利益を見込めなくなり，しだいに協賛者数を減らしていったのである。それにかわるようにして，見物客の購買行動に左右されず，確実な利益が見込める建設業や印刷業など，大会運営にかかわる業種からの協賛が増えることとなった。ここに，土浦花火大会と地域商業との関係の希薄化を読み取ることができる。

　土浦花火大会と開催地土浦の地域商業は，開催当初，互いの成功・発展に貢献する密接なつながりをもっていたが，現在にいたるまでの間に大会規模の拡大や地域商業

図3　第57回全国花火競技大会
のポスター
－1988（昭和63）年－
（土浦市立博物館所蔵）

の変容の影響を受け，関係性を薄めていったことが明らかになった。今後の土浦花火大会が，同市の振興に寄与する観光資源であり続けるためには，自治体や地域住民をまきこんだ関係性の再構築，花火大会と開催地の商業・住民との一体感の創出が重要であり，そのための施策を打ち出す必要がある。

注
1) 田部井菜香「土浦花火大会の変遷と地域商業の支援」筑波大学日本語・日本文化学類卒業論文，2005。原野菜香「土浦の花火と地域商業の支援」（土浦市立博物館編『花火と土浦－祈る心・競う伎』土浦市，2018），94-101 頁。

第Ⅳ部
遊ぶ〜非日常の空間〜

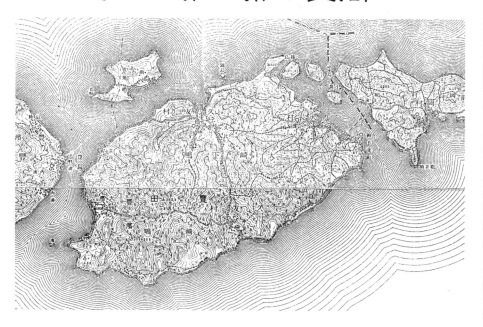

広島県呉市・大崎下島（第13章）

上：5万分の1地形図「三津」（明治31年測図），
　　「波止浜」（明治31年測図）
左：御手洗地区での現地調査の様子
　　（2003年撮影）

第12章 伊賀上野城下町の鎮守社とその祭礼の変化
― 非日常からみえる城下町町人の生活文化 ―

渡辺 康代

はじめに ～「非日常」から照射される「日常」～

「伊賀上野」の名で呼ばれ，伊賀忍者の里として親しまれる三重県伊賀市上野は，戦国時代以来の城下町として発達した。この町における最大の祭礼は，町の鎮守社である上野天神宮において行われる「上野天神祭」である。上野天神祭は10月25日に最も近い日曜日を本祭日とし，金曜日に宵山が，土曜日には足揃えの儀と宵山が開催される。本祭日である日曜日には，「楼車町」と呼ばれる車担当の本町筋・二ノ町筋の各町が出す町印および楼車（図1）と，「鬼町」と呼ばれる三ノ町筋の各町が担当する能面や鬼面を付けた仮装集団が練り歩き（図2），美しさと滑稽さが混在した迫力ある祭礼が行われる。

しかしながら，町印と楼車，鬼行列といった現在みられるような祭礼の内容は，城下町が建設された16世紀末以降，変化なく継承されてきたわけではなかった。実際には，これらの祭礼内容は時代ごとの人びとのさまざまな価値観の変化を経て，取捨選択された結果である。

また，祭礼の内容だけではなく，一見変化が乏しいと思われる鎮守社や，そこで行われる神事のあり方も時代によって変化してきた。鎮守社とは，国・郡・城・寺院・町・村落などを守護する神社であるが，これも城主の交代や明治期の神社合祀などを契機として，その所在地や規模，氏子構成に変化が生じるケースは少なく

図1 西町の町印と楼車
（2011年10月，筆者撮影）

なかった。本章で取り上げる上野天神宮もその一例である。上野の豪商で国学者でもあった菊岡如幻（1625～1703）が著した伊賀の地誌「伊水温故」によれば，上野天神宮は伊賀上野に存在した平楽寺の鎮守社であったが，1581（天正 9）年の織田信長による伊賀郷士掃討作戦（天正伊賀の乱）によって破壊され，社を上野村における「山ノ神ノ地」に遷宮したという[1]。

国や荘園，城といった領域全体を守護する鎮守社の造立や修築，その神事の執行は，中世領主の重要な役目であった[2]。多くの祭礼では，領主を中心とする神事に加えて，領民を担い手とする祭りも行われた。この領民が

図2　三ノ町筋の鬼行列
（2018 年 10 月，筆者撮影）

行った祭りのことを本章では神事との混同を避けるため「付祭り」[3]と呼び，区別する。本章では，鎮守社における神事や領民が行った付祭りの変化から，城下町の構造や祭礼の担い手となった城下町町人の生活文化とその変容を読み解いてみたい。

I．伊賀国上野城下町の形成と祭礼
（1）筒井時代

ここではまず，上野城下町の形成過程と，中近世移行期の祭礼を概観する。江戸時代の上野天神宮では，大般若経 600 巻を読む転読法会などが神事として執行されていた。江戸時代における上野天神宮の神事で大般若経の転読が継続されていた理由のひとつとして，1585（天正 13）年，大和国から伊賀国上野城主となった筒井定次がおよぼした文化的影響が考えられる。筒井定次は，長田川・木津川水運および大和街道による水陸両運での大和国との結びつきを重視し，平楽寺跡に城郭（上野城）を築き（図3），上野台地の西端部から沖積低地に城下町を形成した。このとき建設された城下町は，上野城の西端に設けられた北口と南口の虎口，すなわち旧大手門前に，小田村と長田村市場に連続するかたちで小田町が伸びていた。このような，城の大手門から出る道がメインの「町通り」となる城下町の構造をタテ町型城下町という。16 世紀末の上野城下町における古社としては，上野天満宮（上野天神宮のこと：神仏習合であった前近代には，仏教色の強い天満宮と記載することもあった）のほか小田町の北に平井天神社，「小田町西ノ出口」に阿拝郡社の阿拝神社，西之丸の蔵王宮（現・金峯神社）

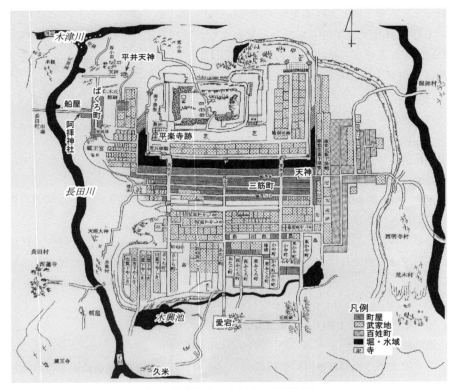

図3　寛永年間における上野城下町
(伊賀市上野図書館所蔵「寛永年間(1624～44)上野古図」により作成)

などがあった。

　大和武士としての来歴を有し，大和国から伊賀国に入った城主筒井定次時代の上野城内では，奈良の神官・寺僧らが神事の一翼を担っていた。菊岡如幻が1682（天和2）年に著したのが，中近世移行期を中心とする伊賀の民間伝承を集録した「茅栗草子」である。これによると，筒井時代の正月には奈良より神官らを招き，小正月（正月十五日）には松囃子[4]や左義長を行うなど，春日大社や興福寺との密接な繋がりをもつ正月行事が執行されていた。また，上野天神宮では大般若経の転読法会や，貴賤を問わない能曲の演舞とその観覧も行われていた[5]。「茅栗草子」には正月行事をはじめ，年中行事が「末頼母設」[6]行われていたとあり，年中行事の執行は中近世移

行期の城主の任務であるとする当時の人びとの認識を読み取ることができる。

「茅栗草子」には，16世紀末期において上野城下町の人びとが行った付祭りについての記載がある。たとえば，正月の準備の際に，庭に臼を並べて「千本杵」による餅搗踊りをするのが慣わしであった。この際には3，4人が派手な装束を着て唐団扇をふりながら音頭を取り，鼓太鼓を打ち鳴らす太鼓踊りを行うなど，16世紀末から17世紀初頭の上野においては「踊り」が流行していた。筒井定次によって西之丸から「小田町西ノ出口」に移遷された[7]と伝えられる阿拝神社では毎年旧暦10月13日に「杵祭」が，金峯神社（旧・蔵王宮）では，西之丸・向嶋町から木興池にいたる地域を氏子圏とした「餅搗」が毎年旧暦9月9日に行われてきた[8]。阿拝神社も金峯神社も，ともに収穫を祝う秋祭りが行われており，餅搗踊りは当時の上野城下町における付祭りの特徴的な内容であった。

(2) 藤堂時代

1608（慶長13）年，徳川家康の命を受け，大坂方への守りを固めるために伊賀国へ入国した藤堂高虎は上野城下町の大変革を実施し，1611（慶長16）年より城下町を再建した。前述のとおり，城の大手門から出る道がメインの「町通り」となる城下町の構造をタテ町型城下町という。一方，大手門から出る道がメインの「町通り」とはならず，それに直交する道がメインの「町通り」となる城下町の構造をヨコ町型城下町という。藤堂高虎は，城の西側に設けられた南北両口の虎口から出る道にメインの町通りである「小田町」が発達していたタテ町型城下町であった上野城下町を，現在の上野市街地にみられるように，郭外に東西の大手口を設け，大手通りに対して直交する道沿いに町人町が連なるヨコ町型城下町に変えた。これにより，本町通・二ノ町通・三ノ町通からなる三筋町が整えられた近世的な上野城下町が完成した。中近世移行期において人口集積の顕著な中心街区であった上野台地西端部から沖積低地にかけては，藤堂高虎の入封以降に，その位置づけが大幅に変更されたといえる。

藤堂高虎は1608年の伊賀・伊勢国への入封直後から，上野・名張（簗瀬）・阿保の3か町（図4）に伊賀国内の商業機能を集中させる計画を立てた。1704（宝永元）年には平田・佐那具なども在町として認められたものの，伊賀国の郷中にあった郷士と商工業者らを上野城下に集める施策がとられていた。前述のとおり上野城下町では，城郭に対して平行な街路をもつ三筋町が整備され，ここが町人町となっていた。津藩

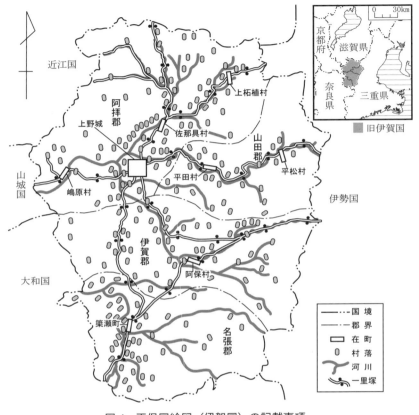

図4 正保国絵図（伊賀国）の記載事項
(『三重県史 別編 絵図・地図』により作成)

は上野城下町の繁栄を期すため、三筋町町人に対して町屋敷地にかかる地子銭を免除する特権を与えたばかりでなく、城下の南東部に広がる野畠の開墾を町人にゆだね、その開墾地は無年貢とした。さまざまな特権を付与して各地の郷士と商工業者を城下町に招致していたことからも、藤堂高虎はこれらの人びとを三筋町町人とすることを念頭においていたと考えられる[9]。

　藤堂高虎の入封以降、新たに「ばくろ（博労）町」など、同業者を集住させることを意図した町名が現れている。藤堂高虎は、筒井時代以上に上野への商工業者の集住政策を推し進め、「鍛冶町」「紺屋町」「魚町」などの各町で構成される三筋町を中心

第 12 章　伊賀上野城下町の鎮守社とその祭礼の変化　163

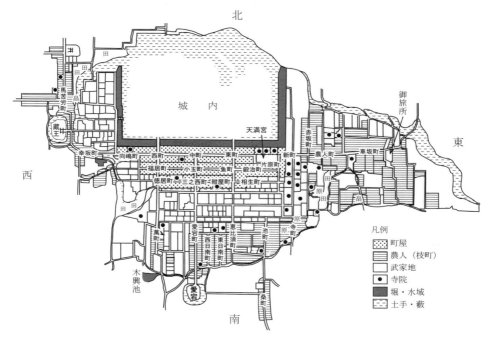

図 5　江戸時代中期における上野城下町
（1731（享保 16）～ 1743（寛保 3）年頃「上野城下町絵図」（『大阪・近畿 (1) の城下町』（城下町古地図散歩 4）平凡社，1996 年，143 頁）により作成）
注）図中の「天満宮」は上野天神宮のこと。神仏習合により，仏教色の強い「上野天満宮」と呼ばれる場合もあった。

街区とし，三筋町の東端には「寺町」を，城下町の西端に相当することになった旧小田町には博労町（図中の馬苦労町）を置いた（図5）。これは道路の前方を遮って遠くを見通せないようにした工夫であり，城下町の遠見遮断として防衛機能を充実させたものと考えられる。

このように，17世紀初頭の上野城下町は，それまでの城下北西部を中心とした構造から，城に南接する地区に三筋の町人町を立て，これを城下町の中心とするものへと変化した。こうした城下町の再編は，鎮守社の勧請とその祭礼の開始という，文化面での変化ももたらした。1581（天正 9）年に上野村の「山ノ神ノ地」に遷されていた上野天満宮は，1637（寛永 14）年に津藩によって城下町の鎮守社として再建され，同社地をとりまく環境は東大手前の本町（現・東町）となった。

上野天神宮の祭礼は，城内および城下町に神輿が渡御し，それに氏子町人らが参加するものとして，1660（万治3）年に再興された。17世紀後期には三筋町の氏子各町からの付祭りとして，大名行列を模した「大名奴」や，築城の巨石運搬を模した「石引」などの仮装行列が出されていた。さらに，1686（貞享3）年頃には，上野天神宮祭礼における人形芝居の興行について，津藩重臣層から藩主に伺いを立てることが通例となっていた。鎮守社の設定とその付祭りの実施は，さまざまな地域から集めた人びとに新たに造成した街区で暮らし続けてもらうために，近世城下町のプランナーが重要視したソフト面の事業のひとつと位置づけることができる。

　また，津藩による1615（元和元）年における城下南端への愛宕山愛宕寺の寄進[10]は，城南の防御という意味合いと上野城下町の南部への拡張を物語っている。17世紀初頭において上野城下の町並みは大きく変化しており，それが城下町の鎮守社としての上野天神宮の再建，および付祭りの一新に象徴的に現れている。このように，鎮守社の勧請とその祭礼から，当時の庶民の日常の暮らしを逆照射することができる。

II．18世紀以降における上野天神宮の祭礼内容の変化

(1) 18世紀半ばまでの祭礼内容

　上野天神宮には，祭神菅原道真の没後850年に当たった1752（宝暦2）年に祭事を行うため，伊賀国一円に御供袋を配付して寄進を募るなどの資金調達からその実施に至るまでの詳細を記した『天満宮八百五十歳祭事記録』[11]（以下，『祭事記録』と略記）が残されている。『祭事記録』のおもな筆者は東町の森九兵衛（新堂屋）であり，彼は片原町の玉岡久兵衛（布屋）や東町の楓井利右衛門（舛屋）とともに天神宮の宮肝煎を務めた。この史料からは，祭事の内容とともにそれを支えた上野城下町における人びとの経済状況や産業の展開が判明する。

　資金調達は祭事の前年から始められていたため，『祭事記録』からは1751（宝暦元）年の上野天神宮祭礼の付祭りの内容を知ることができる。1751年の9月25日は途中から雨天となったため，神輿は早々に城内に渡し，城下町へは渋紙をかけての渡御となった。神輿に続き町々から「出し」や「印」（町印）（図1）の供奉があったが，雨のため人形などは渋紙に包み，絹織物の類も取りはずされた。この記録から，当時の通常の付祭りは町毎の「出し」や「印」，人形，絹幟，作り花などが進んでいく「練り物」形式であったことがわかる。なお，1690（元禄3）年には，松尾芭蕉の門弟服部土芳

の俳諧仲間の下男が，四方を守護する四天王のうち南の守護神である増長天の面を付けて練り物行列に出ていたという記録もみられる[12]。

　車坂町の天神宮御旅所（図5）で1752（宝暦2）年の2月10日から29日にかけて開催された八百五十歳祭事において，ひときわ目立った催し物は歌舞伎芝居であった。いかなる参詣客，すなわち芝居等の見物客が城下町に群集していたのかが推測できる記録を『祭事記録』の1752年2月22日条[13]にみることができる。

　この日，上野城下町から北東に5kmほどはなれた佐那具村では，およそ63軒を焼失する「郷中火事ニは近年珍敷」火災が発生した。とくに問屋付近の焼失具合に注意が払われているのは，上野城下町の商業が米・綿・苧粕・菜種など，郷中からの生産物に立脚していたためである。そして，佐那具村の人びとはこぞって祭事の芝居見物に来ており，大半の家が留守であったことが，火の回りを食い止めきれず大火となった要因となった。偶然にも祭事の間に火災がおこったため，村中を空けるほどに村人が芝居を観に城下町にやってきていたという事実が記録されたのである。

　この状況はおそらく近郷においても同様であったと想定され，御旅所は近郷からの参詣客で賑わっていたものと思われる。祭事における大般若経転読法会や歌舞伎芝居などの興行的な催し物は，城下町住民はもとより，在郷の人びとのために行われていた。例年の上野天神宮祭礼もまた同様であったと考えられよう。

　1752年の2月10日から29日までの祭事期間中に納められた参物（賽銭）は，銀1貫959匁1分5厘にのぼり，これは全収益の2割1分に達した。『祭事記録』には，ほぼ毎日のように芝居見物の客入りと参物の状況が記されており，両者は比例していた。芝居見物は人びとの楽しみのための催しものであると同時に寺社への寄進の一形態であり，多くの在郷の人びとがこれに寄与していた。『祭事記録』からは，上野城下町の祭事の支援者には，多数の在郷の人びとが含まれていたという実態をとらえることができる。すなわち，この時期における伊賀国の在郷の人びとには，祭事を楽しむだけの経済的なゆとりがあったことが指摘できる。

(2) 18世紀半ば以降における祭礼内容の変化

　将軍の上覧を得た江戸の山王・神田両祭，すなわち天下祭の形式と内容が全国各地の城下町に与えた影響力は大きかったと考えられる。上野天神宮祭礼の付祭りもこれらの影響を受け，その内容に変化が現れた。

19 世紀前半に江戸幕府により編纂された徳川家の歴史書である『徳川實紀』によって山王祭の開始をたどると，1635（寛永 12）年 6 月 15 日に三代将軍家光によってはじめて山王祭の上覧が行われたことがわかる [14]。これ以降，明暦の大火や将軍の逝去等の忌服年を除くと，1639（寛永 16）年より隔年に山王祭とその上覧の実施が記録されている。山王祭が「天下祭」と称される理由としては，山車が城内入りをして将軍の上覧を受けたことに加えて，原則的に江戸幕府の費用負担によって神輿や祭具が新調・修復されたことが挙げられる [15]。しかし，1721（享保 6）年には芝居舞台となる「屋台」が禁止されるなど，付祭りの内容についても緊縮令が出された。『武江年表』に江戸の付祭り内容をみても，1721 年条 [16] に「四月，諸社の祭礼の時，屋台と名づけたる物を出す事御停止あり」，「享保年間記事」に「屋台は享保六年に御停止ありて，其の後は出しばかりを出す」とある。

神田祭の研究から，江戸の天下祭は享保の改革以降，寛政の改革や天保の改革などにより緊縮され，時代により構成・規模が変更されてきた [17] ことが明らかになってきた。享保の改革による屋台禁止後，九代将軍家重が将軍に就任してからの 1750（寛延 3）年以降，神田祭の付祭りは再び盛大になった [18]。寛政の改革（1787 〜 93）により，付祭りは再び緊縮化され，それが弛緩する文化・文政期には再び付祭りの規模は拡大した。1841（天保 12）年から始まる天保の改革期の付祭りへの規制は，寛政の改革期のそれよりは緩やかな踊屋台を含む行列形式が定型となり，これが幕末まで続いた。

このような江戸の天下祭における付祭りへの諸規制とその弛緩に対応して，上野城下町では神輿渡御に供奉される付祭りの内容が幕府の価値観に照らして選択されてきた。1758（宝暦 8）年 [19] の西町に「武者車」がみえ，18 世紀半ばの三筋町では付祭りに人形車を出す町が現れた。西町には，1758 年から記され始めた「祭礼帳」[20] が伝存しており，この存在からも，当年における西町の付祭り内容の変化が想定される。前述の，1751（宝暦元）年の付祭りに「人形」が出されていたこととも符合するが，「祭礼帳」には，毎年車の曳き手 2 人が記されているため，人形車は大勢の曳き手を要しない小型のものであったと判断される。1758 年には，東町からは付祭りに女子を出すことの願書が出されており，これらは将軍家重時代における緊縮令の弛緩に沿った動きであった。

西町における楼車の初見は 1797（寛政 9）年である。19 世紀に入ると西町町人の力は「車」「ねり物」ではなく楼車に傾注されていった。18 世紀末から楼車が採択さ

れ始めたことで，曳き手などの付祭りの担い手も増加傾向にあった[21]。化政文化が花開く江戸で付祭りへの規制が弛緩する時期と，上野城下町における楼車の採択時期とは符合している。本町筋と二ノ町筋の町々，計10町が付祭りに楼車を出すようになったが，三ノ町筋の町々は従来の練り物行列である鬼行列を踏襲した。伊賀地震にみまわれた1854（安政元）年では，地震の混乱のなかにおいても，三ノ町筋の町々による鬼行列と三筋町の各町の印（図6），引太鼓だけは神輿に供奉されており，これらが主要な付祭り内容であったことがわかる。

19世紀初頭より本格的に採択されていった楼車の2階部分では，祇園囃子が演奏され，四方は絹織物の垂れ幕で覆われるなど，伊賀上野の楼車は，京の祇園祭における山鉾の系譜を引く構造をとっている（図7）。東町では，近江より「八ツ棟」という楼車を購入したと伝えられている。また，現在は東町の囃子に残るのみであるが，三味線囃子の存在も，1813（文化10）年の魚町の「祭礼要用控」[22]に「三味線引雇賃」や「三味線損料」「三味線糸代」とあることによってわかる。上野天神宮祭礼の人形車と三味線囃子は，楼車の採択のなかで「祇園囃子」に主役を譲り，東町だけがもとの囃子のあり方を継承したものと判断される。芝居の踊り手や人形を乗せ，三味線囃子がともなわれる「底抜け屋台」は，江戸を中心に関東地方に多くみられた付祭りの内容であり，津藩の津城下町においては江戸の付祭りの型が採択されていた[23]。一方，上野天神宮祭礼の付祭りの内容は，人形車と三味線囃子という，津や江戸の付祭りの型の系譜下にあった段階から，19世紀に入ると新たに楼車と祇園囃子という上方文化の系譜下に移行していく動きがみられた。

図6　中町の町印
（2018年10月，筆者撮影）

図7　東町の楼車
（2018年10月，筆者撮影）

おわりに

　以上のことから，遺存する過去の城下町の仕組みや町人の日常の暮らしを，現在の町の様子から浮かび上がらせるための2通りの抽出方法がみえてくる。

　ひとつは，町に祀られてきた諸社の勧請・再勧請の時期とその場所を確認することである。本章の事例に即してみれば，中近世移行期における筒井定次時代と，藤堂高虎による1611（慶長16）年からの城下町再建後の伊賀上野城下町の構造と鎮守社およびその祭礼内容には相違があった。城下町に複数の鎮守社が存在する場合，それぞれの勧請・再勧請時期を検討することは，町場としての開発の先行地区と後発地区とを判断する際のひとつの指標となる。町の諸社とその祭礼を検討することによって，城主による城下町建設というハード面の事業は，イベント（催し）および町人らの集会や協働の場としての鎮守社の勧請とその祭礼といったソフト面での「まちづくり」をともなって進行していたことがみえてくる。ひるがえって，城下町というニュータウンに越してきた人びとは，そこでおのおのが士農工商業に従事するだけでなく，鎮守社の管理とその祭礼の実施という協働をもつことで，新たな地域社会と生活文化を構築していったことがわかる。

　もうひとつは，町の鎮守社における祭礼内容の変遷を検討することである。たとえば，上野城下町においては，幕府の規制に対して忠実な付祭り内容の変化がその特徴として挙げられる。18世紀半ば以降には町人および在郷の人びとの協賛によって祭礼が支援されており，これらの人びとに祭事を楽しむだけの経済的なゆとりが生まれていたことが明らかになった。19世紀以降，上野天神宮祭礼の付祭りに京風の楼車が採択されたのは，上方と伊賀との，人・もの・文化の密接な交流が背景にあると考えられる。このように祭礼という「非日常」には，城下町町人らの日常的な生活文化が強く反映されているのである。

　本章で述べた伊賀上野の祭礼内容の変化を物差しにして，全国各地の城下町，宿場町，港町，門前町，在郷町，農山漁村に受け継がれてきた貴重な伝統祭礼を分析し，その特徴をとらえることができよう。付祭りに対する為政者の規制に，各地の人びとはどう対応していたのであろうか。今後明らかにしていけることがたくさんある。

注
1）菊岡如幻「伊水温故」，上野市古文献刊行会編『伊水温故』上野市，1687（1983復刻），9-11頁。菊岡氏は久米村出身の元郷士であった。

2) 水藤真『片隅の中世播磨国鵤庄の日々』吉川弘文館，2000。

3) 渡辺康代「宇都宮明神の「付祭り」にみる宇都宮町人町の変容」歴史地理学44-2, 2002, 25-44頁。

4) 松囃子とは，笠鉾を主とする盆の踊りと同じく，町や在の人びとが作り物を担ぎ，派手な衣装を着るなどして正月に囃子や踊りの芸を演じたものであった。

5) 菊岡如幻「伊乱記」，伊賀古文献刊行会編『伊賀旧考　伊乱記』伊賀市，1679（2006復刻），96-97頁。

6)「茅栗草子」には，17世紀初頭において多くの商家を有した町として，小田町が頻出する。このほか「小田里」「長田市場」「西之丸ノ蔵王町」などの地域の話が多いことから，中近世移行期における上野城下町の中心が，上野台地西端部から沖積低地に所在していたと判断される。菊岡如幻・沖森直三郎編『茅栗草子』上下巻，沖森書店，1682（1967復刻）。

7)『大日本國誌　伊賀国第1巻－「原本　東京大学史料編纂所所蔵版」－』ゆまに書房，1988, 359頁。

8)「金峰社祭礼記帳」第参号，1875（明治8）年，伊賀市上野図書館所蔵文書。

9) 福居町の菊岡如幻も，出自は久米村出身の郷士であった。

10) 喜田村矩常編「公室年譜略」，上野市古文献刊行会編『公室年譜略－藤堂藩初期史料』上野市，1774（2002復刻），340頁。

11) 上野市古文献刊行会編『上野天満宮八百五十歳祭事記録』上野市，2004年復刻。

12) 服部土芳・村治圓次郎編『養虫庵集』伊賀史談会，1688～1729（1935復刻），11-12頁。

13) 前掲11），167-168頁。

14) 黒板勝美・国史大系編修会編『国史大系39　徳川實紀　第二篇』吉川弘文館，1964, 683頁。

15)『徳川實紀』1721（享保6）年5月12日条には「山王祭祀調度の料，是まで國費なりしが，今より後は，祭祀のたびたび，銀をかぎりて下さるべければ，其余は別当，神職の者等，よろしくはからふべしと命ぜらる」とみえる（黒板勝美・国史大系編修会編『国史大系45　徳川實紀』第八篇，吉川弘文館，1965, 231頁）。

16) 斎藤月岑『武江年表』，金子光晴校訂『武江年表1』，平凡社，東洋文庫116, 1850（1968復刻），124頁。

17) 作美陽一『大江戸の天下祭り』河出書房新社，1996。岸川雅範「附祭・御雇祭の展開に関する序論－江戸・神田祭に焦点を当てて－」『明治聖徳記念学会紀要』47号，明治聖徳記念学会，2010, 332頁。

18)『江戸町触集成』に「一，神田明神御祭礼之義，古来ハ上覧所前相渡申候処，致中絶，（中略）其砌ハ附祭練物一向無之，出し斗斗出来申候，然ル処寛延三午年より古来之通，上覧所前相渡候様被仰付，夫ヨリ附祭練物差出，其後御祭礼度毎ニ附祭練物之数相増候ニ随ひ」とある。近世史料研究会編『江戸町触集成』第8巻，塙書房，1997, 117頁。

19) 上野市古文献刊行会編『上野町旧記目録』上野市，1990, 135頁。

20)「祭礼帳」，1758（宝暦8）～1866（慶応2）年。上野市教育委員会編『上野天神祭総合調査報告書』2001, 411-416頁。

21)「庁事類編」，1709（宝永6）～1868（慶応4）年，上野市古文献刊行会編『庁事類編』上野市，1976年復刻，385頁。

22)「祭礼要用控」（魚町祭礼記録），1813（文化10）～1841（天保12）年。文化10年分が『上野天神祭総合調査報告書』において復刻されている。前掲20），418-422頁。

23)「八幡御祭禮之次第」，1842（天保13）年，三重県立図書館所蔵文書。

第13章

遊

大崎下島御手洗町における
遊廓と地域社会
― ベッピンとオチョロ舟の生活文化 ―

加藤 晴美

はじめに ～「閉ざされない」遊廓・御手洗～

　江戸時代から近代の日本において，人びとや物資が集まりにぎわいをみせる場所では，遊廓や花街など男性を接待する女性が存在する遊興の空間が数多く形成されてきた。買売春が介在する空間をタブー視する風潮は根強いが，日本の社会において存在してきたこれらの空間は，にぎわいや楽しみといった人びとの暮らしを描くうえで欠かすことのできない要素をもっている。同時に，そこで生きた女性たちの暮らしを記録することは，性の売買という現代社会にも通じる課題を考えるうえでの大きな手がかりになるであろう。

　近年，地理学においても近代の遊廓や花街，あるいは第二次世界大戦後に形成された赤線などを対象として，それらの形成過程やそこで働く女性たちや遊客の具体像を明らかにしようとする研究が行われている[1]。本章は，地理学の視点から近現代の日本に存在した遊興の空間を検討したひとつの例として，瀬戸内大崎下島御手洗（現・広島県呉市豊町）における遊廓と地域社会のかかわりを検討したものである。

Ⅰ．「閉ざされた」空間としての遊廓
（1）近代における遊廓の普及

　「遊廓」という言葉からは，どのような景観や空間が想像されるであろうか。映画や小説などで描かれる「遊廓」は，周囲を堀や塀で囲まれた「廓」の構造をもち，そのなかに「籠の鳥」として花魁などと呼ばれる遊女らが閉じ込められた空間であることが多い。しかしながら，このような空間構造をもつ遊廓は少なくとも江戸時代にはまれであり，江戸新吉原遊廓や京島原遊廓などきわめて限定された主要都市の公認遊廓にのみ存在した。江戸時代における実際の買売春は，その多くが黙認または非公認

の私娼たちによって担われており，彼女らは城下町以外では宿場町や港町，門前町など旅にかかわる空間で売春に従事することが多かった。「廓」によって閉ざされた空間というステロタイプな遊廓像に反して，宿場町や港町，門前町などにおける売春業者や遊女らは一般の地域社会から完全に隔離されることは少なく，これらの地域に存在した遊所は「閉ざされない」空間として地域のなかに混在していた。

　周囲を囲繞した「廓」の構造をもつ遊廓が各地で一般化していくのは，じつは明治後期以降のことである。明治期以降，政府は売買春を国家の管理下に置いて統制し，遊女らは許可を得た「娼妓」として売春に従事するようになった。娼妓らは貸座敷内部でのみ売春を行うことが認められた。貸座敷とは娼妓に売春場所（座敷）を「貸す」という名目で営業した実質的な売春業者である。

　遊廓は地域振興のための有力な手段ととらえられた側面もあり，近代以降，急速にその数を増していった。1881（明治14）年における『内務省統計』によれば，この時期遊廓は全国に586か所存在しており，そのうちの約4割が明治維新後にあらたに許可された遊廓であったという[2]。江戸時代，現在の広島県に相当する地域では，鞆・尾道・忠海・宮島および御手洗の5か所に遊廓の存在が確認されている[3]。いずれも海運の要所となる港町であり，寄港船の船員を対象とした遊興の空間が形成された。また宮島は厳島神社の門前町でもあり，参詣者らも遊廓の主要な客層であったと考えられる。

　図1は大正後期において広島県内に存在する遊廓の立地と貸座敷数を示したものである。この時期，広島県内には19か所の遊廓があり，近代以降遊廓が大幅に増加し

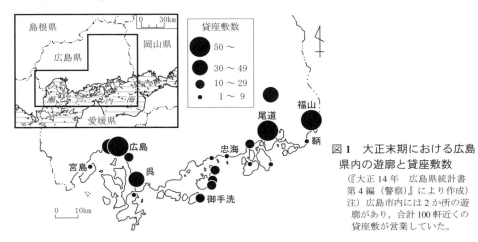

図1　大正末期における広島県内の遊廓と貸座敷数
（『大正14年　広島県統計書第4編（警察）』により作成）
注）広島市内には2か所の遊廓があり，合計100軒近くの貸座敷が営業していた。

たことがわかる。江戸時代に存在した遊所のうち鞆・忠海・宮島は，大正期には貸座敷10軒以下の小規模な遊廓となっていた。これに対し50軒以上の貸座敷を抱える大規模な遊廓は，陸軍第5師団が置かれた広島，陸軍歩兵連隊を擁した福山，商業地として繁栄した尾道に存在した。海軍鎮守府が置かれた呉も貸座敷数30軒以上の遊廓を抱えていた。また，近代以降造船業や鉄工業が発展した因島や向島，大崎上島にも遊廓が開設されたことがわかる。このように，広島県内では近代以降，軍隊や近代的な工業を基盤として発展した地域に遊廓が開設され，兵士や工場労働者らによって遊廓の利用がさかんに行われていたと考えられる。江戸時代には旅先での非日常的な行為であった遊廓の利用は，近代における遊廓の増加と普及によって，より日常的かつ大衆的な行為へと変質していったのである。

(2) 近代遊廓の景観

　明治期における遊廓を検討する際には，都市内部での立地と形態の変化に着目することが重要である。明治30年代前後より市街地に散在する貸座敷の存在が問題視されるようになり，近代的な都市空間建設のため旧来の貸座敷や遊廓を整理統合して都市近郊の一定の区画に囲い込む事業が進められた[4]。この時期，地方中小都市においても遊廓再編の動きが活発化し，近代遊廓の多くは周囲を囲繞した「廓」の構造をもつ「閉ざされた空間」へと変貌した。

　地方中小都市においてこの時期に再編され，新設された多くの遊廓は，その景観に共通点がある。多くの遊廓では入口に大門と称する門柱を設け，ここから伸びる広いメインストリートには桜や柳などの木が街路樹として配されていた。そして門柱からは遊廓を囲んだと思われる柵が延び，メインストリートの両側には貸座敷が立ち並んでいる。大門は遊廓のランドマークであり，遊廓が外界とは異なる空間であることを示す標識としても機能した。こうした景観は近代の地方遊廓によくみられるものであるが，これらは東京新吉原遊廓の景観に類似したものであった（図2）。

　これは地方における遊廓の設置にあたり，遊廓の代名詞ともいえる著名な新吉原遊廓の景観をモデルにしたためと考えられる。新吉原という「ブランド」を援用した景観をもつ遊廓が各地に普及したのであり，全国に数多くつくられたこれらの近代遊廓の存在が，我々が抱くステロタイプな遊廓像につながったと考えられる。一方，これらの遊廓は地域社会から排除・隔離された「閉ざされた空間」であり，娼妓として働

く女性たちは自由な行動を制限されて差別的な扱いを受けることがあった。

しかしながら，娼妓を抱えて営業する「遊廓」でありながら「閉ざされた」遊廓とは異なり，近代以降も「廓」の形態をもたなかった遊廓も存在する[5]。そのひとつである瀬戸内大崎下島の港町御手洗（現・広島県呉市豊町）では，遊女がオチョロ舟と呼ばれる小船に乗って港内の停泊船に漕ぎ寄り，船に宿泊して売春業に従事する慣習があっ

図 2　東京新吉原遊廓の大門と遊廓内部
（筆者所蔵の絵葉書，文字部分はトリミングで削除）

た。このような買売春の形態は江戸時代の港町ではしばしばみられるものであり，利根川沿いの境・猿島などの「船女房」，大坂の「一升ビン」，志摩の「はしりかね」などがよく知られている。近代の売春業統制のもとでは貸座敷以外の場所で娼妓が営業することは原則的に認められなかったが，港町では地域社会の慣習を踏まえて船女房型の買売春を特例として認めるケースがあった。

前述のように「閉ざされた空間」を有する近代遊廓では，娼妓は卑しい業につく女性として差別されることがあり，地域住民と娼妓とが積極的に交流することは少なかった。一方，御手洗では娼妓は「ベッピン（さん）」と呼ばれて地域住民との交流をもった。ベッピンの呼称は差別的な意図を含むものではなく，御手洗における遊廓が「閉ざされた」遊廓とは異なる性質を有していたことを示唆している。近代においても「閉ざされない」空間をもつ遊廓が存続した御手洗では，遊廓をめぐってどのような景観と生活文化がみられたのか，示していく。

Ⅱ．御手洗における遊廓の形成と景観
（1）港町御手洗の成立とオチョロ舟

江戸時代初期，瀬戸内海の中央を航行する沖乗り航路の発達により，御手洗は海上交通の要衝として発展した。清水克志[6]によれば，1666（寛文6）年に初めて屋敷地の造成が許可されると，大崎下島島内の大長村や島外から商人が御手洗に移住し，初期的な集落が形成されたという。図3は，港町としての御手洗の形成過程を示したも

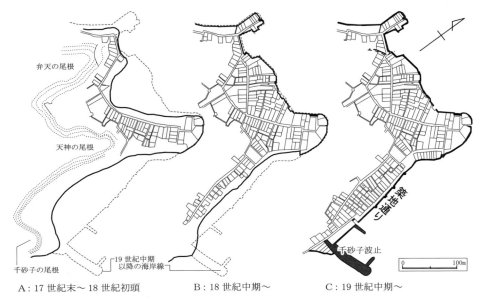

図3 御手洗町の形成過程と築地通りの位置
(清水克志 (2009), 79頁の図2に筆者加筆)

のである。御手洗集落の背後には大崎下島のほぼ中央にそびえる山から分かれた3本の尾根が迫っており、初期的な集落は「天神の尾根」と呼ばれる尾根筋の突端部に形成された。18世紀初頭には「弁天の尾根」と「天神の尾根」との間の海岸線が埋め立てられ、町場の拡大がはかられた。御手洗ではしだいに港に停泊する廻船の船員を対象としたサービス業や販売業などが発展し、人口の増加がみられた。これに対応するように、19世紀初期には広島藩によって「天神の尾根」から「千砂子の尾根」の間に、波止と護岸堤を備えた町場が整備された。このとき整備された区域は築地通りと呼ばれ、近代以降には「遊廓」としての機能をもつようになる。

いつごろ御手洗に遊女が置かれたのか正確なところは不明であるが、1692 (元禄5) 年にドイツ人医師ケンペルが著した日記には、御手洗に入港した停泊船の間を遊女とみられる女性を乗せて漕ぎ回る小船があったと述べられている[7]。1724 (享保9) 年には御手洗で最初の茶屋 (実質的な遊女屋) が開業し、18世紀半ばまでに4軒の茶屋が成立した。遊女数のピークは18世紀半ばごろであったといわれ、1755 (宝暦5)

年には約 100 人の遊女が存在した[8]。広島県の統計によれば，御手洗における貸座敷は 1887（明治 20）年には 7 軒，1925（昭和元）年には 12 軒であった。ただし昭和恐慌を経た 1935（昭和 10）年には遊客数・売上げともに大きく落ち込み，貸座敷数もいったん 1 軒にまで減少した[9]。大正期にはオチョロ舟での営業が広島県警によって禁止されたことがあったが，御手洗町側は 2 年間の猶予を求めるなどしてこれに対抗し，実態としてはその後も 1958（昭和 33）年の売春防止法実施までオチョロ舟での商売は継続された[10]。

　近代の御手洗の人びとは貸座敷を「オナゴヤ」，娼妓らを「ベッピン」と呼んだ。ベッピンはオナゴヤに抱えられており，オナゴヤは客を迎え入れて宿泊させたり，オカゲイシャと呼ばれた芸事のできる芸妓を旅館などに差し向けたりしていた。聞き取り調査によれば，売春防止法施行直前にあたる 1955（昭和 30）年ごろには 11 軒のオナゴヤが営業していたという。ベッピンは第二次世界大戦中よりしだいに減少しはじめ，1955 年ごろには 30 人ほどであったといわれる。

(2) 築地通り周辺の景観とオナゴヤ

　図 4 は昭和初年における御手洗築地通り付近の商店の分布とその業種を示したものである。築地通りは御手洗集落南部に位置しており，海岸線に沿って伸びた埋め立て地である。築地通り周辺には 12 軒のオナゴヤが集中している。オナゴヤは海沿いの築地通りに面した表通りに立地しているものが多く，ここが遊廓としてのメインストリートであったことがうかがえる。また，築地通りには芸妓検番[11]が置かれていた。

　築地通り周辺にはオナゴヤのほか，旅館や飲食店，髪結い，湯屋などがみられた。築地通りの飲食店には遊客を相手に営業する居酒屋が多く，オナゴヤに料理を運ぶ仕出し料理屋もあった。ただし，カフェーや仕出し料理屋，食堂といった飲食店，撞球場や映画館などの娯楽施設は築地通り周辺だけでなく，これに隣接する地区にも分布しており，広義の遊興空間は築地通りを中心としつつも周辺地域に拡大していたことがうかがえる。

　前述のとおり，近代地方都市における遊廓の多くは市街地縁辺部に設置され，大門や柵，あるいは河川や斜面地などの自然環境を活用することによって隔離された。一方，御手洗では築地通り周辺にオナゴヤや検番など遊廓特有の店舗・施設が集中してはいたものの，これらは地域社会から隔離されていたわけではなく大門も設置されて

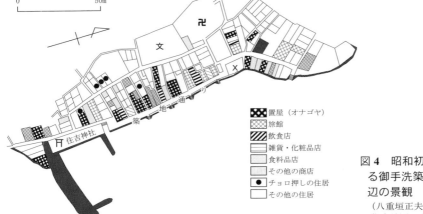

図4 昭和初年における御手洗築地通り周辺の景観
(八重垣正夫氏作成の住宅地図により作成)

いなかった。図4からは遊廓としての機能をもつ築地通り周辺には遊客を対象としたサービス業だけではなく，病院や学校，米穀店や酒店といった食料品店，燃料店，雑貨店など地域住民の日常生活を支える施設・店舗が混在していたことがわかる。

1947（昭和22）年における築地通り周辺居住者の世帯主の職業をみると，特殊飲食業（オナゴヤ）1軒，飲食業3軒，旅館2軒など遊廓と関連する業種だけでなく，古物商・鉄工業・新聞記者・船大工・農業・教員各1軒など遊廓とは直接の関連をもたない地域住民が多数居住していたことが確認できる[12]。住民のほとんどはオナゴヤなどが立ち並ぶ築地通りの裏手に居住しており，御手洗では遊客などを対象とした非日常の空間が地域住民の日常空間から隔離されておらず，両者は混在しあって身近なものとして存在していたということができる。

III．ベッピンの暮らしと地域社会

(1) ベッピンの暮らし

オチョロ舟の漕ぎ手である「チョロ押し」として働いた経験をもつ男性の語りからは，1955（昭和30）年前後におけるベッピンの暮らしを知ることができる[13]。

男性がチョロ押しとして御手洗にやってきたのは，第二次世界大戦後のことであった。オチョロ押しはそれぞれオナゴヤの専属として雇われていた。チョロ押しの住まいはオナゴヤが用意しており，多くは築地通り周辺に居住していた。島外から御手洗に移

住してきた男性が多かったが，島内の女性がチョロ押しになったこともあったという。チョロ押しは日常の仕事以外に，ベッピンを斡旋する業者との交渉に出向くオナゴヤの主人に同行したり，新たに雇い入れるベッピンを迎えに行ったりすることもあったという。ベッピンの雇い入れが決定すると，主人は着物や宝石，洋服や時計など身のまわりの品を調える。これらは広島県竹原や呉からやって来る行商人から購入することが多く，その代金は彼女らの前借に加算された。前借とは働き始める際にオナゴヤの主人から借り受ける借金のことであり，これを返し終わるまでがオナゴヤとの契約期間であったという。前借の返済後，ベッピンは他所で店を構える者のほか，御手洗の青年の妻になる女性もあったという。一方で，御手洗から逃亡したり，馴染み客と駆け落ちしたりするベッピンも少なからず存在した。話者である男性も，御手洗から逃亡したベッピンが徳島で発見され，徳島まで女性を連れ戻しに出かけた経験をもっている。

　第二次世界大戦後から売春防止法施行までの御手洗でベッピンとして働いていた女性のうち，御手洗で初めて娼妓となる女性はごく少数であり，多くは他地域の遊廓で娼妓として働いた経験をもつ女性たちであったという。年齢は若くて16〜17歳，年長の者でも25歳くらいまでと自称することが多かったというが，実際のところはわからない。本名や出身地をベッピン本人が明かすことはほとんどなかったが，筑豊地方や四国などから来ていた女性が多かったといわれている。

　ベッピンたちはオナゴヤで暮らし，たいてい6畳から8畳程度のひとり部屋が与えられていた。第二次世界大戦後のベッピンたちはカンタン服，アッパッパと呼ばれるワンピース状の服を身に着けることが多く，和服は旅館に呼ばれるときなど限られた場合のみ着用していた。ベッピンは服装や化粧の様子が島の娘たちとははっきりと異なっていたため，ベッピンであることは外見から一目瞭然であった。性格が「おとなしい」，「優しい」といわれて客に好まれるベッピンのほか，体にイレズミを入れたり薬物中毒が疑われたりする女性もおり，彼女らはアバレモンといわれて客からは不人気であった。

　ベッピンは毎日，15時ごろになると風呂屋や髪結いへ行って身繕いを済ませ，17時ごろからオチョロ舟に乗り込む。オチョロ舟はそれぞれのオナゴヤが1艘ずつ所有しており，港には毎晩複数のオチョロ舟が出た。ベッピンを乗せたオチョロ舟はブイに繋がれ，客となる船が入港してくるのを待つ。客との交渉の順番は輪番制になっていた。船が入港するとオチョロ舟はその日の順番に従って1艘ずつ船に漕ぎより，交渉

を始める。ただし，馴染み客の船が入ってきた場合には順番に関係なく，そのベッピンを乗せたオチョロ舟が交渉する慣例になっていた。この時刻，御手洗の港にはオチョロ舟だけではなく，停泊船の船員を相手に食べ物を売るウロ船や，飲料水を売る水船などが出ていた。ウロ船では酒やうどん，ミカンなどの果物が売られており，順番を待つオチョロ舟のベッピンたちがこれを食べながら花札に興じることもあったという。

　交渉の順番が来るとブイから離れて停泊船にオチョロ舟を漕ぎ寄せ，まずチョロ押しが船にあがって交渉を始める。チョロ押しにとってはここが腕の見せどころであり，うまく客をその気にさせようとさまざまな方法で交渉する。例えば本来の揚げ代が1000円であったとしても「ほんまは1200円じゃけど1000円でいいわいね」などと言ってまず交渉し，手ごたえを感じたらベッピンを船に上げて客を口説かせる。一人のベッピンに対して複数の客から希望が出た場合は「対抗を打つ」といって揚げ代をつり上げ，より高い値をつけた客を選んだ。交渉が成立すると，客は揚げ代をチョロ押しに支払う。この揚げ代の半分はオナゴヤのものになり，残り半分がベッピンの収入となった。

　一方，交渉不成立になるとオチョロ舟はブイのところに戻り，次の順番が回ってくるのを待つ。何艘かと交渉するうち，たいていは22時か23時，遅くとも深夜1時くらいにはオチョロ舟に乗せていたベッピンは全て停泊船に移り，チョロ押しの仕事はいったん終わりとなる。しかし，時にはこの時間を過ぎても客との交渉が成立しないベッピンが出ることもあった。このような客がつかない状態のことを「お茶をひく」と表現した。お茶をひくことになったベッピンは顔見知りの客に頼みこむか，時にはチョロ押しが揚げ代を立替えてでも客につかせ，最終的にお茶をひくベッピンが出ないように努めた。翌朝5時ごろ，チョロ押しはオナゴヤに宿泊した客をオチョロ舟に乗せて停泊船まで送り，その後停泊船に泊まったベッピンたちを連れて戻った。その後，チョロ押しは砂などで汚れやすいオチョロ舟の清掃を行う。

(2) 地域住民とベッピンのかかわり

　一般的に地域から隔離された近代都市の遊廓では娼妓の行動は規制され，遊廓外に出ることは原則として許可されず，外出可能な場合も遊廓の使用人が娼妓に同行することが多かったといわれる。しかしながら御手洗ではベッピンの行動には比較的自由が認められており，地域住民との交流もほとんど規制されることはなかった。1958（昭和33）年の売春防止法実施によってオナゴヤが廃業するまで，ベッピンは御手洗の

町に繁栄と活況をもたらす存在であったとの指摘がある[14]。町に活況をもたらすベッピンは地域社会から排除されることなく，御手洗の地域住民とベッピンとの間には他地域ではあまりみられないさまざまな交流があった。

　第二次世界大戦後から売春防止法施行までの時期，御手洗では祭礼や運動会などといった島の行事にベッピンを参加させていたという。たとえば，祭礼の際にはベッピンは三味線を弾いて祭りを盛り上げ，さらにダンジリに乗る島の青年に腰巻きやシャツなどを贈ることもあった。運動会ではベッピンらが島の女子青年団と対抗して場を盛り上げた。御手洗においてベッピンとの交流が最も頻繁であったのは島の青年たちであり，ベッピンと島の青年が恋愛関係になることも少なくなかったという。オナゴヤの主人がそれを咎めることはなく，青年らはベッピンを誘って映画を見に出かけ，あるいは料理屋でともに食事をとることもあった。ある話者には，ベッピンに服をねだられてシャツやワンピースを仕立屋で作らせた思い出があるという。ベッピンたちの間では島の青年を恋人に持つことを誇って仲間内で自慢する風潮があり，借金の返済後に島の青年と結婚して御手洗で生活し続ける女性もいた。

　第二次世界大戦後には少なくなったというが，オナゴヤに「仕込み」と呼ばれる少女が住み込んでいる場合があった。彼女らは10歳前後でオナゴヤに引き取られ，将来芸妓となるために学校に通いながら三味線や唄などを習う。ある話者は学校の同級生に仕込みの少女が3人いたことを記憶している。仕込みの少女たちはオナゴヤに住んでいるからといって同級生仲間から疎外されることはなかったというが，放課後は芸事の修業をしなければならなかったため，ほかの子供たちと遊ぶことは少なかった。しかし，彼女らが成長して芸妓となってからも，会えば親しく言葉を交わす仲であったという。

　地域社会におけるベッピンに対する配慮のあらわれとして，ベッピンを対象に設けられた「慰安日」がある。その日はオナゴヤの営業が停止されてベッピンはすべて休業し，芸妓組合が主催する宴会や映画などの興行に参加することになっていた。1937（昭和12）年の中国新聞[15]によれば，慰安日には御手洗町芸妓協同組合が主催する宴会が開催され，90余名の芸娼妓が参加したという。午後は仲間同士で宴会に興じる者や恋人と遊びに出かける者がいたとあり，漫才の興行が行われた。1938（昭和13）年の慰安日には，80名余りのベッピンと木之江警察署長や町長を招いた宴会が催され，映画鑑賞が行われた[16]。

　1930（昭和5）年には，御手洗小学校長や町長をはじめとする有志らによって十分

な教育を受けていないベッピンを対象とした「芸妓学校」が創設されていた[17]。芸妓学校の試みは大正期における廃娼運動の影響を受けたものと考えられ、御手洗において芸娼妓の保護、待遇改善の必要性が認識されていたことを示すものである。

IV. 地域のアイデンティティとしての遊廓

　これまでみてきたように、御手洗における遊廓の様相は東京新吉原遊廓に代表される近代都市の閉鎖的な遊廓のイメージとは異なるものである。「閉ざされない」空間としての遊廓が維持された近代の御手洗において、売春業は卑しい仕事として差別的に扱われたとまではいえず、遊廓や芸娼妓は空間的にも心情的にも、地域住民にとって我々がイメージするよりも身近な存在であった。

　御手洗の地域社会における遊女への親しみや配慮は昭和期に限定されるものではない。それを示唆するもののひとつが、100 墓以上残されている遊女らの墓である[18]。大都市の遊廓ではこのように多数の遊女墓をみることはほとんどなく、寺院の門前に遊女の遺体を打ち捨てた話が伝わることもある。筆者が調査した利根川べりの松岸遊廓（現・千葉県銚子市）では亡くなった遊女は村の檀那寺の一画にまとめて葬られたと伝えられ、遊女個人の墓は馴染み客が建立したとされる 1 基が残るのみであった[19]。これに対し、御手洗に残された多くの遊女墓は、彼女らを尊重しようとする地域社会のあり方を示している。

　これは御手洗における遊廓の重要性を反映したものでもある。地域経済に活況をもたらす外部者を誘引する遊廓は有力な「産業」であり、遊廓の周辺に存在する飲食店や酒店、芸娼妓とかかわりの深い呉服店や小間物屋など、地域社会の経済活動を活性化した。昭和 10 年代における御手洗港へはサイダーやラムネ、洋酒、牛肉といった当時は比較的珍しかったであろうハイカラな食品類が移入されていた[20]。これらの多くは遊廓やその周辺の繁華な商業地域において消費されたと推測され、当時の御手洗のにぎわいを示すものであろう。近代以降、商港としての機能が低下するなかでサービス業の重要性は相対的に高まり、ベッピンは地域社会の繁栄を支える重要な存在となった。御手洗の地域住民とベッピンの間にはともに町を支えるという一種の共同体意識があったようにみえる。

　御手洗の集落中心部は 1994（平成 6）年に重要伝統的建造物群保存地区に指定された。現在は茶屋（遊女屋）であった若胡子屋の内部が公開されている。また遊女墓が

並ぶ「おいらん公園」が整備されるなど，遊廓を地域の歴史や文化としてとらえ，観光資源としても活用する試みが行われている。遊廓が存在した過去を覆い隠そうとする，あるいはその歴史を積極的に語ろうとしない地域が多いなかで，御手洗では現代においても遊廓の存在を身近なものととらえて地域振興に活用している。地域社会における遊廓のあり方は現代社会にも影響を与え，地域のアイデンティティの一部として生き続けているのである。

おわりに

　遊廓は近代以降急速に増加し，地方中小都市へと拡大した。我々の身近な地域にもかつて遊廓が存在したかもしれない。明治後期から昭和前期の都市地図を注意深く眺めたとき，市街地の縁辺に計画的に設置されたと思われる広い街路をもつ方形の区画が見出されるならば，それは明治後期以降につくられた「遊廓」である可能性が高い。自治体史や府県統計書，昭和前期に刊行された『全国遊廓案内』などの遊廓ガイドブック，警察史などの資料からその歴史や空間構造などを知ることができる。さらに遊廓とその周辺には遊女（娼妓）だけではなく貸座敷の経営者や遊客，あるいは遊廓周辺で飲食店などのサービス業を営む関連業者，娼妓を斡旋する周旋業者など，さまざまな人びとが存在している。地理学の視点から遊廓を検討しようとするとき，遊廓の立地や空間構造の検討とともに，聞き取り調査や新聞記事の活用，貸座敷史料の検討などから，これらの人びとの具体像を復原することも重要である。調査にあたっては遊廓の「負」の部分にも十分に配慮して人権や個人情報に対する慎重な取り扱いが必要であるが，地域のにぎわいの象徴であり経済的利益を生む遊廓の存在は，地域経済や地域文化を考慮するうえで大きな意味をもつ。ステロタイプな遊廓像にとらわれることなく遊廓の実情を正確にとらえ，これらを地域社会の社会的，経済的状況のなかに位置づけることによって，遊廓が近代の地域社会において有していた意義を鮮明にすることができる。

注
1) たとえば以下のような研究が挙げられる。①加藤政洋『花街－異空間の都市史』朝日新聞社，2005。②加藤政洋『敗戦と赤線－国策売春の時代－』光文社，2009。③加藤晴美「明治前期米沢における遊興空間の形成と貸座敷の存立－貸座敷営業と娼妓の身売りを中心として－」歴史地理学274，2015，1-24頁。
2) 大日方純夫『日本近代国家の成立と警察』校倉書房，1992。明治期以降，それまで非公認であった遊所が正式に営業許可を受けるとともに，外国人向け遊廓や北海道の開拓地遊廓が開かれた。

また，各地の城下町や港町などで新たに多くの遊廓が開設されたことが知られている。
3) 渡辺憲司『江戸遊里盛衰史』講談社，1994, 37-38頁。渡辺は江戸時代の遊所を格付けした「遊所番付」や紀行文などから，近世後期において日本各地に存在した遊所の一覧を作成した。これによれば現在の広島県域には5つの遊所が確認できる。ただし，江戸時代には自然発生的に形成された非合法な遊所も多数存在したと推測されるため，これ以外にも遊所が存在した可能性がある。
4) 前掲1) ①，81-96頁。
5) 近代の公娼制度のもとでは，売春営業が認められ貸座敷が集積した地域を法的には「貸座敷免許地」としたが，慣習的に遊廓と呼んでいた。遊廓という語は周囲を囲繞した「廓」の形態をもつものを限定して指すこともあるが，近代日本では貸座敷が囲い込まれない免許地も実質的に遊廓と呼ばれていた（西山雄大「福岡県における貸座敷免許地にみる遊廓の景観構成」日本建築学会研究報告54, 2015, 577-580頁）。また，大崎下島の東に位置する大崎上島木江では，御手洗と同様にオチョロ舟を利用した遊廓が形成されていた。
6) 清水克志「廻船寄港地御手洗の繁栄とそのなごり－昭和20年代以前の景観と住民の暮らしの復原を通して－」歴史地理学野外研究13, 2009, 77-100頁。
7) ケンペル，斉藤信訳『江戸参府旅行日記』東洋文庫，1979。
8) 豊町教育委員会編・発行『豊町史』，2000, 110-111頁。
9) 広島県編・発行『昭和十年広島県統計書第四編（警察）』，1937。
10) 前掲8) 673-674頁。
11) 芸妓検番は芸妓が所属する置屋と彼女らが差し向けられる旅館・料理屋などとを仲介し，芸妓の派遣や料金・時間の設定などの業務を取り仕切っていた。また，検番は娼妓案内所としての役割を担うことがあり，御手洗ではオナゴヤに宿泊して遊興する遊客はここでその日に営業しているベッピンの名札を確認してからオナゴヤへと向かったという。
12) 豊町教育委員会（当時）所蔵「配給台帳」，1947。
13) 聞き取り調査は2003（平成15）年8月に行った。話者であるK氏は小豆島の西側に位置する豊島（現・香川県小豆郡土庄町）で生まれた。広島県呉市で就労していたところ，知人であった御手洗のオナゴヤの主人からチョロ押しにならないかとの誘いを受けて御手洗に移住した。聞き取り調査によって得られた情報は，K氏が御手洗を訪れた第二次世界大戦後から1958年の売春防止法実施までの時期を対象としている。
14) 木村吉聡「おちょろ舟終えんの記」（私家版），1981。
15) 豊町教育委員会所蔵，中国新聞，1937（昭和12）年4月20日。
16) 豊町教育委員会所蔵，中国新聞，1938（昭和13）年4月23日。
17) 豊町教育委員会所蔵，中国新聞，1930（昭和5）年4月20日。
18) 御手洗では工事中に遊女や遊廓関係者のものとみられる100基以上の墓が発見された。これらは江戸時代の茶屋のひとつである若胡子屋に関連する遊女，童子，使用人らものと推定されており，2003年に「おいらん公園」を整備して墓をうつした。御手洗の集落内にはおいらん公園以外にも複数の遊女墓が確認できる。
19) 加藤晴美「松岸地区における遊廓の成立と展開」歴史地理学調査報告11, 2004, 67-84頁。
20) 前掲6)。

第14章 遊 横須賀における米軍向け歓楽街の形成と変化
― アメリカ文化の受容とにぎわいの形成 ―

双木 俊介

はじめに ～軍港都市の「遊興空間」～

　神奈川県横須賀市は米軍横須賀海軍施設の立地する基地のまちである。米軍基地に隣接する通称「ドブ板通り」周辺は，米軍向けの土産品店や衣料品店，飲食店が建ち並び，「アメリカ的な雰囲気」が漂う歓楽街となっている。第二次世界大戦後のドブ板通りでは行き交う人びとのほとんどは米兵であり，日本人の姿はほとんどなかった。しかし，しだいに日本人もこの独特な雰囲気を求めて訪れるようになり，現在ではドブ板通りは横須賀の主要な観光資源のひとつとなっている（図1）。

　アメリカ的な雰囲気をもつドブ板通りはいかに形成されたのか，本章では横須賀における市街地拡大の過程に着目しながら，とくに第二次世界大戦後を対象として軍港都市ならではの歓楽街の形成と変化を検討していきたい。

　横須賀は1865（慶応元）年の幕府による製鉄所設置を契機として都市化が進んだ。明治期には日本海軍に所属する艦船の統率や出港準備などをつかさどる鎮守府や艦船の建造などを行う海軍工廠が設置された，軍事に特化した軍港都市へと急速な成長を遂げた[1]。このような軍港都市の系譜をもとに第二次世界大戦後も米軍の基地のまちへと変容していった。

　軍港都市の大きな特徴として，消費都市であることがあげられる。消費都市としての側面は，戦前の日本軍の駐

図1　観光客でにぎわうドブ板通り
（2018年，筆者撮影）

留時期と第二次世界大戦後の米軍の駐留時期に共通する特徴であり，軍港都市の消費ではふたつの側面が注目される。まず，軍港都市には「日常的」な消費への対応が求められた。日常的な消費とは，軍隊および軍にかかわる人びと，さらにはその家族への物資の供給である。そのために軍港都市では軍施設が拡大するとともに商業が発達し，なかには軍への納入に特化した御用商人もみられるようになった。

　他方で軍港都市においては「非日常的」な消費の側面も重要とされる。軍港は艦船の乗組員が陸に上がる場であり，軍港都市は上陸する艦船の乗組員にとって「非日常的」な「遊興」の場であった[2]。そのため，上陸した乗組員をおもな顧客とした飲食店や遊興施設が多数建設され，歓楽街が形成されていった。

　そこで，本章では軍港都市横須賀の消費都市という側面に着目し，非日常的な消費を主たる目的とした歓楽街の形成と変化について明らかにする。昭和20年代以降における横須賀市中心部の米軍向け商業が展開する基盤を検討するため，まず明治期以降の横須賀の市街地拡大と歓楽街の立地を概観したい。そして，第二次世界大戦後の米軍向け歓楽街の立地と変化について着目しながら，ドブ板通りが横須賀の主要な観光地へと変化していった背景を検討していきたい。

Ⅰ．軍港都市横須賀の形成

　横須賀の市街地は海食崖が海岸近くまでせまっているため，江戸時代には海岸部の限られた低地に集落の点在する半農半漁の村落であった。江戸湾の一村落であった横須賀は1865（慶応元）年の幕府による製鉄所設置により変貌をとげることとなる。海食崖のせまる地形は居住に制限をもたらす一方で，軍事的には防御に適するものであった。横須賀の沿岸は，艦船を停泊させるのに十分な水深があり，台風時にも高潮の影響が少なかった。加えて，横須賀は東京湾の玄関口に位置し，東京，横浜の防衛の要衝とされた。このような地形および立地の利点により，明治期になると海軍鎮守府や海軍工廠をはじめとする多くの軍事施設が開設され，陸・海軍の関係者をはじめ職工や商業者，さらにその家族などが集まり，軍の諸施設を核とした軍港都市へと成長した。

　明治期以降の人口の急速な増加にともない，市街地も拡大していった。明治初年に市街地が形成したのは汐入から元町（現・本町）にかけての「下町」と呼ばれる低地の地区である（図2）。海軍工廠や鎮守府と近接した下町地区には商店街が連なり歓楽街が形成された。しかし，海岸付近の低地は狭小なため市街地の拡大は制約された。

第 14 章　横須賀における米軍向け歓楽街の形成と変化　185

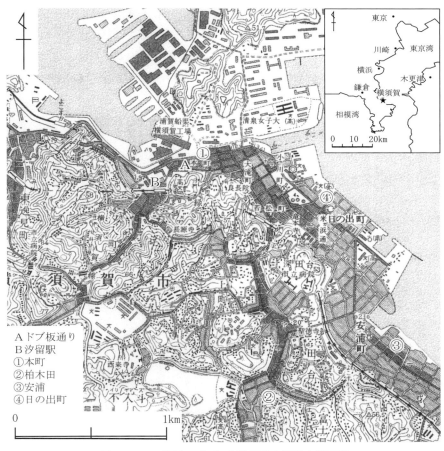

図 2　1962（昭和 37）年の横須賀市街地と歓楽街
（2 万 5 千分の 1 地形図「横須賀」（1962 年修正）を使用）

そのため，市街地の形成には埋め立てや崖の切り崩しによる開発が不可欠であった。地形図中の日の出町や米が浜などはいずれも埋め立てによって拡大した市街地である。
　一方，人口増加にともなって，市街地は「上町」と呼ばれる台地上や周辺の谷戸へも拡大した。市街地の拡大にともない，市域も拡張された[3]。明治初年の横須賀村域は下町地区の一部にすぎなかったが，1889（明治 22）年には逸見村，1906（明治 39）年には豊島町と合併し，1907（明治 40）年には神奈川県で 2 番目に市制が施行された。

大正期にはさらに台地の開発が進み，佐野付近まで市街地となっていった。

　さらにこれらの開発の多くが，横須賀政財界の有力者らをはじめとする民間資本が私費を投じて行った点が特徴といえる。たとえば，小川町は三浦郡長であった小川茂周，若松町は鴨居の商人であった高橋勝七（若松屋），日の出町は旧海軍軍人であった肥後富一郎によって，それぞれ埋め立て開発が進められた[4]。

Ⅱ．横須賀における歓楽街の特徴

　海軍鎮守府や海軍工廠と近接した下町地区は歓楽街として発展していった。元町や旭町（現・本町）など明治初期に成立した商店街には金融機関なども立地した。そのなかでも商業の中心となったのが，通称ドブ板通りであった。海軍工廠や鎮守府に近い旭町の北部や稲岡町，小川町には資材・諸工業や運輸など軍への納入を行う業種が多数みられた。一方，大滝町や若松町には衣料・雑貨や食料品などを取り扱う商店が多く立地し商店街を形成していた。若松町の裏通りには料亭や飲み屋，飲食店や娯楽場が立地していった。

　鎮守府に近いドブ板通り周辺には，退団した兵士を対象とした土産品店もみられた。土産品店では手ぬぐいや記念用の盃などの商品を扱っていた。下町地区には写真店が多く立地していたことも特徴といえる。横須賀は東京湾防衛のための要塞地帯に指定されており，野外の撮影には軍の検閲が必要であった。そのため，写真撮影は許可を得た写真店や写真師が行うことが基本となっており，数多くの写真店が立地し，店舗をもたない海軍出入りの写真師も活躍したという。写真店では軍人や面会に訪れた家族の記念写真を撮影することも多く，スタジオには写真背景用に軍艦や戦闘機のセットもあった。このように，下町地区は中心市街地という特徴だけでなく，軍港都市ならではの商工業が展開していった[5]。

　市街地拡大とともに芸娼妓がおかれた遊廓も開発された[6]。1867（慶応3）年には，横須賀村の東南に位置する公郷村（くごう）の名主であった永島庄兵衛らによって外国人向け遊女屋が，埋め立てによって開発された大滝町に設置された。1868年8月に遊女屋5軒から始まった大滝町遊廓は日本人にも開放され，明治中期には海軍将校など比較的富裕な人びとを客層とする貸座敷が営業していた。

　大滝町遊廓は1888（明治21）年の火災によって消失したが，神奈川県は大滝町での遊廓再建を許可せず，移転を命じた。三浦郡長小川茂周や永島庄兵衛らの協議によっ

て，公郷村字柏木田への移転が決定された。江戸の新吉原にならったとされる柏木田遊廓は格式の高い公娼地とされ，その客層は横須賀に駐屯する陸・海軍の高級士官を中心とする比較的富裕な人びとであったという。

　大滝町，柏木田遊廓は，行政の認可を受けた公娼地であったのに対し，関東大震災後には中心市街地からやや外れた海岸部の埋め立てによって造成された安浦地区に私娼をおく銘酒屋が形成された。安浦3丁目には整然とした町割が施され，約80軒の銘酒屋が立ち並んだ。安浦地区の銘酒屋の建物は1棟あたり45坪以内とされ，その構造も一定に建築された。これらの銘酒屋は当初バラックで営業していたが，昭和初年には多くの店舗が2階建ての本建築へと移行し，周辺には料理屋や居酒屋などが立ち並ぶ歓楽街へと発展した。安浦地区の銘酒屋の客は海軍軍人や海軍工廠の職工，遠洋捕鯨船の船員などが中心であったという。1937（昭和12）年ごろの安浦地区には300人程度の私娼がいた。これに対し，公娼地であった柏木田の娼妓は約200人であり，安浦は柏木田をしのぐ歓楽街へと成長していた。

Ⅲ．米軍向け歓楽街の形成と変化

（1）終戦以後の歓楽街

　横須賀は第二次世界大戦中の建物疎開により建物の一部が解体または移転され，市街地に空地が生じたが，米軍による空襲の被害はほとんど受けなかった。そのため，多くの店舗が終戦後も引き続き営業を続けることができた。しかし，物資は不足し「ヤミ市」が市内各地に開設された。

　一方で，横須賀において終戦後に急速に発展したのが，進駐軍向けの土産品店や飲食店，サービス業である。土産品店は「スーベニヤ」[7] と呼ばれ，1945（昭和20）年11月には「専門店の外に各種の店舗が一斉に土産品を並べ」，「素人が大通りを借りて臨時に土産品店を開店する」[8] というように，終戦直後から数多く出店された。また，スーベニヤだけでなく，バーやキャバレーなどの飲食店もあいついで立ち並んだ。兵士たちの消費熱は旺盛であり，米軍向けの歓楽街はにぎわいをみせた（図3）。

　スーベニヤでは日本の古着や日用品などが販売された。進駐兵士にとって日本の衣類や日用品は物珍しく，土産品としてなんでも売れたという。なかには出征時の寄せ書き日章旗や位牌などを販売するものもあった。進駐兵士は日本趣味や東洋趣味から土産品を買い求める傾向があったが，しだいに消費動向は変化しディナーセット

などの高級陶磁器類やシガレットケースなどの銀製品，絹織物が人気となっていった。「スカジャン」も主要な土産品となった。「スカジャン」は兵士から痛んだスタジアムジャンパーの修理を依頼された際，ついでに刺繍を加えたことが評判となり生まれた。刺繍細工は人気となり，パラシュートのシルク生地を使ってジャンパーを仕立て刺繍するようになった。刺繍のデ

図3　横須賀市内のスーベニアショップと米軍兵
－1967（昭和42）年－
（横須賀市市史資料室所蔵・提供）

ザインは龍，虎，富士山，和装女性などの「日本的な文様」が好まれるようになった。

　兵士たちは，スーベニヤとともにクラブやキャバレーに集まった。クラブやキャバレーでは客に飲食物が提供されるとともに，バンドや蓄音機によりジャズの演奏がなされ，女性ダンサーとのダンスを楽しむ遊興が行われた。日本海軍下士官兵集会所を改修したEMクラブでは水兵たちはビールやコーラを飲み，コップに入れたピーナツをおつまみとして口にしていたという。クラブ内ではバンドによりジャズが演奏され，女性ダンサーと踊る兵士でにぎわった。とくに米軍兵にジャズの生演奏が求められ，多くのジャズスターが横須賀から誕生していった[9]。

　一方で，米軍をはじめとする進駐軍の増加とともに，風紀問題が生じてきた。横須賀では終戦直後に風紀治安の維持を目的として外国人兵士向けの慰安施設が日の出町に開設された。しかし，進駐軍の増加により慰安施設は1か所のみでは不足することとなり，第二次世界大戦前に銘酒屋街であった安浦や船越町の皆ヶ作，遊廓のあった柏木田においても外国人兵士向けの営業が開始された。さらに進駐軍相手の「パンパン」と呼ばれる街娼が急速に増加し，朝鮮戦争期には横須賀市内における街娼は約3000〜5000人にのぼった[10]。

　1952（昭和27）年の調査によれば，基地の将兵全員の1か月間におけるドルと円の交換総額は400万ドル（14億4000万円）であった。それに対し，基地の将兵はスーベニヤに1億4000万円，キャバレー・ビアホールに1億6000万円，タクシー・輪タ

クに7000万円, 街娼などに1億5000万円, その他に8000万円を消費していた[11]。米軍向け商業は, 犯罪や風紀問題をはじめ多くの問題をはらんだものであったが, 第二次世界大戦後における横須賀の地域経済に大きな影響を与えた。

　米軍向け小売, 飲食, サービス業がとりわけ盛況であった時期は, 朝鮮戦争期であった。横須賀基地は朝鮮半島への出撃拠点として, アメリカ本土から動員された兵士や, 朝鮮半島から帰任した兵士でにぎわった。1953 (昭和28) 〜 1954 (昭和29) 年における「A級飲食店」とスーベニヤの分布を示したものが図4である[12]。A級飲食店とは,

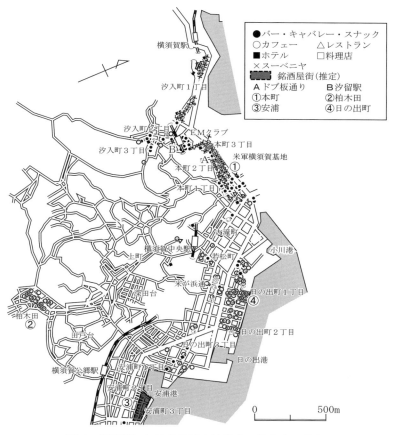

図4　横須賀における米軍向け商店・飲食店の分布
－ 1953 (昭和28) 〜 1954 (昭和29) 年－
(「A級店舗調査票」, 「横須賀三浦商工名鑑」により作成)

1953年に発足した「横須賀市A級倶楽部」に加入した店舗である。この組合により「保健衛生」的観点から「優秀」とされた店舗は、店先に「A級店舗」の看板をかかげることが許された。1953年には横須賀市内で100軒を超える店舗が「A級店舗」として許可されたという[13]。

　米軍向けの土産物店、飲食店、サービス業が集中する地区は、米軍基地沿いのドブ板通りを中心とした汐入から本町にかけてや、上町3丁目（柏木田）、安浦町、日の出町である。また、料理店やカフェーなどは大滝町、若松町、米が浜にもみられる。そのなかで米軍向けの店舗が最も集中する地区は、横須賀駅から汐留駅（現・汐入駅）、本町にかけての米軍基地（ベース）沿いである。この地区にはスーベニヤとともにキャバレーやバーなどの飲食店が多数みられた。

　汐入・本町以外の地区にはスーベニヤはほとんどみられず、キャバレー、バー、カフェーなどの飲食店のみが集中した。その背景には、柏木田や安浦がいずれも第二次世界大戦前からの遊廓や銘酒屋街であったことが考えられる。このうち、もともと遊廓のあった柏木田は、第二次世界大戦後になると公娼制度の廃止により赤線地区として特殊飲食店が営業を続けた。柏木田には英語を話すことができるホステスも多く、米軍将校も訪れたという。

　一方、安浦町1丁目、2丁目にも飲食店が数多く分布しているが、これは隣接する安浦3丁目が戦前期からの銘酒屋街であったことが背景にあると考えられる。昭和初期に私娼をおく銘酒屋街となった安浦町3丁目では、第二次世界大戦後も計画的な区画に銘酒屋が軒を連ねた。それに対し、日の出町は1929（昭和4）～1931（昭和6）年にかけて埋め立てにより開発された地区である。開発当初は住宅や港湾施設として利用が計画された地区であった。しかし、1945年の米兵向け慰安施設の開設により、この地区は歓楽街へと変容した。第二次世界大戦後の占領軍の進駐にともない、日の出町には1945年9月3日に海軍工員宿舎に「安浦ハウス」と呼ばれる米軍向け慰安施設が開設された。この慰安施設の開設には横須賀市終戦連絡委員会や警察などが関与し、日の出町に隣接する安浦町から安浦私娼組合の接客婦170人を出張させて営業した[14]。

　安浦ハウスでは開設直後から花柳病（性病）が問題となった。花柳病の蔓延により安浦ハウスは開設直後の9月14日に一時閉鎖された。安浦ハウスの閉鎖はまもなく解除されるが、1946（昭和21）年1月21日に連合国総司令部（GHQ）から発せられ

た「公娼廃止に関する覚書」により,占領軍用慰安施設の廃止が決定され,安浦ハウスも閉鎖されることとなった。

しかし,安浦ハウスの開設を契機として,日の出町では米軍向けのバーやカフェー,ホテルなどが営業をはじめた。神崎清の調査によれば,1953年ころには日の出町1丁目には22軒ものバーやカフェーなどの飲食店,4軒の宿泊施設が営業していた(図5)[15]。さらに,「モグリ」と呼ばれる無許可の営業も確認できる。日の出町は横須賀における米軍向け歓楽街のひとつと

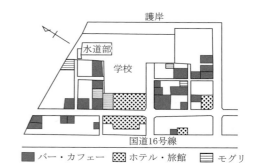

図5 横須賀市日の出町1丁目付近における米軍向け飲食店・サービス業の分布
－1953(昭和28)年頃－
(『戦後日本の売春問題』により作成)
注)資料の性格上,空白部分は不明。原図は実測図でないため,縮尺は示していない。

して,安浦ハウス開設後に急速に発展していった。本町,柏木田,安浦はすでに第二次世界大戦前から米軍向け歓楽街形成の基盤を有していたのに対し,日の出町は,第二次世界大戦後に歓楽街として急速に発展した地区であり,他の地区と歓楽街形成の経緯は異なっていた。

(2) 歓楽街の変容

1958(昭和33)年の売春防止法の施行により,特殊飲食店は廃業に追い込まれていった。特殊飲食店が軒を連ねた日の出町では,1960(昭和35)年にはバーやカフェーなどの飲食店や宿泊業の多くが,継続して営業していたとみられる(図6)。一方で,日の出町1丁目の東側は東京湾に面し,隣接する日の出町2丁目,3丁目には日の出港が位置しており,海側には倉庫が立ち並ぶ。西側には国道16号線が通り,貨物や運輸をはじめとする事業所が多い。加えて,飲食店の背後には保育園や学校もあった。日の出町は,歓楽街であるとともに,港湾地区の倉庫,運送機能や教育施設,住宅などが混在した地区であった。

1970(昭和45)年にはホテル,旅館はすべて廃業し,バーやカフェーは横須賀電報電話局の東側の街区のみとなった。売春防止法の施行と取り締まりの影響により,特殊飲食店は激減した。一方で,注目すべき点は,宿泊,飲食業の減少とともに,ア

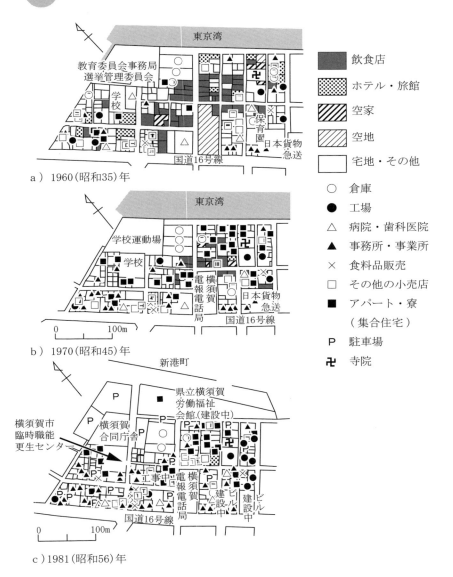

図6 横須賀市日の出町1丁目における米軍向け商店・飲食店の分布と変化
(『横須賀市明細地図』昭和35年版・昭和45年版・昭和56年版により作成)
注) 1960年の図は、原図が実測図でないため、縮尺は示していない。

パートや寮などの集合住宅が増加したことである。1960年と1970年の1筆ごとの地割を比較すると，地割の変化はほとんどなく，宿泊，飲食業の多くは，店舗をアパートや寮などの集合住宅へと転用したとみられる。

その後，1981（昭和56）年になると，スナックの営業は1軒のみとなった。1970年にスナックやバーであった店舗の一部はレストランや食堂などに転業しているものの，飲食店はほとんどなくなった。また，駐車場の増加，ビルやマンションの建設により日の出町の景観は変化しつつあったといえる。加えて，図6 a)，b）中の中央にみえる学校が1971（昭和46）年に閉校し，学校跡地は横須賀合同庁舎，横須賀市職能更生センターへと転用された。さらに，海面の埋め立てが進展し，埋め立て地にも労働福祉会館などの施設が建設された。横須賀合同庁舎には財務局，防衛局，法務局などの機関が入った。その結果，1960年には宿泊，飲食店が軒を連ねた地区には，おもに法務局への申請書類作成や手続きを行う行政書士事務所が多数立地している。

同様に，明治期以来の遊廓があった柏木田や関東大震災後に銘酒屋街となった安浦地区の宿泊業や特殊飲食店も，1958年の売春防止法の施行にともない廃業が相次いだ。その結果，両地区とも住宅街へと大きく変貌していった。

本町や汐入一帯は，米軍基地に隣接する地区としてスーベニヤやバー，キャバレーなどの飲食店が数多く開店した。1953年の本町における飲食店の数は，「A級店舗」だけでも39軒，1954年のスーベニヤの店舗数は59軒におよんだ。また，ドブ板通りの西端にあった「EMクラブ」もゲームルームやバスケットコート，映画館やビアホールを完備し，米軍下士官兵の遊興の場となった。昭和20年代から40年代のドブ板通りは，米軍向けの商店，飲食店が立ち並び，行き交う客はほとんどがベースの兵士であり，日本人の姿はほとんどなかったという。

図7は1960年，1970年，1981年における本町のスーベニヤ，飲食店，宿泊業の分布とその変化を示したものである。本町では，ドブ板通り，国道16号線沿いにスーベニヤや飲食店が軒を連ねた。また，これらの通り以外にも飲食店が数多くみられた。とくに本町2丁目，3丁目の店舗のほとんどがスーベニヤや飲食店であったことがわかる。しかし，1954年に59軒であったスーベニヤの数は，1961（昭和36）年には27軒，1970年には28軒と全盛期から半減した。また，裏通りにまで軒を連ねた飲食店もしだいに減少していった。

1969（昭和44）年に実施された米軍兵へのアンケートによれば，横須賀へ入港・

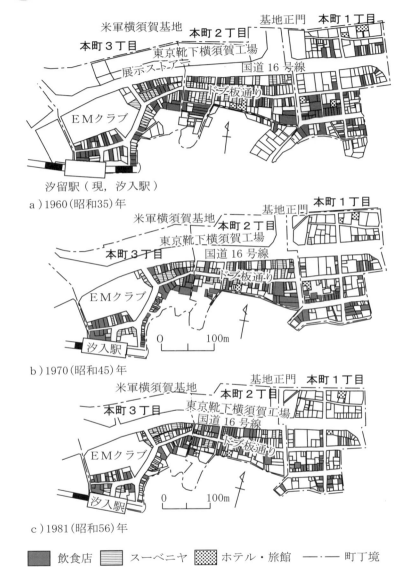

図7 横須賀市本町における米軍向け商店・飲食店の分布と変化
(『横須賀市明細地図』昭和35年版・昭和45年版・昭和56年版により作成)
注）1960年の図は，原図が実測図ではないため，縮尺を示していない。

第 14 章　横須賀における米軍向け歓楽街の形成と変化　195

駐在した米軍兵がとくに日本で購入したい土産品は，音響電気製品，カメラ，オートバイなどであった[16]。スーベニヤで取り扱う土産品は，主として絹製品や刺繍加工品，陶器類などであり，スーベニヤの取扱商品は米軍兵の購入希望品と異なるようになっていた。

　また，基地への艦船入港数の減少，1971年のドルショックやその後のドル変動相場制への移行により，米軍兵を対象とした商業は転機をむかえていた。こうした変化に対し，本町商店街では，「"アメリカ人のまち"のイメージを残して」，日本人向けの物販業への転換をはかろうとしていた[17]。その背景には，週刊誌などでドブ板通りのワッペンやジーパンの販売店が紹介されたことにより，日本人の若者の来店が増加していたことがある。1970年代になると，こうした日本人の顧客が安心して買い物できるまちづくりが商店街において模索されていった。

おわりに

　第二次世界大戦後の横須賀における歓楽街は，戦前の日本海軍の軍港都市として形成された都市構造を継承しながら拡大，変容をとげていった。しかし，特殊慰安所の設置，売春防止法の施行をはじめとする風紀対策や朝鮮戦争，ベトナム戦争などの国際情勢，ドル変動相場制への移行などの経済的要因により，横須賀中心部においてもそれぞれの地区によって歓楽街の消長には時期的な差異がみられた。米軍向け歓楽街の多くが消滅していくなかで，米軍向け歓楽街の雰囲気を残したのが基地（ベース）に隣接する本町商店街とその周辺である。ドブ板通りを中心とする本町商店街は，米軍兵の減少と中心市街地における商店街の空洞化が課題となるなかで，「軍港らしさ」や「アメリカの雰囲気」を観光資源ととらえ，日本人の観光客を主要な顧客としたまちづくりが推進されていったといえる。

　ここで注目すべきは，人びとのなかで都市に対する価値観の変化が生じていることである。ドブ板通りは，米軍兵に対し「日本らしい」商品を提供する場所から，日本人に対し「アメリカらしい」商品を提供する場所へと変化したといえる。「まちらしさ」とはなにか，つねに人びとの都市に対する意識は変化しているのである。人びとの都市に対する意識の変化をとらえながら，都市の景観とその変化を見直すことによって新たな発見が得られる可能性があるといえよう。

注

1) 坂根嘉弘編『軍港都市史研究Ⅰ　舞鶴編』清文堂, 2010。上杉和央編『軍港都市史研究Ⅱ　景観編』清文堂, 2012。河西英通編『軍港都市史研究　呉編』清文堂, 2014。上山和雄編『軍港都市史研究　横須賀編』清文堂出版, 2017。北澤満編『軍港都市史研究　佐世保編』清文堂出版, 2018。荒川章二編『地域のなかの軍隊2　関東　軍都としての帝都』吉川弘文館, 2015。
2) 加藤正洋「軍港都市の遊興空間」(上杉和央編『軍港都市史研究Ⅱ景観編』清文堂, 2012), 280-320頁。松下孝昭『軍隊を誘致せよ』吉川弘文館, 2013, 189-242頁。
3) 双木俊介「軍港都市横須賀における宅地開発の進展と海軍士官の居住特性－横須賀上町地区を中心として－」歴史地理学野外研究16, 2014, 1-20頁。
4) 双木俊介・藤野翔「軍港都市横須賀の形成と土地所有の変遷－横須賀下町地区を事例に－」歴史地理学野外研究13, 2009, 1-23頁。
5) 双木俊介「軍港都市横須賀における商工業の展開と「御用商人」の活動－横須賀下町地区を中心として－」歴史地理学野外研究14, 2010, 55-80頁。
6) 加藤晴美「軍港都市横須賀における遊興地の形成と地元有力者の動向」歴史地理学野外研究14, 2010, 31-54頁。
7) スーベニヤとは, 英語の「土産品店」を意味する'Souvenir Shop'から生まれた呼称であり,「スーベニ屋」などとも呼ばれた。
8) 横須賀市『新横須賀市史　資料編　近現代Ⅲ』横須賀市, 2009, 1009-1010頁。
9) 太田稔『ヨコスカ・ジャズ物語－霧につつまれた栄光の軌跡－』神奈川新聞社, 2003。神奈川県立歴史博物館『ヨコハマ・ヨコスカストーリー－二つの港町の戦後文化－』神奈川県立歴史博物館, 2012。
10) 髙橋芙蓉「朝鮮事変下に於ける基地街娼の実態－基地横須賀の場合－」(『性暴力問題資料集成第7巻』不二出版, 1953（2004復刻）。
11) 横須賀市『新横須賀市史　通史編　近現代』横須賀市, 2015, 990頁。
12) 図4は「A級店舗調査票」(神奈川県公文書館所蔵広田コレクション：箱13-2袋9-113), 横須賀商工会議所『横須賀三浦商工名鑑』横須賀商工会議所, 1954により作成した。「A級店舗調査票」によれば, 横須賀市内の「A級店舗」は, 図4中以外に佐野町, 三春町, 西逸見町, 東逸見町, 大津町, 大津谷町, 追浜本町, 追浜南町, 追浜東町, 大田和に確認できる。広田コレクションは, 横須賀在住であった平和運動家で, のちに第五福竜丸展示館初代館長となった広田重道が収集した資料である。この資料群には横須賀の基地問題や平和運動に関する資料が多数含まれている。本資料群のなかには管見の限りこれまで未紹介の資料もあり, 戦後の横須賀を検討するうえでも貴重なものといえる。
13)「二十八年五月現在　横須賀市A級倶楽部規約」(神奈川県公文書館所蔵広田コレクション：箱13-2袋9-112)。
14) 横須賀市警察署史発行委員会編・発行『横須賀市警察署史』, 1977。いのうえせつこ『占領軍慰安所』新評論, 1995。
15) 神崎清「戦後日本の売春問題」(『性暴力問題資料集成　第7巻』不二出版, 1954（2004復刻）。
16) 神奈川県商工指導所『本町通り商店街診断勧告書』神奈川県商工指導所, 1970。
17) 前掲16)。

| コラム7 | 谷田部市街地の往時のにぎわいとその名残 |

髙橋 淳

　日本には，つい半世紀ほど前まではにぎわいをみせながら，現在では衰退を余儀な
くされた町が各地に存在する。そのような町のなかには，第13章で取り上げた御手洗や，
利根川水運の河岸として繁栄した佐原（千葉県香取市）など重要伝統的建造物群保存
地区への指定により往時の町並みが保存・修景され，観光客を含めたにぎわいを取り戻
した例もみられる。しかし，そのような例はごく少数であり，他の多くは，町の活況
を取り戻すべく模索を続けるものの，なかなかその糸口を見いだしづらいのが現状で
あろう。また商店主らの世代交代が進み，往時のにぎわいの体験や記憶の風化も著しい。
　茨城県つくば市の南西部に位置する谷田部市街地も，そのような町のひとつである
（図1）。同地は，若年層が集住し人口が増加し続けるつくば市の研究学園地区とは
7kmほど隔たるのみであるが，同地区を歩くと，シャッターが下ろされて営業の気配
を感じない店舗が多数見受けられる。ところが，歴史的な視点をもって谷田部市街を
みると，活況にあふれ，「にぎわい」を感じさせる町であった[1]。
　谷田部市街地とその周辺地域は，近世には細川氏の支配下にあった。細川氏は茂木
（現・栃木県芳賀郡茂木町）と谷田部に合わせて1万6000石の領地を持ち，谷田部領
（約6000石）では，現在の谷田部小学校付近に政治の拠点として陣屋が置かれていた。
陣屋町としての名残は，遠見遮断のために鈎型に曲げられた市街地の道路にもみるこ
とができる。
　明治時代に入ると，1874（明治7）年に谷田部郵便局，1876（明治9）年に土浦警
察署の管轄下の谷田部警察出張所（1886（明治17）年，谷田部警察署に改称），1878
（明治11）年に筑波郡役所，1887（明治20）年に土浦区裁判所谷田部出張所，1896（明
治29）年に谷田部税務署が相次いで設置された。とくに県の下に置かれ郡内の町村
を統括する郡役所が設置され管理行政機能を引き寄せたことは，谷田部町が近世の陣
屋の伝統を踏襲しつつ，地域の政治的中心地機能を維持していたことを示している。
　谷田部市街地を歩くと，谷田部四ツ角と呼ばれる交差点の付近に，大きく「獣霊」
と刻まれた高さ約4mの巨大な石碑が立っている（図2）。1924（大正13）年に建立

されたこの石碑の裏側には，建立に協賛した多数の寄付者名・寄付金額などが刻まれている。ここには，「谷田部署轄内牛馬商」，「谷田部町牛馬車営業組合」に加え周辺農村の住民の名称が見受けられることから，獣霊碑が荷物の運搬や荷車の曳行に寄与し命を落とした多数の牛馬の供養塔であることがわかる。寄付者の内訳は，谷田部町内が料理店 11 人，芸妓営業 1 人を含め 156 人，谷田部町外が 16 を超える村々などから 461 人であった。寄付者の分析によって，牛馬や荷車による谷田部と周辺農村の交易が盛んであった大正期には，谷田部に多くの牛馬商が居住するととともに，多くの料理屋や芸妓営業でにぎわっていた町の姿を読み取ることができる。

転機は 1926（大正 15）年の郡役所廃止であり，谷田部市街地にとって打撃となった。昭和戦前期に海軍谷田部航空隊が設置され，一時的に同地に活況をもたらしたが，敗

図 1　茨城県つくば市の概要

図 2　獣霊碑
（2013 年，筆者撮影）

コラム 7　谷田部市街地の往時の賑わいとその名残　199

戦により軍事施設は廃止となった。このような背景があって，同地はにぎわいを失っていく。

　谷田部市街の商店数は，1975（昭和 50）年の 92 軒から，2014（平成 26）年の 33 軒までに著しく減少している（図 3）。取扱い品目の如何にかかわらず，小売店の減

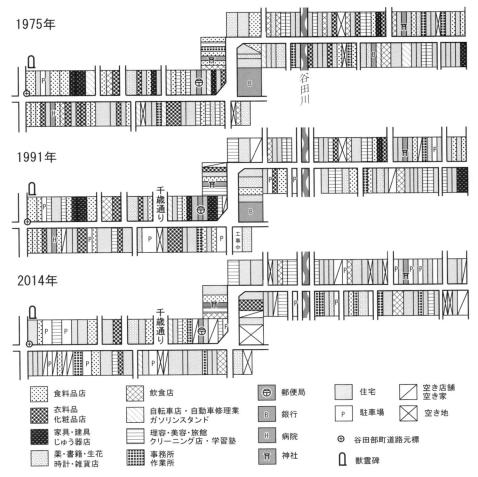

図 3　谷田部市街地における土地利用の変化
－ 1975（昭和 50）年・1991（平成 3）年・2014（平成 26）年－
（小口ほか（2014）所収の図を一部改変）

少が認められるなかで，サービス業の店舗は 1975 年から 1991（平成 3）年にかけて
かなりの増加がみられる。谷田部は駐車場規模が小さいなどの問題もあるが，当地で
は土地・店舗ともに自己所有で職住一体の比率が高いことが，商店廃業後に住居とし
て利用され続け「シャッター街」化が進む一因となっている。

　谷田部市街地への客足が遠のき，売り上げが減少した要因として，モータリゼー
ションの進展やスーパーマーケットの増加，少子高齢化による後継者難とは別の見落
とせない理由がある。高度経済成長期ころまでの谷田部の商店では，顧客である農村
部の住民に対し，信用取引である「掛け売り」が行われていた。現金収入が得られる
機会が限定されている農村部の住民にとって，盆と暮れに決済を行う「掛け売り」が
生活のリズムに適合していた。「掛け売り」は，現金取引をせずに商品を販売するの
で，顧客である農村の住民からすると現金がなくても品物が入手できる代わりに，信
用取引関係のある商店から購入するしか選択肢がなかった。つまり，商店の側からす
れば，「掛け売り」によって固定客が確保できた。ところが高度経済成長期になると，
農村部にもパートタイム労働などの副業の機会が出現し，農家にとって現金収入の機
会が増えた。その結果，農家はスーパーマーケットなどからも品物を自由に購入でき
るようになり，谷田部の商店の固定客が減ることになった[2]。

　今日の日本では，クレジット決済や電子マネーによる取引が増えつつあるとはいえ，
多数の人びとが商店で現金取引を行っているが，比較的近い過去においても現金取引
以外の商取引が庶民のあいだに浸透していたことを知る必要がある。このコラムでは，
古くから続く商習慣の存在が商業地域の変化にかかわることを指摘しておきたい。

注
1) 小口千明・髙橋淳・上形智香・新宮千尋・中川紗智「茨城県つくば市谷田部地区にみる往年のに
　ぎわい」歴史地理学野外研究 16，2014，63-97 頁。
2) 小口千明・川﨑俊郎・髙橋淳・三津山智香・菊凛太郎・木村遼之・藤野哲寛・王君香・桜木真理子「近
　現代茨城県旧筑波郡および谷田部市街の活況とその後」歴史地理学野外研究 17，2016，59-94 頁。

| コラム8 | 日本における折り紙の普及 | 伊藤 行將 |

　子どものころに折り紙で遊んだり，わが子に折り紙をさせたりした人は多いであろう。その折り紙は，日本文化なのか，外国文化の導入なのか。また両者の折衷であるならば，日本の折り紙にはどのような特色があるのかを検討したい。

　日本では明治初期に幼稚園教育を開始するにあたって，ドイツのフレーベル式教育法を参考としたことが明らかになっている。フレーベル式教育法では正方形の紙を折って幾何学模様を作り出す「Das Falten」という科目があったが，日本においてはこれが「折り紙」と訳されて受容された。これ以降「折り紙」は，日本在来の折り紙とドイツのフレーベル式折り紙が混ざり合い教育の分野に取り入れられ普及していくが，その普及の歴史をより実情に即した形で読み解くには，当時の文献記述から影響を推察するという方法に加え，実際の作品を折って分析するという手法が有効である。

　折り紙の作品分析にあたっては，折り紙の「基本形」により分類する方法を用いる。折り紙の「基本形」とは，その形から複数の折り紙作品に派生する汎用的な形のことである。折り紙は紙を折りたたんで様々な作品を生み出す遊戯であるが，好きなように折れば作品ができあがるのではなく，規則的な折り方によって折り進めていく必要がある。折り紙の基本形にはいくつかの種類がある。ある基本形から別の基本形系統の作品は生まれない。つまりこの基本形の特徴を利用すれば，見た目の違う折り紙作品でも，系統立てて分類が可能なのである。ここでは，『紙とおり紙』（笠原邦彦著，小学館刊）に掲載されている基本形（図1）を参考に作品を分類する。日本でフレーベル式教育法を受容した際に参考とした「Der Kindergarten」には，幾何学模様を折り出した作品が多数掲載されているが，そのほとんどが座布団基本形，風車の基本形のいずれかに分類できた。

　このことを踏まえ，「フレーベル式教育法」が受容される前後の折り紙の折り方を比較したのが表1である。近世の折り方については，折り紙の描写のある浮世絵や古典籍など39点から抽出した。座布団の基本形のほか，鶴，花，かぶとの基本形などのほか，図1のいずれにも分類できないものに分類できた。

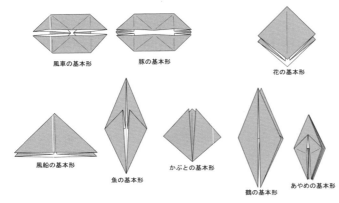

図1　折り紙の基本形
（笠原邦彦『紙とおり紙』小学館，1985，42-43頁により作成）

表1　基本形別にみた折り紙の作品数の変化

基本形	近世	明治末期
座布団	5	14
鶴	3	6
あやめ	2	2
花	1	3
かぶと	1	5
風車		2
豚		1
風船		1
魚		1
その他	4	10
合計	16	44

（近世の浮世絵，古典籍および浮世絵や古典籍および，佐野正造『折紙図説』良明堂，1908，1-46頁により作成）

　近世における折り紙の折り方と，1908（明治41）年に刊行された教科書である『折紙図説』に掲載されている折り方を比べると，明治期の「折り紙」に起きた変化を読み取ることができる。まずすぐにわかるのは，近世の折り紙ではみられなかった「風車の基本形」から折る作品が，『折紙図説』に掲載されていることである。「風車の基本形」はフレーベル式の折り紙作品にみられる特徴であり，このことからフレーベル式折り紙の流入により，この基本形の作品が日本に取り入れられたことがわかる。そしてもうひとつの大きな変化は，明治後期に折り紙の基本形が非常に多様化していることである。

　近世の折り紙作品では5種類の基本形に分類されたのに対し，明治末期の作品では9種類の基本形に分類できた。これは先に述べたフレーベル式折り紙に特徴的な風車の基本形に加え，豚の基本形や魚の基本形といった新たな基本形が誕生しており，明治期において折り紙がその普及するスピードをとくに加速させたことを物語っている。

　このように，研究対象によっては，実際にその文化を体験してみる（折り紙であれば実際に折ってみる）ことで，文献や統計，絵図など資料分析だけでは明らかにし得なかったことを発見できる場合がある。実際に経験してみれば明らかなことも，資料分析だけではなかなか気が付かないこともしばしばである。とくに文化的な事象を分析対象とする際には，その文化に直に触れ，体験を踏まえるという姿勢をお勧めしたい。

あとがき

　本書は，編者の一人である小口千明教授が筑波大学人文社会系を定年退職されることを記念して企画されたものである。出版を企画するにあたり，同じく筑波大学人文社会系の中西僚太郎教授に相談したところ，「門下生が主体となって，小口先生らしいオリジナリティに溢れた一冊をまとめてはどうか」とのご助言をいただいた。そこで門下生の一人である清水が編者に加わり，編集を手伝った。

　小口先生は，1993（平成5）年に筑波大学に着任されてから，大学院の人文社会科学研究科歴史・人類学専攻（歴史地理学領域）と日本語・日本文化学類（学部に相当）に所属され，四半世紀の長きにわたって教育・研究にあたってこられた。先生が地理学・歴史地理学を教育・研究するうえでの信条は，歴史・人類学専攻ホームページに掲載された「歴史地理学が研究対象とする人間活動を，ひたすら働く同じ顔をしたロボットのように描くのではなく，喜怒哀楽があり，時には怪我をし，病気もするありのままの人間の姿として描きたいと考えている」という言葉に最も端的に表れている。大学院生・学類生に対する指導でも，ご自身の研究でも，地理学において同質的，類型的に把握されがちな「人間」を，異質性と多様性に満ちた存在として活写することに力を注がれた。本書は，小口先生の以上のような問題意識のもと，指導を受けた門下生が，地理学の立場から地域に生きた人びとの日常生活をとらえることをめざしてまとめたものである。

　ここでは，本書の内容理解に結びつく小口先生の教育・研究の特徴を二点紹介したい。

　一点目は，フィールドワークを重視し現場主義を貫かれた点である。フィールドワークについては，地理学はもとより，民俗学や文化人類学などの隣接諸分野とも共通する手法であるため，本書のなかで，その意義や方法論を特別に議論することはあえて控えた。しかし筑波大学歴史地理学教室では，菊地利夫先生，黒崎千晴先生の時

代から，大学院生のトレーニングの場として野外実習を重視してきた。続く石井英也先生（現・名誉教授）はこの学風を継承・発展され，野外実習での成果を『歴史地理学調査報告』（2009年より『歴史地理学野外研究』に誌名変更）として隔年刊行を継続してきた。本書の各章やコラムにはこの野外実習の成果を骨子とするものが多数含まれているが，それらを一読いただき，「地域に生きた人びとの日常生活」を描くうえで，現地へ足を運び，自分の目や手で確かめることの重要性を確認していただければ幸いである。これに加えて，小口先生のフィールドワークは，地理学者であり民俗学者でもある千葉徳爾先生の薫陶を受けたこともあって，民俗学的な要素も多分に含んでいる。人文地理学では，長らく人間の経済活動に主眼が置かれ，消費的側面への関心は比較的新しい研究動向といえる。そのようななかにあって，小口先生は早くから，人びとの暮らしに欠かすことのできない食文化や盛り場での楽しみなど，人間の消費的側面に関心を持ち続けてこられた。

　二点目は，大学院生の指導に加え，日本語・日本文化学類における学類生や留学生の指導にも情熱を傾注されたことである。先生が担当された講義・演習科目の名称は，「日本の景観と生活」，「生活文化の地理」，「日本の地誌と生活」，「日本歴史地理学講義」などであり，学類教育においても「地域に生きた人びとの日常生活」の復原を中心的課題に据えられていたことがわかる。ゼミナールや卒業論文で学生が取り上げるテーマは，日本語，日本文化と日本語教育を総合的に学ぶことを目的とする学類の性格上，いわゆる「地理学科」のそれとは趣を異にする場合も少なくなかった。そのような地理学的でないテーマでも，「地理学らしくないから」と一蹴するのではなく，個々の学生の自由な発想を地理学・歴史地理学の手法を用いて読み解くよう指導された。そのような卒業論文のなかから，本書の趣旨にも合致するものを選び，コラムとして収録した。

　地理学は森羅万象を対象とする学問であり，人文現象を対象とする人文地理学に限っても，数多くの分野やテーマが存在している。しかし，第1章でも述べられているように，これまでに成果が蓄積されてきたテーマでも，視点を変えてアプローチしてみると，新たな知見を得ることができるかもしれない。間口が広く，奥行きが深い「生活文化」は，地理学研究における新しいテーマの宝庫といえるであろう。そのなかで，

とくに人びとの価値観に注目し，通時的に考察することによって新展開を試みた成果の一端が本書である。本書はその意味で「価値観の地理学」構築に向けて，同志の知恵を集めて作った一里塚である。

　新しい時代を迎えつつある今，気鋭の研究者が中心となって執筆した本書が，これから地理学の勉強を始めようとする学生，卒業研究のテーマを探している学生諸氏にとって，ひとつの道標になることを願っている。

　フィールドワークを重視した本書では，調査や執筆の過程でじつに多くの方々にお世話になった。お名前を列挙できないことが心苦しいが，関係各位のご指導とご援助に深甚の謝意を表したい。最後に，出版事情が厳しい折，本書の刊行を快くお引き受けいただいた古今書院社長の橋本寿資氏ならびに編集担当の関 秀明氏に心から御礼を申し上げる。

2019 年 1 月　清水 克志
加藤 晴美

初出一覧

　本書に収録した各章・コラムの多くは，各執筆者がこれまでに公表した論文・報文を骨子に，加除修正や再構成を施したものである。参考のため，それらの初出を示すと以下の通りである。

本 編
第1章
　　（書き下ろし）
第2章
　　（書き下ろし）
第3章
　　清水克志「銚子における水産缶詰製造業の展開－原料魚と生産品目の変遷を中心として－」歴史地理学調査報告 10，2002，71-94 頁。
第4章
　　豊田紘子・小口千明・伊藤大生・山下史雅・鈴木修斗・佐藤壮太・川添航・鈴木秀弥・野場隆汰「明治期日本における温州蜜柑の普及と在来小蜜柑からの嗜好変化」歴史地理学野外研究 18，2018，21-84 頁。
第5章
　　山下琢巳「天竜川下流域における治水事業の進展と流域住民の対応－江戸時代から明治時代までを中心として－」地理学評論 75-5，2002，399-420 頁。
　　山下琢巳「水害常襲地域における農地復旧の特徴と景観形成－天竜川下流域を事例として－」人文地理 63-5，2011，412-430 頁。
第6章
　　武田周一郎・岩田明日香・山石勉「三浦丘陵における山野利用の変遷－葉山町木古庭地区を中心にして－」歴史地理学野外研究 15，2012，19-34 頁。
第7章
　　小口千明・仙頭達朗・清水克志編『丹波山村旧高畑集落の景観と生活』筑波大学日本語・日本文化学類日本の地誌と生活研究グループ，2003。
　　清水克志「近世・近代移行期における馬鈴薯の普及実態とその地域的特質」秀明大学紀要 13，2016，125-147。
　　清水克志「地域資源の保全と活用における歴史地理学的アプローチの可能性－山梨県丹波山村の在来種ジャガイモを例として－」歴史地理学 59-1，2017，1-18 頁。

第 8 章

花木宏直・山邊菜穂子「東京湾要塞地帯における第二・第三海堡の建設と住民の対応−横須賀・永嶋家にみる富津漁民との関わり−」歴史地理学野外研究 14, 2010, 1-30 頁。

第 9 章

加藤晴美「飛驒白川村にみる山村像の変容−明治期から昭和戦前期を中心として−」地理学評論 84-1, 2011, 22-43 頁。

第 10 章

小口千明「日本における海水浴の受容と明治期の海水浴」人文地理 37-3, 1985, 23-37 頁。

第 11 章

山下琢巳・髙橋珠州彦・田嶋豊穂・小口千明・古川克「埼玉県川越市街における景観変化と観光化」城西大学経済経営紀要 35, 2017, 1-33 頁。

髙橋珠州彦・山下琢巳・小口千明・古川克「川越観光化にみる蔵造りへのまなざしとその変化」城西人文研究 33, 2018, 1-48 頁。

第 12 章

渡辺康代「伊賀上野城下町の生業と地域間関係に関する一考察−宝暦元〜2 年『天満宮八百五十歳祭事記録』の分析を通して−」三重県史研究 23, 2008, 49-70 頁。

渡辺康代「中近世移行期における伊賀国上野城下町の住民構成と祭礼内容」帝塚山大学人文学部紀要 30, 2011, 37-59 頁。

第 13 章

加藤晴美「大崎下島御手洗における花街の景観と生活」歴史地理学野外研究 13, 2009, 101-111 頁。

第 14 章

双木俊介「横須賀における米軍向け歓楽街の形成と変化」歴史地理学野外研究 17, 2016, 39-49 頁。

コラム

コラム 1

中澤日向子「長野市戸隠における在来種「戸隠大根」の復活」筑波大学日本語・日本文化学類卒業論文, 2012。

コラム 2

小口千明「水産都市三浦三崎におけるマグロ料理と地域変化」歴史地理学野外研究 15, 2012, 61-70 頁。

コラム 3　（書き下ろし）

コラム 4

金﨑（旧姓：鈴木）美代子「開業助産婦の活動と施設分娩への変化」筑波大学日本語・日本文化学類卒業論文, 2000。

コラム 5

中村（旧姓：平澤）亜希子「上州草津温泉にみる入込み湯から男女別浴への変化」筑波大学日本語・日本文化学類卒業論文, 2004。

コラム6
　原野（旧姓：田部井）菜香「土浦花火大会の変遷と地域商業の支援」筑波大学日本語・日本文化
　　学類卒業論文，2005。
コラム7
　小口千明・髙橋淳・上形智香・新宮千尋・中川紗智「茨城県つくば市谷田部市街にみる往年のに
　　ぎわい」歴史地理学野外研究16，2014，63-97頁。
　小口千明・川﨑俊郎・髙橋淳・三津山智香・菊澤太郎・木村遼之・藤野哲寛・王君香・桜木真理子「近
　　現代茨城県旧筑波郡および谷田部市街の活況とその後」歴史地理学野外研究17, 2016, 59-94頁。
コラム8
　伊藤行將「日本における折り紙の普及－明治期を中心に－」筑波大学日本語・日本文化学類卒業
　　論文，2014。

執筆者紹介　　　執筆順，＊は編者，（　）は担当章

小口 千明 ＊　　OGUCHI Chiaki　　　　　（1 章，10 章，コラム 2）
1953 年生まれ，2021 年逝去（故人），東京都杉並区出身。筑波大学名誉教授，文学博士。

清水 克志 ＊　　SHIMIZU Katsushi　　　　（2 章，3 章，7 章）
1978 年生まれ，富山県氷見市出身。現在，筑波大学人文社会系・准教授，博士（文学）。

豊田 紘子　　TOYOTA Hiroko　　　　　（4 章）
1992 年生まれ，福島県矢祭町出身。現在，千葉経済大学経済学部・専任講師。

伊藤 大生　　ITO Daiki　　　　　（4 章）
1994 年生まれ，福井県坂井市出身。現在，福井県立歴史博物館・学芸員。

中澤 日向子　　NAKAZAWA Hinako　　　　（コラム 1）
1991 年生まれ，長野県長野市出身。筑波大学人文・文化学群日本語・日本文化学類2012年度卒業。

武田 周一郎　　TAKEDA Shuichiro　　　　（6 章，コラム 2）
1985 年生まれ，神奈川県横浜市出身。現在，神奈川県立歴史博物館・学芸員。

山下 琢巳　　YAMASHITA Takumi　　　　（5 章）
1973 年生まれ，静岡県磐田市出身。現在，川村学園女子大学生活創造学部・教授，博士（文学）。

加藤 晴美　　KATO Harumi　　　　　（7 章，9 章，13 章）
1980 年生まれ，静岡県浜松市出身。現在，東京家政学院大学現代生活学部・准教授，博士（文学）。

花木 宏直　　HANAKI Hironao　　　　（8 章，コラム 3）
1985 年生まれ，愛知県あま市出身。現在，関西学院大学文学部・准教授，博士（文学）。

金﨑 美代子　KANEZAKI Miyoko　　　（コラム 4）
1979 年生まれ，静岡県浜松市出身。弁護士法人 ALG&Associates・弁護士。

髙橋 珠州彦　TAKAHASHI Suzuhiko　　　（11 章）
1974 年生まれ，石川県輪島市出身。現在，明星大学教育学部・准教授，博士（文学）。

中村 亜希子　Nakamura Akiko　　　（コラム 5）
1982 年生まれ，茨城県ひたちなか市出身。現在，古書店・店主。

原野 菜香（旧姓 田部井）　HARANO Sayaka　　　（コラム 6）
1983 年生まれ，茨城県土浦市出身。筑波大学第二学群日本語・日本文化学類 2005 年度卒業。

渡辺 康代　WATANABE Yasuyo　　　（12 章）
1973 年生まれ，栃木県宇都宮市出身。現在，三重大学・帝塚山大学非常勤講師，博士（文学）。

双木 俊介　NAMIKI Shunsuke　　　（14 章）
1978 年生まれ，東京都東村山市出身。現在，東京都立多摩科学技術高等学校・非常勤講師。

髙橋 淳　TAKAHASHI Jun　　　（コラム 7）
1990 年生まれ，茨城県那珂市出身。現在，土浦日本大学高等学校・教諭。

伊藤 行將　ITO Yukimasa　　　（コラム 8）
1992 年生まれ，宮城県仙台市出身。現在，独立行政法人国立病院機構・職員。

元廣 敦　MOTOHIRO Osamu　　　（装丁デザイン）
1974 年生まれ，広島県尾道市出身。現在，わしおさむ漫画工房　漫画家・イラストレーター。

編者紹介

小口 千明　　OGUCHI Chiaki

　　筑波大学名誉教授。1953 年生まれ，2021 年逝去（故人），東京都杉並区出身。
　　筑波大学大学院博士課程単位取得。文学博士。歴史地理学が専門。
　　主著『地図でみる県の移り変り－解説資料篇－』（共編著）昭和礼文社。
　　　　『日本人の相対的環境観－「好まれない空間」の歴史地理学－』古今書院。

清水 克志　　SHIMIZU Katsushi

　　筑波大学人文社会系・准教授。1978 年生まれ，富山県氷見市出身。
　　筑波大学大学院博士課程単位取得。博士（文学）。歴史地理学が専門。
　　主著『岩手キャベツ物語－玉菜，「南部甘藍」から「いわて春みどり」まで－』
　　　　新岩手農業協同組合。

書　名	**生活文化の地理学**
コード	ISBN978-4-7722-4211-0
発行日	2019（平成 31）年 3 月 22 日　初版第 1 刷発行 2020（令和 2）　年 1 月 29 日　初版第 2 刷発行 2024（令和 6）　年 8 月 8 日　初版第 3 刷発行
編　者	**小口 千明・清水 克志** Copyright © 2019 OGUCHI Chiaki, SHIMIZU Katsushi
装　丁	清水 克志・元廣 敦
発行者	株式会社 古今書院　　橋本寿資
印刷所	株式会社 太平印刷社
製本所	株式会社 太平印刷社
発行所	**古今書院**　　〒 113-0021 東京都文京区本駒込 5-16-3
TEL/FAX	03-5834-2874 / 03-5834-2875
振　替	00100-8-35340
ホームページ	https://www.kokon.co.jp/　　検印省略・Printed in Japan

いろんな本をご覧ください
古今書院のホームページ

https://www.kokon.co.jp/

★ 800点以上の**新刊**・**既刊書**の内容・目次を写真入りでくわしく紹介
★ 地球科学やGIS，教育など**ジャンル別**のおすすめ本をリストアップ
★ 月刊『**地理**』最新号・バックナンバーの特集概要と目次を掲載
★ 書名・著者・目次・内容紹介などあらゆる語句に対応した**検索機能**

古 今 書 院
〒113-0021　東京都文京区本駒込 5-16-3
TEL 03-5834-2874　　FAX 03-5834-2875
☆メールでのご注文は　order@kokon.co.jp　へ